北京建筑文化研究基地资助出版

九鬼周造偶然性哲学研究

以《"粹"的结构》与《时间论》为路径

耿子洁 著

北京出版集团
北京出版社

图书在版编目（CIP）数据

九鬼周造偶然性哲学研究：以《"粹"的结构》与《时间论》为路径 / 耿子洁著. — 北京：北京出版社，2023.3
ISBN 978-7-200-17853-1

Ⅰ. ①九… Ⅱ. ①耿… Ⅲ. ①九鬼周造（1888-1941）—哲学思想—研究 Ⅳ. ①B313.5

中国国家版本馆CIP数据核字（2023）第038439号

九鬼周造偶然性哲学研究
以《"粹"的结构》与《时间论》为路径
JIUGUI ZHOUZAO OURANXING ZHEXUE YANJIU

耿子洁 著
*
北　京　出　版　集　团
北　京　出　版　社　　出版
（北京北三环中路6号）
邮政编码：100120

网　　址：www.bph.com.cn
北　京　出　版　集　团　总　发　行
新　华　书　店　经　销
北京建宏印刷有限公司印刷
*
145毫米×210毫米　9印张　216千字
2023年3月第1版　2023年3月第1次印刷
ISBN 978-7-200-17853-1

定价：45.00元
如有印装质量问题，由本社负责调换
质量监督电话：010-58572393

序一

月高风定露华清，微波不动一天星。月高风定彰显东亚思维的华彩清明，满天星斗散向千江万湖。苦雨终风也解晴，风雨变化，坎坷生涯已放晴。九鬼周造逐渐走出超乎一般人降生时"被抛"的无根基性与偶然性。他独特的出生情结，始终留下一种反俄狄浦斯情结的阴影。他的重要著作《"粹"的结构》与《偶然性的问题》，无不根植于原生家庭先天赋予他的复杂人生体验和游学欧洲所受的胡塞尔、柏格森、海德格尔等哲学家的启迪。

九鬼周造偶然性哲学，形式上是构建偶然性的逻辑体系与形而上学理论，实质上是试图重建一种存在论的哲学。他的偶然性作为从不可能的虚无中诞生的存在，高呼着自身的现实性，始终处于有与无的交界处，而不沉沦于虚无。他的偶然性哲学理论思维，是基于作为偶然性时间特征的"现在"的"现实性"。其时间论的核心观点是"永远的现在"和"永恒的轮回"，"形而上轮回的时间观"的提出，是在融摄作为日常流俗经验"普遍的时间"和水平方向绽出的现象学时间结构基础上，以理念的形态设立的"形而上的时间观"。

耿子洁博士深入、系统、精微地探赜了九鬼周造的哲学逻辑结构，可谓具有学、问、思、辨的独特风格，而与九鬼周造的人生经历、哲学思想创造性转化相契合，且具有博学的守约性、审问的敢疑性。

博学的守约性。九鬼周造明哲学理论思维之旨趣，涉百家之书。他游学欧洲，闻各名家之言，见欧洲学界各种学术思想，他"见博则不迷、听聪则不惑"，而回归东亚，回归日本，与日本的社会、思想实际相结合，创造性地转化欧洲、中国、日本的传统学术观点、哲学思维，而守约式地落实到《"粹"的结构》《时间论》与偶然性哲学相关问题上。

审问的敢疑性。所谓学问，是由学与问得来的。"学问，未有学而不资于问者也"。"不学问者，学必不进"。学与问相辅相成。"非学无以敢疑，非问无以广识"。耿子洁在博士学习期间，或是在日本期间，都以好问而求学。学问而敢疑，敢于对九鬼周造的哲学思想抑或先前学者研究九鬼周造哲学理论思维的前提发出疑问。敢疑，才能产生疑问，有疑问才能独立思考。陆九渊说："为学患无疑，疑则有进，小疑有小进，大疑有大进。"耿子洁因其学问敢疑，有独到创新之见，而得到好评。

慎思的反思性。反思是对思维着的思想反过来而思，就像黑格尔所说，它以思想的本身为内容，力求思想自觉其为思想。以思想本身为内容是一种自己构成自己的道路，反思对象是思想而不是思想的对象，思想经反思认识到自己。所以耿子洁把九鬼周造的思想概括为四部分内容：偶然性哲学、"粹"的结构、押韵论和时间论。而其偶然论融会贯通此四部分。偶然本质是邂逅、相遇，《"粹"的结构》是研究日本独有的"粹"文化，原初意义是一种男女的邂逅、相遇。九鬼周造拓展为自他二元关系，作为押韵论研究对象的诗歌以韵律打破日常语言的特性。"同音异义"等诗歌语言所重视的偶然性是音与音的邂逅；一切相遇都是时间场域中，经验界"偶然"的蕴涵，就是"在此场所，此瞬间之邂逅"，并以邂逅指涉了"粹"的结构。耿子洁慎思的反思，将九鬼周造的哲学思想逻辑体系呈现出来，由此可见其把握九鬼周造复杂思想的逻辑能力。

明辨的识度性。高明的识度根植于慎思的反思性。贺麟先生说："哲学贵高明。"他以"见其远，觉其旷"表示哲学的特性，这便是哲学的识度。但"凡人之患，蔽于一曲，而暗于大理"。"夫人心虚灵之体，本无不该，惟其蔽于有我之私，是以明于近而暗于远，见其小而遗其大"。因此明辨的识度，是钩深致远的胸怀、攀登高峰的气度。明辨的识度，必须有广博的知识为前提。哲学是建立在通晓思维历史和成就基础上的理论思维，同时必须有深厚的哲学史基础、多重哲学的参照系而激起哲学创造的能力。耿子洁博士因为具有创造能力，才能写出具有独创性的九鬼周造偶然性哲学的研究。她能阐前人所未阐，扩前人所未发，纵横自有凌云笔，笔墨之外有主张，这是对九鬼周造哲学思想创造性研究的贡献。

是为序。

张立文

2023年2月于中国人民大学哲学院

序二

并非偶然的"偶然性哲学研究"

耿子洁博士的论著即将出版,首先需要为她的学术勇气与学术精神点赞。因为要对九鬼周造的哲学展开研究,既需要一定的西方近现代哲学的知识基础,又要对日本文化之审美意识、时间意识等有一定的理解与把握,更何况"日本哲学"在我国学界的研究属于不被重视的领域。那么,她的选择与挑战,显然是基于自己求知的渴望与对于该问题拥有某种共鸣性的律动而产生的热爱所致。

自从教育部把"东方哲学"从大学教育的学科分类中取消之后,国内的大学中关于"东方哲学"的专业方向则消失了,中国社会科学院哲学研究所东方哲学研究室成为国内目前仅存的学术阵地。当学科分类中没有了"东方哲学",印度哲学、阿拉伯哲学等还可以在佛教等研究领域继续存在,而本来归属于"东方哲学"研究领域的"日本哲学",由于完全以西方的"哲学"为范式,并且是诞生于近代、融入东方元素的关于"哲学"的崭新内容,虽然可以归入"外国哲学"研究领域,却因其学术内容、所处地域的特殊性,在以"欧美哲学"等同于"外国哲学"的学界一般认知中,找不到其被"外国哲学"研究者关注的生存空间,从而使我国数十年来关于"日本哲学"的研究成果黯然寥落，偶尔出现的论著或论文，多数也仅属于留日学者和国内个别学者的学术兴趣或个人学术追求的产物。显然，在国内从事"日本哲学"的研究，需要拥有一种纯然的学术精神与一定的学术勇气。仅从这个意义而言，耿子洁博士该论著的出版，其所研究的九鬼周造的哲学，对于推动国内学界该领域的研究发展具有极其重要的学术意义。另外，从国内关于九鬼周造的哲学研究极其匮乏的情况来看，该论著的出版则具有重要的学术价值。

关于九鬼周造哲学的研究，迄今为止国内出版的论著似乎仅有徐金凤的《九鬼周造的哲学思想研究：以自他关系为主线》一部，此论著也仅仅是她在博士论文的基础上进一步修改、完善之后而形成的著作。关于九鬼周造哲学的研究论文也寥若晨星，正式刊发的论文全部加起来也仅有十多篇，这也说明国内学界关于该研究还相当有限。这一方面是由于在上述学科分类中取消了"东方哲学"，从而使"日本哲学"找不到领域可以安顿，更为重要的是九鬼周造哲学深受西方存在主义哲学特别是解释学方法论的影响，在"日本哲学"中属于比较难啃的哲学，即使是日本学者对此展开研究也不是一件容易的事情。而耿子洁博士以其强烈的学术好奇心与对于哲学发自内心的热爱，迎难而上，孜孜以求数载，终于摘得此部学术硕果，我们不得不为之求知精神深深感佩。

九鬼周造在日本近现代是与西田几多郎、田边元等重要哲学家齐名的著名哲学家，虽然英年早逝，但仍为近代日本的代表性哲学家之一。其哲学受到西田几多郎之"无"的哲学思考的影响，并进一步把这种"无"作为"偶然性"问题的哲学重新把握，呈现一种融摄东西方思想的独特探索。由于他回避了当时流行的辩证法思考，坚守着以形式逻辑为基础之法国式的明晰性思辨，从而在京都学派哲学中拥有独特的地位。他的哲学与思想，虽然直接师承于欧洲重要的哲学家柏格森、胡塞尔、海德格尔等人，但他在接受西方现代哲学与方法论的同时，从其自身特殊的人生经历与生存经验出发，融入了日本文化的独特性元素，探索、构建了属于自己的偶然性哲学。无论是关于实存论，还是时间论，由于他融入了拥有东方性意蕴的思想元素，使其哲学在世界现代哲学中占有一席之地，成为备受欧美当代学者关注与研究的日本哲学家之一。

在九鬼周造的诸多著作中备受关注的是《"粹"的结构》与《偶然性的问题》，前者隐含了对西方近代盛行的恋爱、结婚观的批判性追求，以存在论的解释学方法，分析日本江户审美意识之一"粹"的问题，并将其放在男女关系中进行哲学阐释，以此向西方世界阐明与展现区别于西方的日本文化中独特的男女关系的审美情境，企图把其作为男女关系的原理，在现代社会中赋予其崭新的，关于恋爱、结婚的哲学审美意义。特别是他通过"媚态"（日语"媚態"）、"骨气"（日语"意気地"，在此亦可理解为"自尊心"的作用，有学者认为此概念起源于武士道的理想主义）、"死心"（日语"諦め"，一般认为这是源于佛教的世界观的概念，为此在这里具有某种"达观"的意蕴）之自己与他者，主要是男女关系的三个契机，分析了在日本之男女关系的审美意识中关于"粹"的审美结构与发展过程。首先女性在"媚态"中拒绝了"一元性"之自他关系的融合而寻求确立自他"二元性"的存在。然而，要让这种"二元性"的紧张关系获得持续的可能性，即九鬼周造所说的"自己对自己设定异性，以便让自己与异性间构成的可能关系所采取的二元性态度"之媚态得以确立，坚守某种"骨气"或"自尊心"的作用不可或缺。九鬼周造对此分析说，"它（骨气）企图替媚态的二元可能性提供深一层的紧张和持久力，让可能性自始至终都能够维持其可能性"。可是恋爱的根本则具有追求"一元"融合的倾向而非"二元"并立自存，在这里"一元"的必然性与"二元"的可能性之间显然会产生美感的矛盾，在这种矛盾冲突的过程中，最终必须走向"死心"也即"达观"，从而实现与自己以及自他关系的和解，也可以说通过对于"命运"之强求的豁达性和解，抵达对于"自由"的皈依。根据日本学者田中久文的理解，这里蕴含着九鬼周造对于迷失了自我"同一性"的个体，怀抱着"无"的同时，究竟应该如何创造与他者之间确立开放性关系的哲学探索。而对于这些问题，耿子洁博士在其论著中进行了具体的分析与引证。

关于"偶然性的问题"，正如该论著中所指出，这"一直是九鬼周造最为关心的根本问题"。这是九鬼周造对于西方近代哲学把近代自我、自然法则、神三大支柱作为"同一性"之"必然性"的本质展开批判时所产生的思想。对此田中久文指出，这是九鬼周造为了回答深度包含着偶然性之必然性究竟是什么而"向神、道德法则、自我那样既存的'同一性'世界抛出了一个接一个的疑问符"。所以他提出了以一者与他者不被统合之分裂的"二元性"为本质的"偶然性"存在，并以此作为上述"同一性"崩溃之后崭新的、解构近代的原理而构建"偶然性"哲学。而另一名日本学者岭秀树认为，"九鬼周造的偶然性思想拥有补充海德格尔实存思想的意蕴"，"九鬼周造在偶然性意蕴的分析中所展开的实存理解,是海德格尔哲学中潜在性地蕴含着却没有被充分显在化的思想重新得以(充分的)显在化,其意味着对海德格尔的实存性分析的补充,是使其血肉化的思想。"需要注意的是九鬼周造并非绝对否定"必然性"存在,他的偶然性哲学是其在哲学中寻求更高"同一性"的过程中而提出了"偶然性"问题。为此,小浜善信的指涉值得关注,他说:"九鬼周造哲学就是偶然性的哲学。因此,如巴门尼德所代表的埃利亚学派的存在论和柏拉图主义的理型论以及斯宾若莎的神论、世界论等这些必然性和同一性的哲学在九鬼周造哲学中所具有的积极意义很容易被忽视。"

由此可见,对于九鬼周造哲学的研究,"偶然性的问题"是核心问题。因此,耿子洁博士的论著以"九鬼周造偶然性哲学研究"作为主题,虽然研究路径限定为《"粹"的结构》与《时间论》,但这些问题也都是放在"偶然性"的视域中展开分析与阐述的。著者认为《"粹"的结构》的方法论变迁,可以作为"偶然性问题"之方法论加以研究。而在全书的四章中,三章的篇目都与"偶然性的问题"相关,即使第四章的时间论问题以及作为附录的两篇论说,也同样涉及"偶然性问题",并没有离开"偶然性"这个概念。该论著在分析《"粹"的结构》与"偶然性问题"关联中指出:《"粹"的结构》之"媚态""死心"所牵涉的"可能性""必然性"模态,与"作为可能性的相关者的偶然性"与"作为必然性的否定者的偶然性"这两种偶然性在逻辑领域的规定性具有内在联系。这是因为"媚态—骨气—死心"都是以二元关系为前提的意识现象,偶然性问题的根本意义即针对作为一者的必然性来规定他者,因为必然性就本质而言是一者的同一性，偶然性却是一者与他者的二元邂逅。正是这种认识，论著中把《"粹"的结构》作为具有"前偶然性哲学"性质的九鬼周造哲学文献，放在偶然性哲学中进行关联性分析与探究。

除了上述关于"粹"的审美结构的哲学分析与"偶然性的问题"逻辑论证之外，"时间论"也是九鬼周造哲学中极为重要，并具有其独特性的哲学思想。之所以具有独特性，是因为它区别于柏格森以"过去时间"与海德格尔以"未来时间"为中心的欧洲传统两大时间视角的哲学思考，在哲学中论证了富有东方性时间思维特质之"永远现在"与"永恒轮回"的时间观。换一个视角也可以说，这种时间观是九鬼周造基于对柏格森与海德格尔时间观的批判与超越的追求，是他在受到西方古代奥古斯丁以来对于"现在"时间的重视以及尼采之永恒轮回学说启发的同时，结合日本文化传统中把线性时间的"现在化"倾向，与东方农耕民族对于季节变化的敏感而产生的循环时间意识等，在哲学上通过"偶然性"逻辑的运用而构建出"永远现在"与"永恒轮回"的时间论。论著中把这种时间论问题也作为九鬼周造之偶然性哲学的组成部分进行关联性研究，因为著者认识到九鬼周造的时间论以"现在"为核心，也是因为偶然性作为根源性的、最初的原始事实，其对应的模态范畴是现实性，由于现实性意味着时间上的现在，偶然性的时间也就是以"如今"为图式的现在。关于这个问题的分析与论述，可以说是该论著最值得关注的亮点。著者在论著中分析指出，九鬼周造继承了日本的文化历史传统，由偶然性问题的模态性体系追问到哲学层面的"现在"时间场域，作为刹那生灭之原本时间性的"瞬间"，水平方向、垂直方向绽出而成为"时机"，以现象学的时间与形而上学的时间不同方向的自我脱离，实现对于作为日常生活层面的"当下"的超越与融摄。论著中像这样的分析与指涉颇多，在此不一一列举，而这些阐发都甚具形而上思辨性与层次丰富的说服力。

当然，以上只是笔者对于该论著的阅读而产生的片段性感想，论著中的精彩与精辟之处，在此无法具体阐述，建议读者自己捧读该论著，一定会有收获与启迪。对于九鬼周造的哲学研究，能有如此深入的把握，能够把各种复杂的概念、命题，在"偶然性的问题"中得到系统而圆融的关联性分析与阐发，足见著者的哲学功力与为之所付出的呕心沥血的努力。不得不说，这是由于著者强烈的好奇心，由于其对于形而上学意蕴浓厚之"哲学"的痴迷与强烈求知的渴望使然。那么，著者选择九鬼周造的偶然性哲学作为其数年如一日的探索与研究对象，这已并非偶然的兴趣所致，这里潜存着某种知性相遇的必然。

是为序。

林美茂

2023年2月于人大校园

前言

一、九鬼周造的错位人生与反俄狄浦斯情结

九鬼周造（1888—1941），是日本一位独具特色的京都学派思想家，其代表性著作有《"粹"的结构》（1930年）及《偶然性的问题》（1935年）等。其思想的独特性主要来源于两个方面：其一，其个体生命际遇的传奇性；其二，其思想形成背景的复杂性与深邃性。

1888年2月15日，九鬼周造作为九鬼隆一的第四个孩子（上有九鬼一造、九鬼三郎两位哥哥及九鬼光子一位姐姐）出生于日本东京。超乎一般人降生于世之时"被抛"的无根基性与偶然性，九鬼周造在降生之前的生命孕育之初，就已经在经历传奇的人生错位：1887年（日本明治二十年），时任日本驻美公使的九鬼隆一，将自己已有身孕的妻子九鬼初子（本名星崎波津子，即九鬼周造之母）委托给途经华盛顿的冈仓天心[1]，由这位文部省美术官员护送初子一同回日本。当时日、美间的主要交通是海运，一个多月的漫漫长途，两个20多岁

---

[1] 冈仓天心，原名冈仓觉三（1863—1913），日本横滨人，是明治时期重要的美学家、艺术评论家和美术史家。1880年毕业于东京帝国大学文学部，1891年出任东京美术学校校长，1904年开始在波士顿美术馆的中国·日本美术部工作，常常往返于美、日之间，1910年，成为波士顿美术馆中国·日本美术部部长。代表作有《茶之书》《东洋的理想》。

的年轻人之间迸发了爱情的火花。由此开始，为九鬼周造纠结一生的父亲之位的错位与分裂，埋下了种子。

1896年，九鬼初子与九鬼隆一分居，搬到冈仓天心所在的根岸生活。在《九鬼周造全集》第五卷之"未发表的随笔"部分，收录的《根岸》（1934年）与《对冈仓觉三氏的回忆》（1937年）两篇随笔记录了九鬼周造在人生最后的岁月，对于儿时这段与冈仓天心生活的追忆。

在对冈仓天心回忆的开篇，九鬼周造就直接追溯到他生命的起点："我八九岁（小学一二年级）的时候，父亲在麹町的三年町，不过母亲与父亲分居，带着我和哥哥住在下谷的中根岸御行松附近。那时候，冈仓氏的家在上根岸，经常来拜访母亲。这是他做位于上野的美术学校校长的时期。当时母亲大概三十六七岁，应该比冈仓氏年长一两岁。根由追溯起来是很久以前的事情了，那时父亲在华盛顿任驻美全权公使，后来的斋藤首相当时还是海军大尉，在美国做公使馆武官，父亲因故委托冈仓氏护送母亲乘船回日本。当时母亲正怀着我，回国以后我才出生。从此母亲和冈仓氏开始密切交往，我们称呼他为'伯父'。"[1]

对于"伯父"与"父亲"之间的错位纠葛是起于母胎之中，伴随九鬼周造一生的，如果说俄狄浦斯情结是一种"弑父娶母"的"恋母情结"，那么可以说九鬼周造因为"父亲"之位的错位或空缺，产生

---

[1] [日]冈仓天心、九鬼周造著，江川澜、杨光译：《茶之书·"粹"的构造》，上海人民出版社2011年版，第194—195页。

了一种对"父权"或依恋、或追寻的所谓的反俄狄浦斯情结。这种"追寻",集中表现在《某个夜晚的梦》(1934年)与《自己的名字》(1938年)等随笔中,他对于"自身"命运在潜意识的梦中,或对于九鬼家族历史的考察中所进行的反思与探寻。九鬼周造曾经一度怀疑自己是不是冈仓天心的儿子,甚至表达过从心底里希望自己是冈仓天心儿子的意愿:"据说周造自己曾经看似玩笑那样对亲近的人说过,说不定我的父亲也许是冈仓。"[1]关于九鬼周造是否有可能是冈仓天心的私生子这一问题,根据大冈信等日本学者的考察,将冈仓天心巡回访问于欧洲、美国的日程与星崎初子的妊娠时日结合起来看的话,这一设想作为历史性事实是不可能的。但是,在心理层面、潜意识层面与精神人格的塑造层面,却是另外的问题了。由于九鬼周造八九岁起父母亲分居,母亲带着他与哥哥移居冈仓天心所在的根岸,可以说,冈仓天心在九鬼周造的少年时期才是真正陪伴其成长,塑造其人格的亦父亦友的长辈。

最能集中反映上述论断的文字,是1937年九鬼周造49岁时写的《对冈仓觉三氏的回忆》,对于九鬼周造匆匆53载的一生而言,这可以称为其晚年回忆了。在饱含温度的片段性的描写中,九鬼周造两次直接表达了冈仓天心在其幼小心灵中引起的震颤:"偶尔来访的客人,除了女性亲戚以外只有冈仓氏。他一般是傍晚登门,通常在一楼与二楼之间的里屋,在纸罩蜡灯下,和母亲一起吃晚饭。我总是看见酒壶,也不时见到他的红脸。我常常躺在母亲的膝盖上听他说话,听过

---

[1] 坂部恵『不在の歌——九鬼周造の世界』TBSブリタニカ、1990年、19頁。

他到朝鲜去的时候碰到老虎的故事。他说自己晚上在漆黑的地方，看见两只眼珠发光耀眼，原来那是老虎的眼珠……这些事情对我幼小的心灵来说是很有趣的事情。"[1]"冈仓的弟弟由三郎氏住在离他家很近的地方，我也到那里去玩过。他给我看过他收集的邮票和古钱，虽然当时的我还太小，然而感觉到觉三氏和由三郎氏给我带来迥然不同的印象。当时我不知道'天才'这个词，可是作为天才的觉三氏给我幼小的心灵留下了非常深刻的印象。"[2]

值得注意的是，很多时候对于冈仓天心的描写是与其父亲九鬼隆一对照性地出现的："那时冈仓氏也给我画过中国人骑驴的画，这张画我也记得很清楚。有一天他对我说：'我要跟你的父亲说给你买只驴，还是骑驴去学校好。'因此我一直满怀希望地等待驴从三年町的方向过来，可是驴始终也没有来。冈仓氏也说过小孩子需要秋千，对我说他要对父亲说给我买一个，过了一段时间，在庭院的中间真的挂上了秋千。"[3]"我不记得是什么时候无意地对冈仓氏说过，我在父亲三年町的家里时，家里来了客人，不过父亲却让我们告诉客人他不在。冈仓微笑着说：'伯父不会假装不在家。'"[4]事实上，九鬼周造始终陷在

---

[1] [日]冈仓天心、九鬼周造著，江川澜、杨光译：《茶之书·"粹"的构造》，上海人民出版社2011年版，第195页。

[2] [日]冈仓天心、九鬼周造著，江川澜、杨光译：《茶之书·"粹"的构造》，上海人民出版社2011年版，第198页。

[3] [日]冈仓天心、九鬼周造著，江川澜、杨光译：《茶之书·"粹"的构造》，上海人民出版社2011年版，第196页。

[4] [日]冈仓天心、九鬼周造著，江川澜、杨光译：《茶之书·"粹"的构造》，上海人民出版社2011年版，第197页。

他自身与九鬼隆一、波津子、冈仓天心的四角纠葛之中，比起母亲与父亲或者母亲与冈仓天心的关系，他似乎更关心九鬼隆一与冈仓天心的关系，他专门记述了父亲对于冈仓天心的评价："他是工作上来说非常有用，可是在私生活方面给我带来麻烦的人……父亲还对我说过这样的话：有美国人说，如果日本的政治界也有美术界的冈仓那样的人物的话，那将是位了不得的大人物。"[1]不仅如此，九鬼周造十分珍视冈仓天心写给其父九鬼隆一的信，冈仓天心到波士顿美术馆工作以后，他经常用毛笔在卷纸上写信给作为前辈、上司的九鬼隆一；九鬼周造大学时帮助家人接待西方客人，通过这些人和信件间接了解冈仓天心的情况；九鬼周造甚至在自己京都的茶室内将其中一封信镶入画框摆放，信的内容也无非是一些最为平常的拜谒、问安之词，但九鬼周造对于信上真切反映出的父亲与冈仓天心之间始终保有的密切交流感到非常高兴。我认为，这封信件被悬于茶室的意义，不仅是基于九鬼周造对于冈仓天心特有的书法之美感的欣赏与倾慕，而且是九鬼周造本人通过父亲与冈仓天心的交流，感到了分裂的父权（现实血缘上的父权与精神塑造中的父权）之间张力的一种弥合及其所带来的慰藉。

比起亲生父亲，九鬼周造对于冈仓天心是怀有复杂感情的。一方面，在家庭私人关系上，九鬼周造始终无法面对生父与冈仓天心之间的错位：无论是晚年回忆中记述的"冈仓氏也带我去筑波山狩猎……在茶店休息的时候，店里的老太婆打量了我和冈仓，恭维我们说这对

---

[1] [日]冈仓天心、九鬼周造著，江川澜、杨光译：《茶之书·"粹"的构造》，上海人民出版社2011年版，第199页。

父子真像。冈仓氏只是默默地笑。"[1]还是在《某个夜晚的梦》(记录的是昭和九年,即1934年10月19日黎明时分的一个梦,这个梦发生在九鬼周造46岁时,是在他时隔40年重访根岸故居之后的第三个月)中,表现的暗藏于九鬼周造潜意识的对于父子关系不确定性的隐隐焦虑与不安,"您还什么都不知道呢,引领您来的独眼的N先生是化学教授,是这个研究室的I教授的儿子。儿子将您带领向其父所在的地方。先生您连这件事都不知道吗?"[2]在此梦境中潜藏着对于父子关系的不安与未知,九鬼周造详细记述了梦境的许多细节,这一书写动机可以理解为晚年的他与一生所遇的人、事的和解努力,是在为今生所遇种种坎坷谱写一首"安魂曲",毕竟此时的他已经在1931年接连送走了父亲与母亲。冈仓天心更是早在1913年就已经离开了,九鬼周造当时代替父亲九鬼隆一参加了葬礼,只是当时年仅25岁的他还无力书写一些文字以安顿生命的各种遭遇。九鬼周造曾经记述了自己成年后在东京大学邂逅冈仓天心时内心的挣扎:"我差不多有十年没有见过他,可是一下子就认出了他。他只见过小时候的我,所以不可能认出我来。我那时低着头,连头也没有点就过去了。或许是我性格内向的缘故,可更大的原因是想到他就是那个让我母亲陷入悲惨命运的人,对他还是有相当复杂的感情。这是我见到他的最后一次。"[3]另一方

---

1 [日]冈仓天心、九鬼周造著,江川澜、杨光译:《茶之书·"粹"的构造》,上海人民出版社2011年版,第196页。

2 九鬼周造『九鬼周造全集』(第五卷)岩波書店、1990年(第二刷)、214~215頁。

3 [日]冈仓天心、九鬼周造著,江川澜、杨光译:《茶之书·"粹"的构造》,上海人民出版社2011年版,第200页。

面，在精神成长与人格塑造方面，冈仓天心是九鬼周造的精神导师。如果说冈仓天心对于幼年九鬼周造的影响是在日常生活点滴中潜移默化的，那么他的思想品格与学识见地，对求学时期的九鬼周造产生的影响更为直接和深刻，二人的最后一面是前述的冈仓天心在东京大学讲授东洋美术史时期的那次偶遇，九鬼周造介怀于母亲因与冈仓天心的不伦恋情精神失常，长年寄居于精神病院，所以一次也没有去听过冈仓天心的课，他晚年回忆起来遗憾不已。在参加完冈仓天心的葬礼后开始的欧洲留学时期，九鬼周造读了冈仓天心用英文写作的《茶之书》与《东洋的理想》，感动不已，常常作为礼物馈赠朋友。九鬼周造旅居欧洲时，先后师从李凯尔特、柏格森、胡塞尔和海德格尔，而晚年他所回味的事情是，在他大学毕业时，浜尾新子爵告诉他最近冈仓氏到了巴黎，去听了柏格森的讲座，那时的九鬼周造还未开始欧洲求学之旅。和冈仓天心一样深受柏格森影响的九鬼周造晚年回想起两人命运轨迹的巧合，他感叹道："对我来说，想象冈仓在法兰西学院的讲堂里侧耳倾听柏格森讲座的神态，实在是饶有兴味的事情。"[1]

当父母去世后，一切都时过境迁，九鬼周造终于说出"现在我对冈仓的感情只有纯然的尊敬，所有的回忆都是美好的。明亮的地方是美好的，阴影的地方也是美好的，谁都没有过错，全部像诗歌一样美"。[2]在50岁这番忆往昔之后，1940年52岁的九鬼周造在他生命的

---

[1] [日]冈仓天心、九鬼周造著，江川澜、杨光译：《茶之书·"粹"的构造》，上海人民出版社2011年版，第202页。

[2] [日]冈仓天心、九鬼周造著，江川澜、杨光译：《茶之书·"粹"的构造》，上海人民出版社2011年版，第201页。

最后一年，从南禅寺草川町移居洛外山科，将自己亲自设计的雅居（日文读作SUKIYA，冈仓天心在《茶之书》里记述其对应意义可以为：（1）好き屋：喜爱之屋；（2）数寄屋：不对称之屋；（3）空き屋：空之屋，三重含义）命名为"命运之屋"，实现了自己早年当植物学家的梦想，亲自设计了新居的一草一木以及日晷，一年后九鬼周造溘然长逝。

九鬼周造人生的分裂感与漂泊感，集中体现于原生家庭的父子关系错位，但在日后其他方面的人生际遇中，九鬼周造也始终是漂泊无依地体验着人生的分裂惊诧与动荡不安。例如，其初恋是岩下壮一的妹妹，因为岩下壮一全家信仰天主教，九鬼周造也于1911年受洗成为天主教徒，然而女方毅然决然地去修道院侍奉上帝，这样的选择让九鬼周造深感命运的诡谲。其后，1917年，九鬼周造的哥哥九鬼一造33岁即死于不明热病，1918年九鬼周造与英年早逝的哥哥留下的遗孀缝子成婚，一同养育哥哥留下的两个孩子，但最终因九鬼周造流连于情人、艺伎之间，风流潇洒，缝子提出了离婚。他曾写诗抒发了离异给他带来的震颤："对妻无怨恨，然却欲离去，一言就此别，困惑当如何。昨日同床共枕，今天相见不识，眼前离缘一纸，按印诀别过去。"[1]九鬼周造一生的婚恋观，深深打上了母亲、父亲与冈仓天心之间纠葛悲剧的烙印，同时与其留学德、法期间的思想探索有着莫大关系。

---

1 [日]小浜善信著，郭永恩、范丽燕译：《九鬼周造的哲学：漂泊之魂》，中国书籍出版社2012年版，第21页。

二、九鬼周造思想的形成背景与我国研究现状

正如藤田正胜先生指出的："九鬼周造为日本众多杰出哲学家之一。其思想特征并非只是书桌前的思考，而是意图迫近具体的生命或生命的现实。"[1]九鬼周造是一位用生命体证哲学的哲学家，他的思想成长轨迹的转折始终与自身生命体验的变化密切相连，真正驱动他思考哲学问题的原动力，始终扎根在他自身生命的根底处。1921年九鬼周造携妻子缝子开始了长达8年（据年份是1921—1929年跨度8年，实际长度为7年3个月）的旅欧留学生活，在1929年归国后，于当年10月27日，九鬼周造在大谷大学第一次做了题为"偶然性"的演讲，正式开始构建自己的偶然性哲学。可以说，如果要探究九鬼周造提出"偶然性哲学问题"所从来的道路，以及这背后思想的历程与生命的痕迹，必须从其8年留学生活中随着自己个体生命体验的流变而不停接触、学习并内化于自己的生命、生活，最后试图超越的法国、德国一流哲学家们那里入手。

如果依照时间顺序记述的话，九鬼周造1921年首先在海德堡大学通过李凯尔特接触到新康德主义学派；随后1924—1927年，进入巴黎大学，根据日本甲南大学九鬼周造文库发现的《萨特其人》一文，萨特曾任九鬼周造的法语家庭教师，但是萨特当时还是巴黎高等师范学院的学生，据说后来萨特是带着九鬼周造的介绍信才得以拜访海德格

---

[1] [日]九鬼周造著，藤田正胜原文注，黄锦容、黄文宏、内田康译注：《"粹"的构造》，联经出版事业股份有限公司2009年版，第iii页。

尔的；在巴黎先后两次造访柏格森（两次间隔较久，第一次为在巴黎期间，第二次为回国前的1928年），九鬼周造认为柏格森是世界仅存的最伟大的哲学家，后来为其写了《柏格森在日本》的报道；1927年九鬼周造返回德国学习了胡塞尔的现象学，重点研究了海德格尔的存在主义，并成为最早提案用"实存主义"翻译existentialism（存在主义）的亚洲哲学家，这一翻译为日本学界沿用至今。如果我们在上述时间轴中，想结合九鬼周造自身生命体验的心路历程，重点探索九鬼周造思想转变的几个节点，可以选取新康德主义、柏格森哲学、海德格尔哲学，这三部分内容、两次转折。因为萨特主要是作为法语家庭教师，在哲学上甚至是以后辈姿态出现在九鬼周造的生命中的，而胡塞尔的现象学虽是九鬼周造的重点学习内容，但九鬼周造最终的立论方法是采取了海德格尔的现象学的解释学理路。海德格尔哲学作为现象学中的新转向，相对于胡塞尔在方法论上的转变，对九鬼周造产生了深刻的影响。对于九鬼周造在胡塞尔、海德格尔方法论之间的动摇，直接体现在从《"粹"的本质》（1926年）到《"粹"的结构》（藤田正胜先生称1930年1、2月在《思想》上发表的《"粹"的结构》为《思想》稿，同年11月由岩波书店出版发行的《"粹"的结构》为《岩波》稿）的变迁。因此胡塞尔对于九鬼周造的影响，不妨放在后文研究《"粹"的结构》的部分专门加以论述，在此不做赘言。

九鬼周造来到欧洲，首先接触到的是作为新康德主义西南学派代表的李凯尔特。西南学派的价值哲学主要研究价值与文化历史问题，对于康德的"物自体"概念进行了价值论改造，对于西南学派而言，价值是客观的"自在价值"，根据李凯尔特的界定，"关于价值，我们不能说它们实际上存在或不存在,而只能说它们是有意义的或无意义的[1]"。由于坚持康德的先验论立场,"'自在价值'是事物之间相互联系的总和,表现为形式与秩序,当人们对自在价值进行评价时,自在价值表现为同一规范意识。自在价值是先验的,存在于主观的价值判断之中,并且是后者的客观依据[2]"。正如田中久文先生指出的,九鬼周造求学于李凯尔特思想的内在动力正在于其整合性,"大正时期,勉强称得上是日本近代性的自我意识被确立的时代,对此提供理论性支持的是新康德主义学派。就像已经叙述的那样,九鬼周造从幼年之时由于家庭的崩坏、与异性的别离等,被强迫生活在失去统合的分裂的世界。九鬼周造最初向李凯尔特学习的是超越这样的世界,以超越的价值为基础保证自己的一贯的'同一性'这样的理论[3]"。

但是正所谓"成于斯,亦败于斯",思想理论体系的统一性,与九鬼周造自身生命体验的破碎性之间的张力日益严峻,最终,九鬼周造对于新康德主义最初怀有的憧憬与想象破灭了。抽象的"范畴"对于鲜活生命的救赎力量终究是有限的,例如李凯尔特的理论将"爱的永恒性"奠基于夫妻、家庭这些前提,这与九鬼周造亲身经历的背弃婚姻伦常的母亲与冈仓天心之间疯狂却炽热的爱恋是大相径庭的。李凯尔特将"伦理学"与"情爱学"相结合的理论,尽管逻辑上可能是

---

1 [德]李凯尔特著,涂纪亮译,杜任之校:《文化科学和自然科学》,商务印书馆1986年版,第21页。

2 赵敦华:《现代西方哲学新编》,北京大学出版社2001年版,第38页。

3 田中久文『九鬼周造—偶然と自然』ぺりかん社、1992年(第二刷)、29頁。

自洽的，但对于能够深谙母亲心意，跳脱出世俗伦常，将仅晚于父亲三个月去世的母亲埋葬在其一生挚爱的冈仓天心墓穴边的九鬼周造而言，终究新康德主义思想无法深入他的内在灵魂。

进而，随着九鬼周造个人生活在法国南部海岸的感官性解放，他的思想同步地转向了柏格森生命哲学。在法国，诗人九鬼周造以诗歌抒发了自己对新康德主义的厌倦之情，"书架认识论，何时满尘埃。'普遍'和'客观'，唯有涩苦情。灰色抽象世，烦恼挥不去。春花秋月逝，范畴不解愁[1]"。

在法国南岸的碧海蓝天，九鬼周造体验了与多名异国女性的爱恋，法国的浪漫气质激发了他的诗歌创作灵感，他化名S.K（很明显是其姓名罗马字KukiShuzo的首字母缩写）和小森鹿三，写作了《巴里心景》（1925年）、《巴里小曲》（1925年）、《巴里的窗》（1925年）、《巴里的寝言》（1926年）、《破片》（1927年）几部诗集，先后发表于《明星》杂志。在理性与情欲的分裂中，九鬼周造体内的"酒神精神"或者用九鬼周造自己的语言"唐璜的血"彻底被唤醒了，他彻底背离了新康德主义所采取的脱离具体实际的"生"的立场，而从抽象的理论、逻辑立场出发演绎推导出了这种价值体系。与此同时，他遇到了"天赐恩惠的甘露"——柏格森的"形而上学的直观"，这使他从将认识的质料与形式过分严格地分立，从而变成生命干涸枯竭的"形式主义"中苏醒过来。

---

[1] [日]小浜善信著，郭永恩、范丽燕译：《九鬼周造的哲学：漂泊之魂》，中国书籍出版社2012年版，第119页。

前 言

柏格森对九鬼周造的影响是深远的,特别是在"时间论"方面。1928年6月九鬼周造第二次来到巴黎拜访柏格森,之后8月11—17日在巴黎近郊崩狄尼用法文做了《时间的观念和东洋时间的反复》《日本艺术中"无限"的表现》两篇演讲,这两篇讲稿就是在法国由柏格森学生主编的杂志中出版的《时间论》(1928年),后来法文原稿与坂本贤三翻译的日文版收录于《九鬼周造全集》第一卷。西田几多郎正是看到了这本演讲小册子,才邀请九鬼周造到京都帝国大学任教。

对于作为"质的时间"的"纯粹持续",九鬼周造是这样解读的:"生命的过程之中存在根本性的偶然性,先行者与后行者之间具有不可通约性。生命的进化之中,不能通过以前的事物说明的新的事物总是在被创造着。生命在根本上是创造、是发明、是自由。不能容许一切的预定或预想,不特意推进计划或目的。"[1] "质的时间"是"真的时间",是"异质的时间","因为我们的绵延不仅仅是一个瞬间替换另一个瞬间;假如是这样,那么除了现在就不再会有任何别的——没有过去向现在的延长,没有进化,没有具体绵延。绵延乃是一个过去消融在未来之中,随着前进不断膨胀的连续过程"。[2] "这是一条无底的、无岸的河流,它不借可以算出的力量而流向一个不能确定的方向。即使如此,我们也只能称它为一条河流,而且这条河流只

---

[1] 九鬼周造『九鬼周造全集』(第三卷)岩波書店、1990年(第二刷)、433頁。

[2] 刘放桐等编著:《新编现代西方哲学》,人民出版社2006年版,第135页。

是流动。"[1]因此,过去与现在不是同质的连续,不是一体的,过去一股劲儿地涌向未来,这种"纯粹持续"思想带给了九鬼周造怎样的内证体验呢? 1927年九鬼周造写下了以"纯粹持续"为题的诗歌:"爱恋空间,时间是吝啬的私生儿,孕育他本就是错误,悔恨不是幸运的怪物,夜啊,夜啊,让你苦恼也是因为他。……本来同质是妥协的基础,守住纯粹异质的贞节。过去的回忆,也是有时候,屈指霉迹斑斑的可能性,是败者的习惯。心在呼喊,流星、电光、旋律、色彩。"[2]这里所谓的"时间的私生儿"很显然是指区别于"质的时间"的"量的时间",也就是日常生活中钟表计数的物理性的同质时间。柏格森认为这不是真正的时间,是与空间相妥协的产物,即"空间化的时间",九鬼周造在诗中控诉"悔恨""苦恼""过去回忆"的牵绊,都是基于同质性的"量的时间",而他内心深处呼唤的"流星""电光""旋律""色彩",正是九鬼周造对于"纯粹持续"的理解。"流星""电光"象征着刹那生灭的"异质性","旋律""色彩"表达着音符、光谱在流动中的"连续性"。始终向着未来绵绵不绝地流淌的"纯粹持续"对于九鬼周造卸下"过去"沉重的宿命感,确实如同他感叹的那样,是"久旱逢甘露"似的救赎。但是,九鬼周造的时间论是以"现在"为中心的,而非如柏格森的时间论以"未来"为指向,九鬼周造认为只有"过去的现在、现在的现在、未来的现在",

---

[1] [法]柏格森著,刘放桐译:《形而上学导言》,商务印书馆1963年版,第58页。

[2] 徐金凤:《九鬼周造的哲学思想研究:以自他关系为主线》,社会科学文献出版社2012年版,第42—43页。

一切都是"永恒的现在"与"永远的轮回"。产生这一分歧的根本在于，九鬼周造在生命的根底处直觉到的不是柏格森在《创造进化论》中描述的生生不息、创造演化的"生之喜悦"，而是"寂寥"与"空无"之感。这也许与缝子可能此时已经离开他回国[1]，使他陷于独在异乡为异客的孤独生活有关，又或者是辗转于情人间，让他体验到恋爱的本质是暂时性的，他写道："所谓爱恋，是一个碎片寻求互补的另一个碎片，成为完全之物的感情。所谓孤寂，是碎片作为碎片的自觉"[2]，但是更根本的缘由应该追溯到九鬼周造个人的"生的实相"的根底是无常的、破碎的、苦涩的、黑暗的，只有一个个充满不确定性的现在，并不存在一个创造演化、不断涌向的未来之方向。也正是生命根底这种暗涌的"分裂"之痛、难以排遣的"孤寂"的折磨，推动着九鬼周造走向了海德格尔向死而在的"无"的哲学。

1927年4月，九鬼周造从法国回到德国，来到胡塞尔和海德格尔所在的弗赖堡大学，先后参加了海德格尔讲授的冬季学期与夏季学期的课程。海德格尔在其后期作品《在通向语言的途中》收录了《关于语言的对话》一文，文章记述了与1954年从京都帝国大学来的探访者手冢富雄的交流，交流内容是延续曾经与九鬼周造的相关对谈。海德格尔始终对于东方思想、东方世界有一种持久的关切。海德格尔对于九鬼周造的影响是深远的，无论是方法论的应用，还是思考内容的深邃性，九

---

1 [日]小浜善信著，郭永恩、范丽燕译：《九鬼周造的哲学：漂泊之魂》，中国书籍出版社2012年版，第21—22页。

2 九鬼周造『九鬼周造全集』（第四卷）岩波書店、1990年（第二刷）、188頁。

鬼周造都受益匪浅。

如果从生命内证而言，如前所述，1927年体验到自身生命根底处的孤寂、漂泊的九鬼周造，内心深处对于海德格尔刚发表的《存在与时间》中讨论的"沉沦与被抛"、"怕"与"畏"、"此在之存在——操心"，一定从心底产生了共鸣。比起形式化的"范畴"，海德格尔认为"情绪"才在根本上支配着人的存在。此在"被抛"的无根性，指向的正是九鬼周造日后提出的"偶然性的问题"。

但是对于海德格尔的"向死而在的哲学"对于上述生之实相的解读是以将在的"未来"的时间性为中心的：

"把此在的平均日常生活规定为沉沦着开展的、被抛地筹划着的在世，这种在世为最本己的能在本身而'寓世'存在和共他人存在。"[1] 将背离此在本真的"沉沦"、具有对象的"怕"、没有确定对象的"畏"，三者的关系界定为"沉沦之背离倒是起因于畏，而畏又才使怕成为可能[2]"，"畏"的根基性在于"畏之所畏者[das Wovor der Angst]就是在世本身"[3]，在此意义上，"畏"这一基本现身情态才是此在别具一格的展开状态。因为，"畏所为而畏者，不是此在的一种确定的存在方式与可能性，威胁者既然本不确定，因而不能对这个

---

1 [德]马丁·海德格尔著，陈嘉映、王庆节合译，熊伟校，陈嘉映修订：《存在与时间》，生活·读书·新知三联书店2009年版，第210页。

2 [德]马丁·海德格尔著，陈嘉映、王庆节合译，熊伟校，陈嘉映修订：《存在与时间》，生活·读书·新知三联书店2009年版，第215页。

3 [德]马丁·海德格尔著，陈嘉映、王庆节合译，熊伟校，陈嘉映修订：《存在与时间》，生活·读书·新知三联书店2009年版，第215页。

或那个实际的具体的能在进行有威胁性的侵袭。畏所为而畏者,就是在世本身。在畏中,周围世界上手的东西,一般世内存在者,都沉陷了。'世界'已不能呈现任何东西,他人的共同此在也不能。所以畏剥夺了此在沉沦着从'世界'以及公众讲法方面来领会自身的可能性。畏把此在抛回此在所为而畏者处去,即抛回此在的本真的能在世那儿去。畏使此在个别化为其最本己的在世的存在[1]"。具体而言,"这种最本己的在世的存在领会着自身,从本质上向各种可能性筹划自身。因此有所畏以其所为而畏者把此在作为可能的存在开展出来,其实就是把此在开展为只能从此在本身方面来作为个别的此在而在其个别化中存在的东西[2]"。由此可见,"畏"是此在本真的、根底的存在方式。"畏把加在此在委弃于其自身这一状况之上的一切遮蔽都加清除。畏是对无的畏,'无'绽露出在此在的根据处规定此在的不在之状态,而这根据本身则作为被抛入死的状况而存在。"[3]

"向死而在"与"畏"一样,是一种对于此在日常沉沦的"去蔽性"的存在方式,一种整体的作为此在的存在方式:海德格尔认为"死作为此在的终结乃是此在最本己的、无所关联的、确知的而作为其本身则不确定、不可逾越的可能性。死,作为此在的终结存在,存在

---

1 [德]马丁·海德格尔著,陈嘉映、王庆节合译,熊伟校,陈嘉映修订:《存在与时间》,生活·读书·新知三联书店2009年版,第217页。

2 [德]马丁·海德格尔著,陈嘉映、王庆节合译,熊伟校,陈嘉映修订:《存在与时间》,生活·读书·新知三联书店2009年版,第217页。

3 [德]马丁·海德格尔著,陈嘉映、王庆节合译,熊伟校,陈嘉映修订:《存在与时间》,生活·读书·新知三联书店2009年版,第352页。

在这一存在者向其终结的存在之中[1]",他如此界定"死"——"向终结存在"的生存论结构,目的在于"把此在藉以能整体地作为此在存在的存在方式摸索出来。连日常此在向来也已经向其终结存在着,这就是说,不断地——即使以'逃遁'的方式——理解它的死。这显示出:这一囊括着、规定着整体存在的终结,绝不是此在在其亡故的时候才最终来到其上的某种东西。此在作为向其死存在的存在者,它自己的最极端的'尚未'总已经被包括到它自身中了,而其他的一切则还都处在这一极端尚未之前。"[2]

于海德格尔而言,所有的生存的源始的生存论筹划所筹划者都绽露为"先行的决心",决心构成了本真的操心样式,操心本身唯有通过时间性才可能,"在历数诸绽出的时候,我们总是首先提到将来。这就是要提示:将来在源始而本真的时间性的绽出的统一性中拥有优先地位……源始而本真的时间性是从本真的将来到时的,其情况是:源始的时间性曾在将来而最先唤醒当前。源始而本真的时间性的首要现象是将来"。[3]

九鬼周造对海德格尔以"将来"的时间性为核心的"死亡哲学"提出了自己的批判:

---

1 [德]马丁·海德格尔著,陈嘉映、王庆节合译,熊伟校,陈嘉映修订:《存在与时间》,生活·读书·新知三联书店2009年版,第297页。

2 [德]马丁·海德格尔著,陈嘉映、王庆节合译,熊伟校,陈嘉映修订:《存在与时间》,生活·读书·新知三联书店2009年版,第297页。

3 [德]马丁·海德格尔著,陈嘉映、王庆节合译,熊伟校,陈嘉映修订:《存在与时间》,生活·读书·新知三联书店2009年版,第375页。

"海德格尔的哲学,看作世界大战之后的不安、忧虑、忧郁的反映,不见得能说这是不恰当的。希望将'死'的哲学转化为'生'的哲学也未必是不妥当的吧。"[1]田中久文指出,这里的"生的哲学"并非前述柏格森式的"生的哲学",而是以"无"为前提的"生的哲学"。九鬼周造的"无"一方面确实是作为"孤寂"开示人类"孤独感"的所在,但是另一方面却应该成为为了维系自己与他者的"跳板"。九鬼周造为了将自己"无"的哲学变作这样的哲学,必须将海德格尔哲学中未充分展开的"与他者相遇问题"理论化。[2]

对此,九鬼周造后来曾在《海德格尔的哲学》一文中,说明了自己的"偶然性"哲学与海德格尔哲学的不同:"偶然的'偶'是'遇'而非其他。现存在[3]与其他现存在相遇,从而'距离性'地投射的空间性,在此基础之上,作为'现前'的现在才得以不得不时机成熟。在海德格尔那里'被投性'呀、'命运'呀这些概念不一定漏掉了,但是依从着空间性与共同存在性的不具有分量,偶然性的存在学的意义最终散逸到视野之外。不得不说'共在'仅仅作为'沉沦'来理解,欠缺充足的深意。'共在的现在''相遇的现在'作为'永远的现在'被掌握的此时此地,被投性是向着投射踊跃着,命运的无力是

---

[1] 九鬼周造『九鬼周造全集』(第三卷)岩波書店、1990年(第二刷)、270頁。

[2] 田中久文『九鬼周造—偶然と自然』ぺりかん社、1992年(第二刷)、56~57頁。

[3] 日语"现存在"即我国学界所说的"此在",都是海德格尔的德文概念——Dasein的翻译。

向着超越之力奔腾着。向着投射的踊跃是欢喜，向着超越之力的奔腾是欢笑，偶尔相遇者是脏腑的愉悦震撼着身体。"[1]由此可见，九鬼周造与海德格尔哲学的核心区别在于九鬼周造的时间的逻辑性是以"现在"为核心的，而且在"现在"是能与他者相遇、共在的，而没有将"共在"性的时间契机作为此在的沉沦。也正是在此基础上，他在经历了当时欧洲最一流的德、法哲学家的熏陶后，逐渐提出了自己的关于他者问题的《"粹"的结构》与关于"现在"此时此地邂逅相遇的《偶然性的问题》。

目前中国学界对于九鬼周造的哲学思想基本处于翻译介绍阶段，研究尚处于刚刚起步阶段。国内出版的与九鬼周造相关的重要译本有：（1）《茶之书·"粹"的构造》，冈仓天心、九鬼周造著，江川澜、杨光译，上海人民出版社，2011年出版；（2）《日本意气》，藤本箕山、九鬼周造、阿部次郎著，王向远译，吉林出版集团有限责任公司，2012年出版；（3）《九鬼周造的哲学：漂泊之魂》，小浜善信著，郭永恩、范丽燕译，中国书籍出版社，2012年出版；（4）2017年南京大学出版社出版的彭曦、汪丽影、顾长江翻译的《九鬼周造著作精粹》，内含《"粹"的构造》、《"粹"的本质》（《"粹"的构造》准备稿）及其他九鬼周造重要著作，作为中国学界最新的成果，收录的九鬼周造原著是目前最多的，其中《偶然性的问题》《人与生存》都是第一次被翻译为中文出版。

1　九鬼周造『九鬼周造全集』（第三卷）岩波書店、1990年（第二刷）、270頁。

前　言

　　《九鬼周造的哲学：漂泊之魂》是日本学者小浜善信的近年之作，小浜善信是日本研究西田哲学与九鬼周造哲学的专家，曾经在京都大学就相关研究进行了集中讲义。这本书的鲜明特点在于突破以往对于九鬼周造"文艺哲学家"、"诗人哲学家"、"西欧哲学史研究家"、"研究偶然性问题的哲学家"甚至"沉溺于祇园的哲学家"等多面相的固有评价，着力探求九鬼周造各种思想在深处的一贯性，小浜善信认为"九鬼一生自始至终所钟爱的对象，或说是九鬼哲学的主人公就是我们每一个人，是所有众生。我们的生命以及我们的人生绝非我们自己自由选择的一个结果，实际上我们并没有进行自由选择的权利。当我们意识到我们存在的时候，我们已经是一个被抛掷在苦海中'随波逐流，身不由己'的一个自我。这个世界以及在这个世界每一个生命的存在原本就没有任何理由，也没有任何根据……尽管其中不能排除其他'面'出现的可能，不能排除有另外一个世界和另一种人生出现的可能。但是，现实中出现的是这个世界，是这个人生。这是一个既成的事实，而且也是一个不争的事实，这就是'命运'。九鬼绝非一个虚无主义者，他承认这个世界和这个人的存在是一种'命运'，但他却认为，这个世界是创造自由的地方，这个人是创造自由的主体[1]"。小浜善信的这一结论与其多年关注作为西田哲学与九鬼哲学交集的时间论与个体论问题有密切关系，他自己亦承认"'个体'的存在和时间有着十分紧密的关系。因此，我认为，从根本上而言，研究

---

[1] [日]小浜善信著，郭永恩、范丽燕译：《九鬼周造的哲学：漂泊之魂》，中国书籍出版社2012年版，第3页。

九鬼与研究西田、研究时间以及研究个体密不可分"[1]。九鬼周造的哲学思想各部分之间确实存在密不可分的联系，小浜善信探究得到的个体论与时间论问题，实质上，就是九鬼周造哲学一以贯之的问题——"时间和永远""偶然性和必然性"的问题。

徐金凤的《九鬼周造的哲学思想研究：以自他关系为主线》，这是我国青年学者撰写的第一本关于九鬼周造思想的学术专著，由于研究视点在于自他关系，因而在分析九鬼周造的偶然性哲学中所包含的问题时，作者指出："其一，偶然性的哲学主要是关于个体实存的哲学；其二，偶然是个体实存（个体或者某个单独的系列）的邂逅，即自己—他者，或者他者—他者的邂逅；其三，与他者的邂逅使原本存在的不可能性即'无'的可能性作为现实显现，所以会引发一种惊诧（惊异、吃惊、惊讶）的情绪。所以偶然性哲学是关于个体因其与他者的邂逅而使原本不可能的'无'转换为现实的哲学，而且因为'无'的出现从而使伴随着'惊诧'的情绪出现。"[2] 总之，该书从自他二元关系角度梳理九鬼周造的哲学思想，认为"九鬼周造的哲学思想实质是关于'自己'与'他者'的邂逅的人生哲学"[3]。

由于历史渊源与地缘因素，相较于大陆，中国台湾的学者对于日

---

[1] [日]小浜善信著，郭永恩、范丽燕译：《九鬼周造的哲学：漂泊之魂》，中国书籍出版社2012年版，第198—199页。

[2] 徐金凤：《九鬼周造的哲学思想研究：以自他关系为主线》，社会科学文献出版社2012年版，第3—4页。

[3] 徐金凤：《九鬼周造的哲学思想研究：以自他关系为主线》，社会科学文献出版社2012年版，第3页。

前 言

本哲学的研究起步早、涉猎广、研究深,早在2009年中国台湾学者黄锦容、黄文宏与内田康合译,翻译出版了九鬼周造的著作《"粹"的构造》,2013年林永强、张政远主编的《东亚视野下的日本哲学——传统、现代与转化》分为三部分:其一,日本哲学的传统,展现"前现代"的日本哲学,重点介绍了日本儒学;其二,日本哲学与现代;其三,日本哲学的转化。其中第二部分与第三部分分别收录了两篇与九鬼周造相关的文章:《东亚偶然论的诸相——从九鬼周造、田边元到张文环》以及《〈"粹"的构造〉与人的存在之诠释》。后者着力于从方法论的角度,探析《"粹"的构造》中,九鬼周造对于胡塞尔、海德格尔方法论的继承与反思,将之运用于日本独有的"粹"文化与历史现象的诠释。《东亚偶然论的诸相——从九鬼周造、田边元到张文环》首先解答了"九鬼为何要谈偶然性的哲学"这一问题,在此铺设基础上,介绍了九鬼偶然哲学的形成、结构、问题点与意义,并阐明后期田边哲学中的偶然论,比较二者,最后在以张文环为代表的中国台湾文学中继续探寻"偶然"意象。

关于九鬼周造偶然性哲学思想的研究,近年来国内发表的论文主要有卞崇道先生的《论九鬼周造的偶然性哲学》、徐金凤老师的《试论九鬼周造的偶然性哲学》以及李澜的《偶然性与九鬼周造》。

卞崇道先生的论文是国内最早发表的介绍九鬼周造偶然性哲学思想的论文,文章按照九鬼周造个人思想发展的脉络、时间的先后,详细介绍了《"审美意识"的结构》与《偶然性的问题》九鬼周造两部代表性著作的具体思想内容与建构的哲学概念逻辑结构,虽然是九鬼周造文本内容的具体梳理,不是系统性的研究,但这在中国大陆学界是开拓性的第一步。在这两部分文章主体内容之前，卞崇道先生简单勾勒了九鬼周造西方求学的历程：由尼采、柏格森的生命哲学引导，深入到自己生命的根底，探触到"寂寞"及处于其根底的"无"的问题，由此以海德格尔哲学为中介，九鬼力图弄清楚处于"寂寞"根底的"无"的真实状况，深受海德格尔现象学的解释学方法影响，但对于海德格尔哲学以"不安"把人带向孤独的存在以及时间论的缺陷，九鬼周造进行了批判。而在最后评论九鬼周造哲学意义时，除了在哲学论意义上品评九鬼周造哲学的存在主义性格，更在文化论意义上，肯定了九鬼周造在特殊历史时期不受皇道主义日本精神论影响，中肯地坚持"作为日本国民假如认识不到日本的性格，我们自身也就没有存在的充分理由……但是，与此同时，假如我们不能显示对于外国文化的某种程度的度量，日本的特性就会成为单纯固陋的牺牲品，招致后退、萎缩的命运[1]"。这种时代大潮下清晰冷静的态度是罕见的，卞崇道前辈的这一洞见是中国学者特有立场的独特发现，在日本的众多研究著述中，由于日本学界桎梏于大和民族自身民族本位主义的传统，并无一个视角对此研究，这提示了中国学者研究日本问题的重要视点。

徐金凤的《试论九鬼周造的偶然性哲学》一文，是目前国内对九鬼周造偶然性哲学最系统的研究，除了对《偶然性的问题》的具体内容介绍，文章专门有章节论述了"九鬼周造偶然性哲学思想的形成""偶然的现在时间性""偶然与命运"，文章不仅有九鬼周造的

---

[1] 卞崇道：《论九鬼周造的偶然性哲学》，《日本研究》2005年第4期，第77页。

相关思想，还涉及了许多西方哲学家、日本哲学家的相关思想，在有限的篇幅里有较深入的研究。李澜的《偶然性与九鬼周造》介绍了九鬼周造的父母以及冈仓天心的情感纠葛，九鬼周造自身与冈仓天心的思想、情感的复杂关系，翻译了九鬼周造的大量和歌，细腻展现了其对母亲与妻子缝子的情感，以及旅欧期间内心的寂寞、孤独，是一篇将九鬼周造的人生、诗歌与哲学、审美思想相融合介绍的文章。

国内另外几篇介绍九鬼周造思想的文章，大多围绕《"粹"的结构》展开，例如韩秋韵的两篇文章《哲学、美学概念与范畴的翻译及其策略方法——以日本哲学家、美学家九鬼周造〈"粹"的构造〉的四种译本为例》《"破坏性叛逆"与误译的发生——上海人民版译本〈"粹"的构造〉误译分析》，从翻译角度试图厘定一些问题，王向远的两篇文章《日本身体美学范畴"意气"考论》《论日本美学基础概念的提炼与阐发》都是对日本文化、文学、审美意趣的研究，徐金凤的《解析"粹"的审美意识——以〈"粹"的结构〉为中心》是对《"粹"的结构》的文本细读，仍是一种介绍性的研究。相对而言，江渝的《九鬼周造"粹"论的哲学构造》是对九鬼周造"いき"（"粹"）的思想方面较深入的研究文章，依托海德格尔存在主义思想与九鬼周造"いき"（"粹"）思想对话，这一研究路径是非常正确的。

江渝的文章在第四部分重点讨论了在1959年的论文集《走向语言之途》中，海德格尔发表的对话体论文《从一次关于语言的对话而来——在一位日本人与一位探问者之间》，如果说《"粹"的构造》是九鬼周造以实际行动回答，海德格尔常与九鬼周造探讨的"对东亚人来说，去追求欧洲的概念系统，这是否有必要，并且是否恰当"这一问题，那么在《从一次关于语言的对话而来——在一位日本人与一位探问者之间》中海德格尔表示出自己对九鬼周造这一答卷的认同，江渝写道："在海德格尔看来，九鬼借由对'解释学'的掌握，已鲜明地把'粹'揭示出来。海德格尔认为，对于那隐藏在语言之下作为规定性存在的东西，我们只能借由'对话'把它'暗示'出来，例如九鬼与他的对话、手冢富雄与他的对话以及东方与西方的对话等。"[1]由此文章讨论过渡到京都学派的困境，以及在《只有一个上帝能救度我们》中海德格尔追问的："是不是有朝一日一种思想的一些古老传统将在俄国和中国醒来，帮助人能够对技术世界有一种自由的关系呢？"虽然对东西方的对话只停留在探寻与尝试阶段，但这是近年来中国学界对于《"粹"的构造》研究最深入的一篇文章。

与此相关值得注意的是，中国台湾学者赖贤宗在《形上学的根本问题与道家思想：在海德格尔、谢林、尼采的思想脉络之中》点滴笔墨提示了海德格尔和九鬼周造就谢林关于"无"的讨论，海德格尔1928年就在弗赖堡大学开设过谢林哲学的研究课程，九鬼周造参加了这个研讨班。帕克斯指出波格勒说海德格尔曾向他说日本学者将他以前从未产生过的想法引进关于无的讨论之中，海德格尔还曾读过大峡荣秀与福斯特编辑并合译的《禅宗：日本的生活化佛教》（1925年）。圆满的或极成的空观念（无一物）一再出现在这部禅宗文献的译文选

---

[1] 江渝：《九鬼周造"粹"论的哲学构造》，《外国问题研究》2014年第1期，第70页。

中。总之，赖贤宗先生提示的以"绝对无"为核心概念的京都学派与海德格尔、道家，以及禅宗空无思想的关联是值得关注的。对此具体记述的文章有两篇值得参考，一是《与海德格尔同处的一小时》，一是《通往"共同"语言之路——海德格尔与一个日本探访者的对话》，这两篇都是具体记载以海德格尔与九鬼周造为代表的日本学者思想对话的文章。

这些前人的优秀研究成果，都为本书思考九鬼周造的偶然性哲学相关的问题展现了不同思路与切入点，提供了宝贵的借鉴意义。但是，相较于日本学界九鬼周造研究的深度，总体来说，我国目前对于九鬼周造的原著仅停留在翻译阶段，尚未深入对其内涵进行细致的梳理分析，所探究的问题仍浮于表面浅层。

目 录

第一章　"偶然性问题"的提出及其理论背景 ⋯⋯⋯⋯⋯001
　第一节　"偶然性问题"的文本及提出 ⋯⋯⋯⋯⋯⋯⋯⋯003
　第二节　"偶然性的问题"在九鬼周造哲学中的地位 ⋯⋯⋯019
　第三节　"粹"的相关思想作为"偶然性问题"的背景 ⋯⋯⋯027

第二章　作为偶然性问题背景的《"粹"的结构》 ⋯⋯⋯⋯⋯037
　第一节　不同中译本对照及"いき"翻译的可能性问题 ⋯⋯038
　第二节　从《"粹"的本质》到《"粹"的结构》 ⋯⋯⋯⋯⋯052
　第三节　《"粹"的结构》的民族性问题与"いき"
　　　　　（粹）意味的封闭性 ⋯⋯⋯⋯⋯⋯⋯⋯⋯⋯⋯073

第三章　偶然性问题的形而下样态与形上学理据 ⋯⋯⋯⋯⋯085
　第一节　作为形而下样态的偶然性问题之逻辑系统 ⋯⋯⋯088
　第二节　作为形上学的偶然性问题之存在论 ⋯⋯⋯⋯⋯⋯109
　第三节　偶然性问题与时间论的内在联系 ⋯⋯⋯⋯⋯⋯⋯133

第四章　九鬼周造"时间论"内蕴的东西时间观问题 ⋯⋯⋯147
　第一节　作为背景视域的西方哲学代表性时间观 ⋯⋯⋯⋯149
　第二节　日本文化的传统时间观特征 ⋯⋯⋯⋯⋯⋯⋯⋯164
　第三节　九鬼周造对于时间问题的推进及其意义 ⋯⋯⋯⋯172

结　语 ··· 183

附录一　九鬼周造的时间论与中国禅宗思想 ···················· 193

附录二　从"粹"到偶然性问题——九鬼周造偶然性的内在化
　　　　问题探究 ·· 213

参考文献 ··· 233

后　记 ··· 237

第一章 「偶然性问题」的提出及其理论背景

九鬼周造的思想主要包括四部分内容：偶然论、"粹"的结构、押韵论及时间论，这四部分内容又是具有内在联系的统一体：粗浅而言，九鬼周造的"偶然"在本质上是一种邂逅或偶遇，在此意义上九鬼周造的偶然论贯通了其他三部分内容。因为《"粹"的结构》研究的日本独有的"粹"文化，原初意义上是一种男女的邂逅、偶遇，后经九鬼周造的诠释拓展为自他二元性关系；押韵论所研究的诗歌，诗的韵律要打破日常语言的惰性，"同音异义"等诗歌语言所重视的偶然性是音与音的偶遇、邂逅；最终，一切相遇都发生在时间场域中，九鬼周造分殊了同时性与继起性两种情况，继起的偶然是以同时的偶然为基础的，从而偶然邂逅的时间性在根本上是同时性，而同时性又内设着空间性，"其中虽然存在着同时的偶然和继起的偶然两种情况，但后者却能够还原为前者。而同时性又同空间性相关联，在此限定下，经验界中偶然的核心意义就不得不采取'在此场所、此瞬间之邂逅'这一'历史的非合理性'的形式[1]"。因此偶然论与时空问题关系密切。鉴于偶然论对于九鬼周造哲学思想体系的特殊意义，本章重点考察在九鬼周造四部分思想中，"偶然性问题"处于怎样的地位。

"偶然性问题"的提出与其他思想之间又有着怎样的内在联系？特别讨论了为"偶然性问题"提出做了理论铺垫的《"粹"的结构》的相关问题。

---

[1] 九鬼周造『九鬼周造全集』（第五卷）岩波書店、1990年（第二刷）、253頁。

第一节

"偶然性问题"的文本及提出

《九鬼周造全集》共十一卷,另附《别卷》一卷。其中关于偶然性问题的论述,主要集中于以下三个部分:一、《全集》第二卷:第一部分《偶然性的问题》,第二部分《关于偶然性的论述与考察》(这部分收录了九鬼周造不同时间写作的几个作品);二、《全集》第十一卷:《偶然性》讲义;三、《全集》别卷:《偶然性》资料。由于《别卷》收录的《偶然性》资料是一些笔记、碎片、图例的整理,不是完整的论述文本,在此暂不考察。除此以外,上述关于偶然性问题的文本资料,如果按照写作的时间顺序,可以做出如下整理:

1.《偶然性》收录于《全集》第二卷(1929年,昭和四年十月,在大谷大学讲演的草稿,具有三种不同文本)。

2.讲义《偶然性》收录于《全集》第十一卷(作为后来于1930年,昭和五年,发表于京都帝国大学文学部的讲义《偶然性其他二、三之哲学性的问题》的草稿)。

3.《偶然性》收录于《全集》第二卷(1932年,昭和七年博士论文)。

4.《偶然性的基础性的性格之考察》收录于《全集》第二卷(标

有"准备向《哲学研究》投稿而写作的"注记的遗稿，据推定是《偶然性的问题》前后执笔的）。

5.《偶然性的问题》加批注的书1935年完成，收录于《全集》第二卷。

6.《偶然化的逻辑》收录于《全集》第二卷（遗稿，据推定是1936年之后执笔的）。

由此可见，根据正式的文本资料，九鬼周造对于偶然性问题的正式思考，至少可以追溯到1929年，即他留学归国的那个时间点。因此如前一章所述，九鬼周造在汲取当时法、德尖端哲学思想的基础上，开始进入自己的哲学问题——偶然性的问题。要研究九鬼周造偶然性哲学的逻辑系统与范畴结构论，不妨从上述的第五个文献《偶然性的问题》（1935年，收录于《全集》第二卷）入手，因为这本书的出版真正标志着九鬼周造关于"偶然性的问题"思考的体系化与成熟化。

偶然性的问题，一直是九鬼周造最为关心的根本问题。在《偶然性的问题》（1935年）的《序》中，九鬼周造写道："通过偶然性这一题目，我讲述昭和四年大谷大学秋期公开讲演会上的个人见解。昭和五年京都帝国大学的讲义中也选择了同样的题目。因此，我对于这个问题是从很久之前就关心的，但是把思索集中于这一点，不被情况所允许。但是，这个问题是触及实存的核心问题，终究是如果不采取任何把事物追究到底的形式，我就不能心安。"[1]九鬼周造偶然性

---

[1] 九鬼周造『九鬼周造全集』（第二卷）岩波書店、1990年（第二刷）、3頁。

哲学的基本框架，是从逻辑学（特别是范畴论的关系范畴与模态范畴推演）、经验界以及形而上学三方面讨论偶然性的问题，在一系列对于"偶然"这一人生重要存在境遇的精巧的逻辑分析、模态体系推演之后，进而落实到人的生存、命运、审美等现实问题，最终将偶然性问题上升至形而上学的高度。九鬼周造之所以探究偶然性的问题，是针对自巴门尼德、斯宾诺莎以来，西方哲学传统中追求必然性、确定性，否定偶然性、无根基性的哲学史倾向，因此九鬼周造表面上是在建构偶然性的逻辑体系与形上学理论，实质上却是在尝试重构一种存在论哲学。在《偶然性的问题》中他创新地提出了第三种模态体系完成自身偶然性问题的存在论结构阐释，恰恰是通过认知逻辑学之外的存在逻辑学才得以设立偶然性与不可能性的大小对立接近关系、可能性与必然性的大小对立接近关系，从而推进康德、莱布尼茨等前人发现的第一、第二种模态体系，提出了第三种模态体系，这部分内容本书将在第三章具体阐述。但是不能因为九鬼周造提出"偶然性问题"对于西方哲学传统的针对性，就简单粗暴地得出这样一种常见的误解：九鬼周造的偶然性哲学是"偶然—必然""东方—西方"二元对立图式中选取了某一片面立场的哲学。因为如"前言"部分所述，九鬼周造1921年10月至1928年12月大约8年的旅欧生涯接受了正统的并且是当时最前沿的法、德哲学家严格的哲学训练。九鬼周造得益于海德格尔哲学颇深，他深受海德格尔重回古希腊思想旨趣的影响，非常敬仰古希腊哲学，例如在《形而上学的时间》中他引入了毕达哥拉斯学派、斯多葛派的轮回思想。欧洲哲学的源头是古希腊哲学，事实上，由于1928年参与了海德格尔关于亚里士多德的《物理学》研讨班，在根源上对九鬼周造偶然论产生最深刻影响的恰恰是亚里士多德的偶然论。[1]九鬼周造认为，"亚里士多德的偶然论是一个划时代的理论，或者毋宁说，将偶然作为一个哲学问题讨论，正是由亚里士多德开始的。……我们可以在如下之处找到亚里士多德对偶然的讨论：(1)《形而上学》第五卷第三十章，第六卷第二章；(2)《物理学》第二卷第四—六章[2]"。除此以外，柏拉图《蒂迈欧篇》中的"偶然论"思想也是九鬼周造力图解读的古希腊以来西方哲学的"偶然论"源流。

《蒂迈欧篇》的写作时间大约在公元前360年，属于柏拉图的晚期作品。《蒂迈欧篇》与亚里士多德的《物理学》是可以对照研究的，因为亚里士多德是针对柏拉图在《蒂迈欧篇》中以数学理解物理现象的方法感到不满，才提出自己的《论天体》《论生灭》《物理学》等思想的。在《蒂迈欧篇》中，柏拉图只直接提到了一次"偶然"，他说"理性原因产生美好事物；当理性原因缺乏时，没有设计没有目的，从而总是导致偶然无序[3]"。这里的"偶然"很明显是相对于"理性"而言的，但是在《蒂迈欧篇》中"偶然"与"必然"的关系却不是现代语境的对立关系，而是同义近似关系。在《蒂迈欧篇》中，柏拉图论述必然（性）的内容多达6处（《蒂迈欧篇》的48A、

---

[1] 九鬼周造著、小浜善信註解『偶然性の問題』岩波書店、2015年（第二刷）、297~298頁。

[2] 九鬼周造『九鬼周造全集』（第十一巻）岩波書店、1990年（第二刷）、238頁。

[3] [古希腊]柏拉图著，谢文郁译注：《蒂迈欧篇》，上海人民出版社2003年版，第43页。

53D、56B、68E-69D、75A-D、77A[1]），必须特别加以说明的是，在《蒂迈欧篇》中柏拉图使用的"必然"（性）与现代汉语的"必然"意指的普遍、恒定、可预测的因果关系完全相反，而是在与"偶然"近似意义上使用的"必然"（性），指称的是无目的、无秩序、不确定、不连续的无理性运动。与"偶然"一样，"必然"也是相对于"理性""理智"而言的，例如柏拉图写道："这个世界是必然和理智的共同产物。理智是通过说服来驾驭必然的。理智是统治力量，它说服了必然而把大多数被造物引向完善。因着它的说服，理性带领着必然而把宇宙按着模式制造了出来。"[2]理智要"说服"必然，是因为必然是一种随机运动，一种与理性相对的无目的、无规则的运动，在柏拉图的文本中，这是"说服"作为一个哲学概念首次被提出。"说服"的主体是造物者或其代表的理性秩序，"说服"的对象是"不定因"的随机运动，造物者通过理性说服必然，引导其内含的不确定性走向完善。具体而言，这种不确定性或"不定因"是柏拉图在恩培多克勒的"四因说"启发下提出的，就像土、气、火、水四种元素通过爱、恨随机结合或分离而产生万物，依据柏拉图在《蒂迈欧篇》里提出的几何理型论，理型是一种几何结构，由两种原始三角形组成，这两种三角形在理性推动下结合则形成较完善的几何结构（理型），在随机无序地组合时则可能出现不完善的几何结构（理型），"说服"就是理

---

1 根据[古希腊]柏拉图著，谢文郁译注：《蒂迈欧篇》，上海人民出版社2003年版统计整理而得。

2 [古希腊]柏拉图著，谢文郁译注：《蒂迈欧篇》，上海人民出版社2003年版，第44页。

性引导必然（随机运动）偏向好的方向不断完善的过程，因此柏拉图说"我们认为造物者乃是逐一按照合适比例，说服必然，引向完善[1]"。根据谢文郁先生的考证，"必然"概念的含义从"不确定"演变为"确定"是从亚里士多德开始的，他在《形而上学》第4卷第5章将"必然"界定为"必然的是不能既是这样又是那样的；因而如果某物是必然的，它就不能同时是又不是[2]"。在《形而上学》第5卷第30章，亚里士多德将"偶性"的内涵界定为两层：其一是相对于"必然"而言的偶性，对应的英文是accident，指机遇或碰巧发生的偶然事件，例如酷暑天发生的风暴和寒潮，或者一个建筑师治好了病，这种既非必然也非经常的现象，没有确定的原因，只是碰巧；其二是指相对于固有属性（特性）、本质属性而言的本体的另外一种属性，对应的英文是attribute，指其自身依存于个体却又不存在于实体内的某种属性，例如三角形的内角和为180度，这第二类偶性是永恒的，前一类则不是。这两类偶性的共通点在于：不是作为自身，而是依存某物或作为他物确实地发生着，存在着，并被真实地说明。在《形而上学》第6卷亚里士多德展开而论的偶性是第一种偶性，对于"偶性"他有以下几点认识：第一，关于偶性不能形成任何知识，关于它没有理论，无论是实践的、创制的还是思辨的都不可能，因为知识是关于长久或关于经常的事物；第二，偶性非常接近"非存在"的"无"，他说"偶性只不过是

1　[古希腊]柏拉图著，谢文郁译注：《蒂迈欧篇》，上海人民出版社2003年版，第54页。

2　[古希腊]柏拉图著，谢文郁译注：《蒂迈欧篇》，上海人民出版社2003年版，第109页。

某种名称而已。柏拉图不无道理地认定智者研究的不是存在……偶性是某种非常接近不存在的东西"[1]；第三，偶性的产生是有原因的，尽管这种原因不具有确定性，偶发事物的本原是追溯到质料因、目的因还是动力因需要慎重考察，初步而言"允许不离开常轨的变化的质料就是偶性的原因"[2]。总之，亚里士多德承认就偶性而言的存在必然存在着，万物不论存在还是生成并非都是出于必然和永远，而只是大多数情况经常如此，但是关于偶然意义上的存在其原因是不确定的，因为依据偶性而存在和生成的事物其原因也是偶然的。所以，尽管亚里士多德承认作为偶性的存在是存在的多重意义中的一种，但并不认为这是至关重要的，他的《形而上学》旨在考察存在自身作为存在的原因与本原。

《形而上学》的第一句话是"求知是所有人的本性[3]"。亚里士多德界定的"形而上学"是这样的一门科学："存在着一种研究作为存在的存在，以及就自身而言依存于它们的东西的科学。它不同于任何一种各部类的科学，因为没有任何别的科学普遍地研究作为存在的存在，而是从存在中切取某一部分，研究这一部分的偶性。"[4]由此可见，

---

1 [古希腊]亚里士多德著，苗力田主编：《亚里士多德全集》（第六卷），中国人民大学出版社1990年版，第148页。

2 [古希腊]亚里士多德著，苗力田主编：《亚里士多德全集》（第六卷），中国人民大学出版社1990年版，第149页。

3 [古希腊]亚里士多德著，苗力田主编：《亚里士多德全集》（第六卷），中国人民大学出版社1990年版，第27页。

4 [古希腊]亚里士多德著，苗力田主编：《亚里士多德全集》（第六卷），中国人民大学出版社1990年版，第84页。

亚里士多德虽然承认存在有多种意义，但他追寻的作为存在的存在之最初原因是排除偶性的，他认为哲学家的使命是掌握与某种唯一的本性相关的实体的原因和本原，他所找到的"第一实体"或"第一本体"在不同文本中是有变化的，前后矛盾与不一致也是亚里士多德理论研究的重点与难点所在。亚里士多德对第一本体的看法是否发生过改变？亚里士多德在《范畴篇》和《形而上学》第五卷中规定第一本体是个体，在《形而上学》的Z、H两卷（第七卷、第八卷）中又规定第一本体是形式或本质，那么"形式"究竟是个别的还是普遍的？对此学界存在诸多争论，一种观点认为亚里士多德的形上学理论本身遗留了一些问题，第一实体理论本身是内含矛盾的，简而言之，作为个别事物的"这一个"与作为本质的"形式"是无法调和的，因为在亚里士多德哲学里"本质"由定义表达，定义的一般形式是"种+属差"，本质是无法个别化的，正是由于个体与普遍、存在与本质的矛盾对立无法解决，亚里士多德之后的形而上学始终存在着个体主义与普遍主义、存在主义与本质主义的不同立论基调，乃至中世纪旷日持久的唯名论与实在论之争都与此遗留问题有关。另一种观点认为亚里士多德对于第一本体的看法存在一个转变的过程，具体而言，《范畴篇》中亚里士多德规定"实体"的首要特征在于其他一切都表述它，而它不表述其他事物，由形式逻辑可知只能作主词不能作谓词的即是"第一实体"，因而只有个别事物才是第一实体，种与属既能作主词也能作谓词，所以只是次要的第二实体。但是在《形而上学》第五卷中他规定了实体的两方面意义："或者作为不用述说他物的终极载体；或者是作为可分离的这个而存在，每一事物的形状或形式便具有

第一章 "偶然性问题"的提出及其理论背景

这种性质。"[1]这里的实体就既指单纯的物体，不述说他物而是他物来述说它们，同时也指内在于个别事物之中是它们存在原因的本质或形式，也指其所示的原理或定义。到了《形而上学》第七卷即著名的Z卷，在个体事物与形式之上又提出了"质料"问题，在第七卷第三章亚里士多德论述的核心问题就是形式、质料和由二者组合成的个别事物究竟何者为第一本体。亚里士多德对第一本体看法的转变原因即在于《物理学》中分析事物运动导致"质料的发现"，因为在《范畴篇》里个别事物还没被分析为形式与质料，到了《形而上学》个别事物才被理解为形式与质料，在个别事物与种、属关系中，依据他物表述它而它不表述他物的原则，个别事物是第一实体，但是在个别事物与形式、质料的关系中，依据"分离性"与"这一个"标准，没有任何规定性的质料既不是这个也不是那个，因而是最后位的，个别事物含有质料而且其成为自身的分离特性的决定者在于形式，所以形式在三者中才是最先在的第一本体。这里的先在性，既是逻辑上的，也是认识论上的，同时还是时间上的。至于形式是普遍的还是个别的则言人人殊，有学者主张形式是普遍的，也有学者主张形式是个别的，还有学者主张形式既不是普遍的也不是个别的，甚至有学者主张形式既是普遍的也是个别的。[2]此外，还有一种观点认为，亚里士多德的实体就是本质个体，作为形而上学的根本研究对象第一实体不是普通的实

---

[1] [古希腊]亚里士多德著，苗力田主编：《亚里士多德全集》（第六卷），中国人民大学出版社1990年版，第123页。

[2] 汪子嵩等著：《希腊哲学史》（第三卷下），人民出版社1997年版，第761页。

体，而是实体的本原和原因，在《形而上学》中出现的三类实体：有生灭的可感实体、永恒的可感实体、永恒的不运动的可分离的不可感实体，前两种实体是物理学的研究对象，只有最后一种实体才是第一哲学即形而上学的研究对象。所以亚里士多德的作为实体的"个体"不是具体可感经验意义上的个体事物，而是本质意义上的个体事物，因而"是其所是"并不是普遍的形式，不是种、属意义上的本质，而是依附于"这个人""这匹马"的种种偶性存在背后，就其自身而言在个体上存在着的本质个体。因而，这种观点坚持认为亚里士多德整个形而上学理论的实体论是坚持一以贯之原则的，就是《范畴篇》确立的个体原则或个体标准，所谓的矛盾混乱或发展变化都是将作为实体的本质个体误读为可感经验意义上的个体事物造成的。

无论这些搅扰不清的争论何者正确，我们都可以确定亚里士多德的形上学或质形论是将偶性存在剔除在知识或理论可能性之外的，因为"质料"或"原始质料"在亚里士多德的理论体系内是一个消极否定性的概念，没有任何规定性的"质料"最终导向非概念或"无"：在《形而上学》第七卷第三章，亚里士多德承认如若把其他东西都取走，除剩下质料外就一无所有，只有属性最初从属的那个东西才是实体，在此意义上，质料必然被作为唯一的实体。但他立刻否定了实体就是质料这一结论，理由是可分离的东西和"这个"最属于实体。九鬼周造的偶然性哲学正是注意到了这个一直被亚里士多德置于消极性非存在意义的"原始质料"与"偶性"之间的内在关联，以自身的理论建构打破了亚里士多德关于偶性不能形成任何知识，关于它没有理论，无论是实践的、创制的还是思辨的都不可能，因为知识是关于长久或关于经常的事物这种论断。这才是九鬼周造在《偶然性的问题》中开宗明义确立的"形而上学定然要追问'真的存在',但'真的存在'只有在同'非存在'的关系中才能在本原性的意义上生发其问题。作为形而上学问题的存在,是被非存在(无)蕴含的存在,形而上学(第一要义)的哲学与其他学问的不同之处正在于此[1]"。因此,九鬼周造正是将西方哲学史的"存在论"或"存有论"(notologia)忘却的"无"阐发为"无论"(mehontologia),使真的哲学(第一要义上的哲学)成为完整的"有·无·论"(onto-mehonto-logia)。

在《偶然性的问题》中,九鬼周造是如何界定自身的偶然性哲学的呢?

《偶然性的问题》全书分为五部分:序说、第一章 定言的偶然、第二章 假说的偶然、第三章 析取的偶然、结论。其中"序说"最为重要,奠定了整部书的框架,这部分探讨了三个问题:一、偶然性与形而上学;二、必然性的本质与其三种样态;三、偶然性的三种样态。显而易见,全书中间的三章内容是对于"偶然性的三种样态"的具体展开,而最后得出的"结论",包括两方面的内容:1.偶然性的核心含义;2.偶然性的内面化,这是在具体论述后对于"序说"揭示问题的回归与深化。"序说"部分提示的两个重要问题:1.必须明确九鬼周造的偶然性哲学问题的形而上学性。这个问题是触及实存的核心问题,偶然性的问题是形上学的问题,既不是数学概率问题,也不

---

[1] 九鬼周造『九鬼周造全集』(第二卷)岩波書店、1990年(第二刷)、9~10頁。

是量子力学的不确定性原理。2.偶然性是相较于必然性提出的,从而偶然性的三种样态也是由必然性的本质及样态推导而来的。

首先,偶然性的问题是形上学的问题,既不是数学概率问题,也不是量子力学的不确定性原理。在此,九鬼周造分设了形而上学与其他门类的学问,特别地强调与数学概率论与量子力学的不确定性原理的区分。九鬼周造界定的"形而上学"的核心含义是"向着超越于存在的'无'前进,向着超越于形的形而上前进"[1],他认为"形而上学与以'真的存在'为问题不违背。但是'真的存在'只有在与'非存在'的关系中,才形成原本的问题。作为形而上学的问题的存在是包含非存在也就是'无'的存在。从而,形而上学也就是本义的哲学与其他学问的不同,正在于这一点。其他的学问只是把存在或者存有的片段赋予作为存在及存有的片段。对于无,还有有与无的关系一无所知[2]"。九鬼周造的界定是针对亚里士多德以来西方两千多年的形而上学语境而来,针对"存有论"(ontologia)他引入了"无"这一极具东方老庄哲学韵味的核心概念,他认为只有在"存有"与"无"的关系之中才能获取真知。他洞察到亚里士多德以来的西方哲学传统,认为形而上学是将存在作为存在而研究,欠缺了"在无(非存在)中进行者",没有"无论"(mehontologia),哲学的历史成了一部

---

[1] 九鬼周造『九鬼周造全集』(第二卷)岩波書店、1990年(第二刷)、9頁。

[2] 九鬼周造『九鬼周造全集』(第二卷)岩波書店、1990年(第二刷)、9~10頁。

"无的忘却史[1]"。以上明晰了九鬼周造的全部哲学实际上是在追求一种弥补西方哲学源头之初缺失的"有·无·论"（onto-mehonto-logia），也就是希望唤醒亚里士多德以来"第一哲学"所遮蔽、遗忘的内容。正是在此前提下，九鬼周造提出"偶然性的问题在不能脱离对于'无'的追问而成立这个意义上，是严密的形而上学的问题。从而作为形而上学的哲学以外的学问，不是将偶然性作为在本来意义上的问题[2]"。例如，数学概率论并不是将偶然性的含义本身在其自身中阐明，甚至不能说是偶然的计算，因为偶然本身是不能计算的：概率论是希望穷尽一个事件的发生及不发生的所有的可能性的数量关系，很少触及存在于微观的细节中的偶然的可变性，但偶然之为偶然恰好存在于细微的变动中。量子力学理论的不确定性原理是20世纪物理学的革命性突破，海森堡、薛定谔分别于1925年、1926年完成了量子力学的奠基工作，这正是九鬼周造旅欧期间的事情，自然引起了他的关注。但是根据量子力学的不确定性原理：不能同时决定作为量子力学的现象的位置与速度，其实质是一种不可知论，虽然给予偶然的存在以承认，但并不是将偶然作为偶然在其本来面目中追问，进行这一追问的只能是九鬼周造"有·无·论"的"形而上的哲学"。

其次，偶然性是相较于必然性提出的，从而偶然性的三种样态也是由必然性的本质及其样态推导而来的。九鬼周造在《偶然性的

---

1 九鬼周造著、小浜善信註解：『偶然性の問題』岩波書店、2015年（第二刷）、289~292頁。

2 九鬼周造『九鬼周造全集』（第二巻）岩波書店、1990年（第二刷）、10頁。

问题》之"序说"中开篇便界定"偶然性"为"必然性的否定",进而他说"偶然性是必然性的否定在这种情况下,为了把握偶然性的含义,首先必须从阐明必然性的意味出发[1]"。在全书接近"结论"的时候,九鬼周造又首尾呼应地指出偶然性是必然性的"他在"[2]:"绝对的形而上的必然与原始偶然不过是一体两面而已"[3],又说"原始偶然是存在于绝对者中的他在"[4]。日本学者小浜善信非常重视首尾呼应的这些内容,他认为在某种意义上,《偶然性的问题》一书的所有论述都已穷尽在这些内容之中了,他指出"在《偶然性的问题》中,九鬼实则想要表述的正是文章开头和最后结尾这两句的意义。许多研究者没能注意到这两句意义之重大,也许是因为九鬼在文中关于'偶然性'的细致研究更加吸引读者的缘故[5]"。偶然性是必然性的他在(其他存在方式),偶然性是必然性的自我否定态,因此偶然与必然是一体两面的,既有绝对分离、分裂之意,同时又有相即不离、绝对结合的关系。"否定"并不意味着"排除"或"不可并存",

---

[1] 九鬼周造『九鬼周造全集』(第二卷)岩波書店、1990年(第二刷)、12頁。

[2] "他在"(Anderssein)是黑格尔的概念,小浜善信先生认为九鬼周造借用黑格尔的这一术语,将"他在"这个词在字面"其他的存在方式"意义上加以解释,参见九鬼周造著、小浜善信註解『偶然性の問題』岩波書店、2015年(第二刷)、『序説』註解(1)。

[3] 九鬼周造『九鬼周造全集』(第二卷)岩波書店、1990年(第二刷)、239頁。

[4] 九鬼周造『九鬼周造全集』(第二卷)岩波書店、1990年(第二刷)、240頁。

[5] [日]小浜善信著,郭永恩、范丽燕译:《九鬼周造的哲学:漂泊之魂》,中国书籍出版社2012年版,第5页。

第一章 "偶然性问题"的提出及其理论背景

正如硬币的正面与反面、光与影的关系，它们分别存在于以相互否定为中介的存立关系之中，因此"否定"在意味着绝对分离、分裂的同时，内蕴着绝对的结合。[1]所以，要明确偶然的含义，必须由"必然"着手，"必然意味着一定这样存在，也就是说，存在是在某种意义上在自身之内具有根据[2]"。也就是不可能反对。所谓反对是不可能的，是说在自身之内具有存在的理由，被给予的自己就保持被给予的自己的样子。从而，自己归根到底保持自己的情况就是采取自己保存或者自己同一的形式。也就是说，"必然性的概念预想着同一性。从而'甲是甲'这种同一律的形式，表现了最严密的必然性。"[3]偶然性的三种样态是针对必然性的三种样态推导出的，偶然性的三种样态包括：一、定言式偶然（谓语式、逻辑式偶然）：个体和每个事象存在偶然性；二、假设式偶然（经验式偶然）：二元邂逅相遇的偶然性；三、析取式偶然（形而上学式偶然）：存在和无的偶然性。相较于巴门尼德为代表的埃利亚学派与斯宾诺莎强调同一与必然，九鬼周造虽然承认因果系列，但不承认"经验的必然"，他只承认"原始偶然"作为绝对者，是决定因果关系法则本身的"形而上的必然"，具有"必然—偶然—者"的性格。九鬼周造"掷骰子""游戏神"的比

---

1 九鬼周造著、小浜善信註解『偶然性の問題』岩波書店、2015年（第二刷）、『序説』注解（1）288~289頁。

2 九鬼周造『九鬼周造全集』（第二卷）岩波書店、1990年（第二刷）、9頁。

3 九鬼周造『九鬼周造全集』（第二卷）岩波書店、1990年（第二刷）、12頁。

喻同样也是对于西方神正论思想的超越，为"无与可能性"留下了空间与视角。

在明确了《偶然性的问题》之"序说"奠定了上述两个基本问题之后，本书将在第三章结合《偶然性的问题》其他章节的具体内容，逐一探究九鬼周造偶然性问题的存在论结构与形而上的理据。

第二节

"偶然性的问题"在九鬼周造哲学中的地位

将九鬼周造的思想分为四部分内容：偶然论、粹的结构、押韵论及时间论，这是九鬼周造的研究者们通观、整理《九鬼周造全集》十一卷，另《别卷》一卷，得出的结论，九鬼周造个人并没有尝试建构某种统一的思想体系，囊括这些分门别类的内容，也就更不曾明确谈论这些内容之间的关系。九鬼周造的"思想特征并非只是书桌前的思考，而是意图迫近具体的生命或生命的现实"[1]，非书斋式的写作依靠的是探索内在生命问题的驱动力，虽然因此其文本难免流于分散破碎，但是仍具有哲学家内在关切问题的一贯性。尽管以事件发生的时间顺序而言，诗歌写作、关于押韵的思想、关于"粹"的思想、时间论等发生在旅欧期间，偶然性问题的相关思想是归国后开始逐步提出的，但是偶然性的问题，一直是九鬼周造最为关心的根本问题，他说："我对于这个问题是从很久之前就关心的，但是把思索集中于这一点，不被情况所允许。但是，这个问题是触及实存的核心问题，终

---

[1] [日]九鬼周造著，藤田正胜原文注，黄锦容、黄文宏、内田康译注：《"粹"的构造》，联经出版事业股份有限公司2009年版，第iii页。

究是如果不采取任何把事物追究到底的形式，我就不能心安。"[1]九鬼周造的《偶然性的问题》确实是其哲学思想的一个高峰，但并非其哲学生命的终结，在此之后的哲学思考进程中，四部分思想各自是继续深化、发展的。之所以突出偶然性问题在九鬼周造哲学中的地位，是因为偶然论能够融会贯通这四部分内容。

"偶然是现在之中的邂逅"[2]，虽然在脱离了体验之直接性的逻辑领域之中偶然性作为"必然性的否定"被规定，偶然性作为"可能性的相关者"被规定，但是在体验的直接性中，偶然作为正视态、直态，占有"现在"之位，它作为瞬间的"永远的现在"之颤动，是根源性的、最初的原始事实。九鬼周造对于"偶然"的这一界定，以"现在"统摄了时间论问题、以"邂逅"指涉了"粹"的结构。他又指出"文学尊重偶然，主要是基于惊异的情绪"[3]。文学就是广义的诗学，就内容而言，悲剧、喜剧经由偶然的暗合性、"无目的的目的"之盲目性才能成立；就形式而言，词与词之间音韵的遇合、押韵好比双胞胎相互间的偶然关系。总之"文学即广义的诗，在内容和形式两方面将偶然性作为重要的契机[4]"。偶然性与押韵论、文学乃至

---

[1] 九鬼周造『九鬼周造全集』（第二卷）岩波書店、1990年（第二刷）、3頁。

[2] 九鬼周造『九鬼周造全集』（第二卷）岩波書店、1990年（第二刷）、210頁。

[3] 九鬼周造『九鬼周造全集』（第二卷）岩波書店、1990年（第二刷）、217頁。

[4] 九鬼周造『九鬼周造全集』（第二卷）岩波書店、1990年（第二刷）、218頁。

艺术的内在关联是以"惊异之情"为媒介,以时间的"现在性"为枢纽的:首先,偶然性与押韵论的直接关联体现为音韵关系上理由的积极的偶然,也就是说"押韵"就本质而言是一种缺乏理由性的逻辑上的必然关系,只单纯在音韵上存在积极的偶然关系的语言现象,九鬼周造在《日本诗的押韵》中主张"这种偶然性以头韵、脚韵、谐音、引子、反复、回文等形式在文学上具有一定的价值[1]"。其次,诗学、文学崇尚偶然是基于与偶然性相应的惊异情绪,押韵是音与音的偶然邂逅,因"无常""易破损"而具有哲学的美感,诗歌就是通过将偶然性作为音与音的惊鸿一瞥,词与词的不期而遇借由诗文的形式表现出来,以此彰显生命的悸动,而这种生命的激荡与恣意的游戏是突发的灵感与偶然性的冒险,因而诗人是借诗歌的押韵形式这种反映原始偶然的偶然性表达其形而上的惊异之情。最后,诗作为语言的艺术,具有在当下的偶然性中观照自身的特点,诗文是面向现在的刹那的艺术形式,诗的现在性时间特征正是偶然性的时间性质,也是诗所抒发的惊异之情所根由的时间性质,因而小浜善信归纳总结道:九鬼周造主张小说表达的是过去的现在,戏曲描绘的是未来的现在,只有诗歌直面现在,"押韵'将诗凝聚在永远的现在那无限的一瞬间',让诗具有'永远的现在'这一形而上学的持续性。在九鬼的形而上学论中押韵论的根本就是在强调诗是一种能够通过押韵展现永远的现在的语

---

[1] [日]九鬼周造著,彭曦、汪丽影、顾长江译:《九鬼周造著作精粹》,南京大学出版社2017年版,第93页。

言艺术[1]"。总之，押韵论作为诗歌的语言形式本身是一种理由的积极的偶然现象，同时它既是抒发偶然性相应的"惊异"之情的一种艺术形式，又通过音与音、词与词在现在的邂逅，让诗驻足停留于现在而感受永远，将诗凝聚在永远的现在的瞬间。押韵不仅是形式，它通过节奏的无限与反复诠释了九鬼周造永远的现在与永恒的轮回的时间观。由于本书的研究对象是九鬼周造的偶然性哲学，其文学与诗学相关的思想内容暂不纳入重点研究范围，在后面的章节本书对于偶然论与押韵论的融摄性暂不做进一步展开，而以其哲学思想的核心文本《"粹"的结构》与《时间论》为路径展开偶然性哲学的相关研究。

对于偶然论与时间论的关系，之所以说九鬼周造将偶然界定为"现在之中的邂逅"，是以"现在"统摄了时间论问题，是因为九鬼周造的时间论之核心观点即"永远的现在"与"永恒的轮回"。针对海德格尔以"未来"为中心的时间观，九鬼周造提出了以"现在"为中心的时间观。模态范畴与时间性有着千丝万缕的联系，根据康德的范畴理论，模态范畴包括可能性、必然性与现实性（存有与非有）。海德格尔"向死而在"的存在论哲学，决定了其时间观的核心是作为筹划（Entwurf）的操心，与作为先行（Vorlaufen）的决心，是强调可能性与未来的时间观。与此相对，对应于"必然性"模态的时间特征是"已然"，亦即过去，对于本质必然性的追求是柏拉图理念论的典型特征，因而柏拉图哲学的时间特征表现为"回忆说"，

---

1 [日]小浜善信著，郭永恩、范丽燕译：《九鬼周造的哲学：漂泊之魂》，中国书籍出版社2012年版，第96页。

第一章 "偶然性问题"的提出及其理论背景

柏拉图式的回想正体现于必然性始终回忆着过去。相应的，九鬼周造的时间论以"现在"为核心，也是因为偶然性作为根源性的、最初的原始事实，其对应的模态范畴是现实性。由于现实性意味着时间上的现在，偶然性的时间性也就是以"如今"为图式的现在，九鬼周造认为"就根本而言，未来之可能性经由现实向着过去之必然推移。从巨大的可能性到与不可能性相接的微乎其微的可能性，可能都根据可能之可能性成为现实，现实朝向必然展开。所以一般而言，可能遇到现实面的情况，其实就是广义的偶然[1]"。因此，正是以"今"为图式的偶然性的时间特性，直接决定了九鬼周造的时间论以"现在"为核心。尽管就时间先后顺序而言，九鬼周造1928年就已经在崩狄尼做了《时间的观念和东洋时间的反复》的讲演，早于他1929年在大谷大学发表的《偶然性》演讲，但是就问题的根基性而言，偶然性问题才是九鬼周造最关心的根本问题，是触及实存的核心问题，尽管他把思索集中于这一点，如他所言不被情况所允许耗费了一些时间，但作为形上学问题的"偶然性的问题"仍然可以统摄其时间论。关于偶然论与时间论相关问题的详细论述，本书将在第三章"偶然性问题与时间论的内在联系"以及第四章"九鬼周造'时间论'内蕴的东西时间观问题"展开。

对于偶然论与"粹"的结构，之所以说九鬼周造将偶然界定为"现在之中的邂逅"，是以"邂逅"指涉了"粹"的结构，是因为首

---

[1] 九鬼周造『九鬼周造全集』（第二卷）岩波書店、1990年（第二刷）、209頁。

先,"粹"最基本的意义是指男女的性关系,"'粹'是预想性关系的意识现象,是对异性表现出的一种媚态或娇态,是设立一个与自己相对的异性,在自己与异性之间产生一种关系的二元立场[1]"。其次,"粹"的内涵结构包括媚态—骨气—死心,其中作为这一整体之基础的是"媚态","二元的可能性"正是对于"媚态"原初的存在界定:"媚态是一元性的自己对自己设定异性,以便让自己与异性间构成的可能关系所采取之二元性态度。"[2]因此"粹"的基调正是基于此二元的可能性的一种紧张,指涉的是恋爱与性爱的他者性,"媚态是以征服异性为假想的目的,它具备目的实现的同时就会消失的命运……媚态的要诀就是尽可能让距离更接近,又不让距离的差距达到极限。可能性的媚态其实是可以把它视为动态的可能性的[3]"。除此以外,"粹"的结构内涵的另外两个要素"骨气"与"死心",也是以二元关系为基础的:"骨气"是对一元化"合同"的抗拒,是与他人较劲儿不服输的劲头,"它(骨气)意图替媚态的二元可能性提供深一层的紧张和持久力,让可能性自始至终都能维持其可能性[4]"。"死心"是"立足于对命运的卓见,经脱离执着所表现

1　九鬼周造『九鬼周造全集』(第一卷)岩波書店、1990年(第二刷)、93頁。
2　[日]九鬼周造著,藤田正胜原文注,黄锦容、黄文宏、内田康译注:《"粹"的构造》,联经出版事业股份有限公司2009年版,第30页。
3　[日]九鬼周造著,藤田正胜原文注,黄锦容、黄文宏、内田康译注:《"粹"的构造》,联经出版事业股份有限公司2009年版,第30~31页。
4　[日]九鬼周造著,藤田正胜原文注,黄锦容、黄文宏、内田康译注:《"粹"的构造》,联经出版事业股份有限公司2009年版,第37页。

第一章 "偶然性问题"的提出及其理论背景

出来的漫不经心"[1]，这里的"命运"内涵的是与可能性背离的必然性，恋爱的根本追求在于二元的合一、合同，这种"恋的必然性"追求与"粹的可能性"美感是相互矛盾的，因为"粹"的结构内涵的三个要素之成立必须是以二元性关系为前提的，"死心"即是对于世事无常的释然、洒脱与豁达，是指超脱了"恋的必然性"诉求与"粹的可能性"审美两者相背离导致的人间情爱幻灭的痛苦与执着。因此，"媚态与死心的结合，意味着被命运强求下对自由的归依，以及其可能性的设定也被其必然性所界定。即来自否定的肯定[2]"。这里，"命运的强求"指的是人生爱恋追求与他者合一的现实必然性，而被强求归依于自由，是因为只有维持动态可能的二元性才能保有"媚态"这种"粹"的美感与娇艳，面对这种"恋的必然"与"粹的美感"之矛盾的无奈宿命，只有以"死心"的豁达超脱"命运"归依于个体的自由。总之，"粹"的结构内涵的三个要素媚态—骨气—死心之成立无一例外都是以二元性关系为前提的。"偶然"的"偶"在日文里与"遇"同音且近义，二者都有遭遇、偶然之义。九鬼周造将偶然界定为"现在之中的邂逅"，"偶然邂逅"的前提就是二元关系的存在，一元体是无从谈起"邂逅与相遇"的，因此，九鬼周造对于"偶然"的这一界定，确实以"邂逅"指涉了"粹"的结构。

综上所述，九鬼周造的四部分思想内容偶然论、粹的结构、押韵

---

[1] [日]九鬼周造著，藤田正胜原文注，黄锦容、黄文宏、内田康译注：《"粹"的构造》，联经出版事业股份有限公司2009年版，第34页。

[2] [日]九鬼周造著，藤田正胜原文注，黄锦容、黄文宏、内田康译注：《"粹"的构造》，联经出版事业股份有限公司2009年版，第38页。

论及时间论都可以被统摄于偶然论，偶然性的问题作为九鬼周造最关心的根本问题，既是其生命际遇内蕴的被罚为思考的他自身命运的问题，同时也是他哲学运思真正成熟的里程碑式的标志。

第三节

"粹"的相关思想作为"偶然性问题"的背景

《"粹"的结构》不是一蹴而就完成的作品，九鬼周造留下的最早的关于"粹"的思考，可以在《九鬼周造全集》之《别卷》中的《关于"粹"》一文找到痕迹。这是一篇没有标注日期的草稿、思考笔记，作为对属于"粹"的各类现象的分门别类，尚停留在初步的经验性思考阶段，未形成系统的理性准则。1926年12月，九鬼周造在巴黎初步写就《"粹"的本质》（藤田正胜先生称之为"巴黎草稿"），1929年1月留学归国，1929年10月在大谷大学做了题为"偶然性"的演讲，1930年《"粹"的本质》大幅修改后更名为《"粹"的结构》分两期发表于《思想》杂志92、93期（1930年1、2月号）（藤田正胜先生称之为《思想》稿），同年11月增补修改后由岩波书店出版发行《"粹"的结构》单行本（藤田正胜先生称之为《岩波》稿）。整理上述事件的时间线索可知，九鬼周造正式提出偶然性问题（1929年大谷大学演讲）发生在留学期间撰写的《"粹"的本质》（1926年"巴黎草稿"）到归国后修改定稿的《"粹"的结构》（1930年出版，分为《思想》稿与《岩波》稿）之间。在此，我们不禁要追问，《"粹"的本质》到《"粹"的结构》思想倾向的转变，为偶然性问题的提出奠定了怎样的思想基础？《"粹"的结构》自身的思想内容又为《偶然性的问题》做了哪些铺垫？

"粹"的相关思想是九鬼周造旅居欧洲游学期间思考的主要问题，依据九鬼周造活动年表，1926年九鬼周造初步完成《"粹"的本质》时，还没有见过胡塞尔和海德格尔本人，因为他是1927年4月离开巴黎回到德国，才开始在胡塞尔的指导下研究现象学的，也是在其家中结识了海德格尔，随后转学到海德格尔所在的马堡大学，跟随海德格尔参与课程学习，受到了深刻影响，并于1928年拜访海德格尔时专门谈论了"粹"的问题。在此我们首先必须考虑从1926年到1930年书稿内容的修改、书名的变迁主要受到了哪些影响。

藤田正胜先生提出了两点具有建设性意义的主张：其一，虽然《"粹"的本质》结尾记载着"1926年12月，巴黎"，但这只表示当时草稿已大致完成，不能据此推断当时就搁笔了，可以在这个草稿里发现明显经过数次推敲的痕迹，可以想象九鬼周造在从巴黎返回德国辗转跟随胡塞尔、海德格尔学习期间也曾继续反复推敲。[1] 也就是说，藤田正胜认为九鬼周造是在1929年从欧洲经美国返回日本后，在1930年正式发表《"粹"的结构》之前，才完成对"巴黎草稿"的修改，进而变更书名的，对于修改内容的斟酌、思考可能从1926年起并未停止过。因此，1927—1929年，九鬼周造在欧洲的游学经历仍

---

1 [日]九鬼周造著，藤田正胜原文注，黄锦容、黄文宏、内田康译注：《"粹"的构造》，联经出版事业股份有限公司2009年版，第128页。

影响着其思考与修改相关问题。其二，虽然九鬼周造于1926年12月大致完成"巴黎草稿"时，海德格尔的《存在与时间》还没有出版，《存在与时间》是1927年出版的，但是1924年10月日本《思想》杂志发表了田边元写作的最早介绍海德格尔哲学到日本的论文《现象学中的新转向——海德格尔的生命的现象学》，九鬼周造在"巴黎草稿"中提示参照了田边元的这篇文章。[1]因此，我们可以认定，即使这篇文章不是唯一的思想来源，此论文也是《存在与时间》出版之前，九鬼周造了解海德格尔哲学的重要依据。事实上，田边元1923年夏季学期，在弗赖堡大学跟从海德格尔学习了"存在论——事实性的诠释学"课程，他的这篇论文主要是介绍课上所学的内容，田边元这篇文章肯定胡塞尔"回到事实本身"的现象学追求的同时，批判胡塞尔的方法背离了自己的目标，"意向分析"最终获得的仍是形式性的本质，反而对海德格尔哲学实现"回到事实本身"的目标寄予厚望。也就是说，在《"粹"的本质》1926年初步完成时，九鬼周造已经通过田边元的介绍对胡塞尔以及海德格尔的方法论问题有了初步的了解，当然这与日后他面见二位哲学家，并且参与课程学习、讨论，特别是研读《存在与时间》之后对二者思想的领悟深刻程度不可同日而语。藤田正胜先生认为，《"粹"的本质》在方法论上存在不统一的现象，大体上在胡塞尔的现象学影响下构思的《"粹"的本质》，还杂糅了田边元所介绍的海德格尔的"现实意识的现象学"理论，据他推测九鬼

---

1 [日]九鬼周造著，藤田正胜原文注，黄锦容、黄文宏、内田康译注：《"粹"的构造》，联经出版事业股份有限公司2009年版，第134页。

周造在"巴黎草稿"写作阶段方法论上是摇摆不定的,后来借由1927年出版的海德格尔《存在与时间》中记述的诠释学才明确了自身的方法论立场。[1]

从《"粹"的本质》到《"粹"的结构》,"本质"实质上就是指称胡塞尔的"本质直观",从1926年到1930年,九鬼周造处理"粹"的方法论立场,是由胡塞尔的"本质直观"的立场过渡到海德格尔的诠释学立场,这是一个方法论立场从混乱、模糊、不统一,到实现自觉地作为"先决问题"的过程。九鬼周造思考"粹"的相关问题是在留学德国的19世纪20年代,正是德国哲学百家争鸣的时代。游学经历中,九鬼周造在思想上历经了李凯尔特的新康德主义哲学、狄尔泰诠释学、柏格森生命哲学、胡塞尔现象学以及海德格尔诠释学的洗礼,如果以《"粹"的结构》(1930年《岩波》稿)这一最终成形著作为标准,九鬼周造对于海德格尔的继承与对胡塞尔的批判显而易见,例如他指出"在西洋文化中探寻'粹'类似的意义,并借由形式化的抽象来找出某些共通点,并非不可能。但是要理解视为民族存在样态的文化现象,这不是适当的方法论态度。即使自由地变换带有民族性色彩的现象,并且在可能的领域中进行所谓的本质直观,我们所能得到的,不过只是包含该现象的抽象性类概念而已。理解文化现象的真谛,必须不损害其作为事实的具体性,在其原封不动活生生的形态中掌握之。不可以是抽象性的'观念化',必须是具体性、事实性

---

[1] [日]九鬼周造著,藤田正胜原文注,黄锦容、黄文宏、内田康译注:《"粹"的构造》,联经出版事业股份有限公司2009年版,第135页。

第一章 "偶然性问题"的提出及其理论背景

的'存在领悟'[1]"。这里否定了胡塞尔的"本质直观",认为由此只能获得抽象性类概念,转而在方法论上尊崇海德格尔的存在论。但是只有对比《"粹"的本质》与《"粹"的结构》才能领悟九鬼周造自身思想逐渐成熟的过程。九鬼周造关于从"本质"到"结构"转变内容最鲜明的论述是"我们不能将'粹'单纯地视为种概念处理,不可以追求的'本质直观',它是以观向出涵盖种概念的类概念其抽象的普遍性为目的。要理解意义体验的'粹',就必须是具体性的、事实性的与特殊的'存在领悟'。在询问'粹'的'本质'之前,我们应该先询问'粹'的'存在'。一言以蔽之,'粹'的研究不能是'形相性的',而应该是'诠释性的'[2]"。九鬼周造《"粹"的结构》定稿明显与海德格尔的核心主张"存在(实存)相较于本质具有优先性"一脉相承,可以将之与之前"巴黎草稿"的第四章"'粹'与民族性"对比,其中九鬼周造引用了胡塞尔1925年于弗赖堡大学使用的《现象学的心理学》讲稿"民族之特殊的体验……,并不是经由概念的分析就可以完整地被捕捉到。能够经由分析而完全捕捉到的是本质。如果将体验的本质视为实体,它只能借由直观才能充分地被目击。看来似乎是自相矛盾的话,但我们必须承认,的确只有借由直观才能捕捉到本质的概念[3]"。可见"巴黎草稿"时期,抽象性的"观念化""本

---

1 [日]九鬼周造著,藤田正胜原文注,黄锦容、黄文宏、内田康译注:《"粹"的构造》,联经出版事业股份有限公司2009年版,第18—19页。

2 [日]九鬼周造著,藤田正胜原文注,黄锦容、黄文宏、内田康译注:《"粹"的构造》,联经出版事业股份有限公司2009年版,第20—22页。

3 [日]九鬼周造著,藤田正胜原文注,黄锦容、黄文宏、内田康译注:《"粹"的构造》,联经出版事业股份有限公司2009年版,第132页。

质""直观""实体"等概念，还没有被批判、置换为《"粹"的结构》中所追求的具体性的、事实性的"存在领悟"，还未明确继承海德格尔存在（实存）先于本质的立场。

因此，从《"粹"的本质》到《"粹"的结构》是由通过分析意识构造获得观念化的抽象类概念的"本质直观"立场，过渡到以存在领悟的形式体会丰富具体的意义体验立场。研究者所选取的方法、道路往往是由最终要实现的目标决定的。九鬼周造在《"粹"的结构》开宗明义地提出"活的哲学必须是能够理解现实的哲学……将现实原封不动地掌握，并将应该玩味理解的体验，逻辑性地表达出来，正是本书所追求的课题[1]"。在此，可以明确九鬼周造要实现的活的哲学，旨在通达、把握活的现实，进而还要逻辑性地表达这些体验。在了解了从《"粹"的本质》到《"粹"的结构》的大致演变过程与最终稿确立的方法论及课题目标之后，我们要继续考察从《"粹"的本质》到《"粹"的结构》思想倾向的转变，为偶然性问题的提出提供了怎样的思想背景？《"粹"的结构》自身的思想内容又与《偶然性的问题》具有哪些内在联系？

九鬼周造继承海德格尔的诠释学路径希望通达的是具体性、存在性的现实，而现实性恰好就是偶然性所对应的模态范畴，因为偶然的时间图式是"今"，偶然性是根源性的、最初的原始事实。因此，九鬼周造对于通达作为事实具体性的，在其原封不动的形态中

---

[1] [日]九鬼周造著，藤田正胜原文注，黄锦容、黄文宏、内田康译注：《"粹"的构造》，联经出版事业股份有限公司2009年版，第9页。

体验"粹"的方法论进行了探索。他努力超越传统主客二分（主体：subject对于客体：object）的认知方式："首先把'粹'的客观性表现当作研究对象，探索其范围内的一般性特征，只是一直去研究'粹'相关的客观性表现的话，要掌握'粹'的民族的特殊性终将失败。此外，认为借着客观性表现的理解，就可以直接领悟意识现象，也将导致意识现象的'粹'，在说明上流于抽象性与形相性，而无法将历史性、民族性所界定的存在样态，具体性地、诠释性地加以阐明。"[1]这些方法论导向都与其偶然性哲学思想的形成具有内在一致性：在九鬼周造的偶然性哲学视域内，真正发生着的只有在"一点"之中现存的偶然性而已，"在体验的直接性中，偶然作为'正视态'、作为'直态'，占据着'现在'之位。就此而言，偶然在时间性上具有优势地位。所谓偶然，正是作为瞬间的'永远的现在'的鼓动"[2]。因此，在某种意义上，《"粹"的结构》的方法论问题可以作为"偶然性的问题"之方法论加以考察，我们暂且按下不表，在本书第二章中将继续展开对"从《"粹"的本质》到《"粹"的结构》"等问题的研究。

关于《"粹"的结构》自身的思想内容与《偶然性的问题》具有的内在联系，上一节介绍了"粹"的结构内涵的三个要素：媚态—骨气—死心之成立无一例外是以二元性关系为前提的，"偶然"的"偶"在日文里与"遇"同音且近义，二者都有遭遇、偶然之义。九鬼周造

---

[1] [日]九鬼周造著，藤田正胜原文注，黄锦容、黄文宏、内田康译注：《"粹"的构造》，联经出版事业股份有限公司2009年版，第23页。

[2] 九鬼周造『九鬼周造全集』（第二卷）岩波書店、1990年（第二刷）、212頁。

将偶然界定为"现在之中的邂逅","偶然邂逅"的前提就是二元关系的存在,一元体是无从谈起"邂逅与相遇"的。他说:"(偶然性)其根本意义在于针对作为一者的必然性来规定他者。必然性无非就是同一性即一者的样相。偶然性只在具有一者和他者的二元性的时候才存在。"[1]因此,九鬼周造对于"偶然"的"现在之中的邂逅"的界定,以"邂逅"指涉了"粹"的结构内设的二元性关系前提。除此以外,还隐含了另一层关联:"媚态"作为二元可能性的紧张关系,"死心"作为对命运必然性的卓然超脱,恰巧分别指涉了与"偶然性"关系最为密切的两种模态范畴,前者暗合了"可能性",后者指涉了"必然性"。依据《偶然性的问题》偶然性具有的三种规定性,又可分为两类:一类是前文提及的,在体验的直接性中规定的,作为正视态、直态,占据"现在"之位的偶然,是我们切身原初直接体验的具体现实事态;另一类是脱离了体验直接性的逻辑领域中,"作为必然性的否定被规定的偶然性"与"作为可能性的相关者被规定的偶然性[2]"。关于"偶然性"与"必然性"的"否定"关系:偶然性是必然性的他在(其他存在方式),偶然性是必然性的自我否定态,因此偶然与必然是一体两面的,既有绝对分离、分裂之意,同时又有相即不离、绝对结合的关系。在"'偶然性问题'的文本及提出"相关部分已经论述,在此不做重复。这里要介绍的是可能性与偶然性的关联

---

1 [日]九鬼周造著,彭曦、汪丽影、顾长江译:《九鬼周造著作精粹》,南京大学出版社2017年版,第218页。

2 九鬼周造『九鬼周造全集』(第二卷)岩波書店、1990年(第二刷)、211~212頁。

第一章 "偶然性问题"的提出及其理论背景

性：偶然性与可能性之间具有类似性，二者常被视为同一个模态，例如亚里士多德、斯宾诺莎都将二者视为同一的或极接近的范畴，九鬼周造认为，人们之所以将偶然性与可能性视为极其类似的模态是因为"我们可以将偶然性和可能性视为同必然之'确证的完善性'相对立的模态，此时它们只能被视为'存疑的不完善'的存在……存在是可能的，这同时意味着非存在也是可能的。因为'存在是可能的'同'存在是必然的'二者的相异处恰好在于对于前者而言，非存在也是可能的[1]"。这里偶然性模态与可能性模态所共同具有的"存疑的不完善"特征指的是"存在的成疑性"：存在是可能的，非存在也是可能的。前者提示了"可能性"模态，后者却又隐含了"不可能性"模态，也就是说，偶然性与不可能性也具有接近关系，因为偶然是介于"有"与"无"、"存在"与"非存在"的交界处的存在。"媚态"作为二元可能性关系，诠释的存在境遇不也正是"有"与"无"、"存在"与"非存在"之间的动态紧张、若有似无的性状吗？只不过由于"骨气"这种对一元化"合同"的抗拒力，这种与他人较劲儿不服输的劲头，维持了可能性作为可能性的持久，才使得"永远不断移动、永远不会相交的平行线"成为了"粹"在视觉上的最纯粹的客观表现，这明显区别于"偶然"处于"交界面"或"切点"的视觉客观表现，毕竟"可能性""不可能性"只是类似或接近于"偶然性"，但终究是不同的模态范畴。无论如何，"媚态"作为"粹"的结构之基

---

[1] 九鬼周造『九鬼周造全集』（第二卷）岩波書店、1990年（第二刷）、167頁。

础，作为二元动态可能性的紧张关系，与类似于"偶然性"模态的"可能性"模态，或接近于"偶然性"模态的"不可能性"模态之间所具有的相关性，提供了由"模态系统"角度理解《"粹"的结构》为《偶然性的问题》确立所做的思想铺垫的新视角。

总之，从《"粹"的本质》到《"粹"的结构》，九鬼周造处理"粹"的方法论立场，由胡塞尔的"本质直观"过渡到海德格尔的诠释学，他继承海德格尔诠释学的理路是希望探索抵达作为事实具体性的，在其原封不动的形态中直接体验"粹"的方法。由于偶然性所对应的模态范畴正好就是现实性，偶然性是根源性的最初的原始事实，因而《"粹"的结构》的方法论变迁，可以作为"偶然性问题"之方法论加以研究。此外，《"粹"的结构》之"媚态""死心"所牵涉的"可能性""必然性"模态，与"作为可能性的相关者的偶然性"与"作为必然性的否定者的偶然性"这两种偶然性在逻辑领域的规定性具有内在联系。

第二章 作为偶然性问题背景的《「粹」的结构》

鉴于"粹"的相关思想为《偶然性的问题》之最终确立做了上述方法论方面实践性的探索，以及关于偶然性的模态性范畴内容上的思想铺垫，在阐明偶然性问题的存在论结构与形而上理据之前，有必要对作为九鬼周造思想起点之一的"粹"的相关问题做一厘清，毕竟还原哲学家思想的成熟过程是接近其哲思论旨核心的切实道路。

第一节

不同中译本对照及"いき"翻译的可能性问题

九鬼周造的代表作《"粹"的构造》（『「いき」の構造』）[1]与其准备稿《"粹"的本质》（『「いき」の本質』）收录于《九鬼周造全集》第一卷开篇，足见其在九鬼周造思想中的先行地位与重要意义。目前中国学界已经出版了5个不同版本的翻译书稿，分别是：（1）2009年中国台湾联经出版事业股份有限公司出版的由中国台湾学者黄锦容、黄文宏与内田康合译的藤田正胜先生注解版《"粹"的构造》；（2）2011年上海人民出版社出版的江川澜、杨光翻译的冈仓天心、九鬼周造各自代表作的合订本《茶之书·"粹"的构造》；（3）2012年社会科

---

[1] 收录的是单行本，即在1930年1月、2月《思想》杂志上发表的论文基础上修补于同年11月岩波书店发行的版本。

第二章 作为偶然性问题背景的《"粹"的结构》

学文献出版社出版的徐金凤写作的博士论文《九鬼周造的哲学思想研究——以自他关系为主线》，附录收录了其翻译的藤田正胜先生注解版《"粹"的结构》；（4）2012年吉林出版集团有限责任公司出版的王向远翻译的《日本意气》，内含九鬼周造、阿部次郎、藤本箕山各自的代表作，其中九鬼周造的《"粹"的构造》（『「いき」の構造』）被全文翻译为《"意气"的构造》出版；（5）2017年南京大学出版社出版的彭曦、汪丽影、顾长江翻译的《九鬼周造著作精粹》，内含《"粹"的构造》、《"粹"的本质》（《"粹"的构造》准备稿）及其他九鬼周造重要著作，作为中国学界最新的成果，收录的九鬼周造原著是目前最多的，其中《偶然性的问题》《人与生存》都是第一次被翻译为中文出版。以上5个版本的翻译各有千秋：中国台湾版《"粹"的构造》不仅完整翻译了九鬼周造的原著、藤田正胜先生的注解，而且还翻译了藤田正胜的《解说》全文，是目前翻译各版本中最完整全面的。为了保证哲学文本翻译的专业性，黄锦容教授翻译全文后由日本哲学领域的专家黄文宏教授加以哲学方面的修正补充，注释部分又分为三种，分别是九鬼周造原注、讲谈社版本藤田正胜教授注释、中文译者注释，中文译者注释部分又分为黄文宏教授负责的哲学方面的内容、内田康教授负责的江户美学方面的内容、黄锦容教授负责翻译剩余注释的内容。不同领域的专家各司其职保证了这个译本的专业性、权威性。上海人民出版社的《茶之书·"粹"的构造》不仅将对九鬼周造人生命运、求学志向产生重大影响的冈仓天心的《茶之书》与《"粹"的构造》合刊出版，还附录了九鬼周造晚年的散文《对冈仓觉三氏的回忆》，这是尤为难得的，因为对于理解注重生命体验、意图把握具体生命现实的九鬼周造的哲学，作者人生境遇的奇特与命运牵绊的心路历程是必不可少的背景。徐金凤博士的论著在附录收入的个人翻译版《"粹"的结构》虽然不及中国台湾版全面，没有收录藤田正胜的《解说》，但是作为同样以藤田正胜先生注释及九鬼周造原著为底本的译作，为中国台湾版提供了一个比照、校对的参照。最新的南京大学版同时翻译了《"粹"的构造》与《"粹"的本质》，为比照九鬼周造思想变迁提供了重要的文本资料。但是，最值得关注的，是王向远先生的译本《"意气"的构造》，显而易见他将"いき"区别于学界公认的翻译"粹"，而译为"意气"，是经过缜密思考提出的独到见解，虽为一家之言，却提示了最关键的问题——『「いき」の構造』中"いき"应怎样翻译？为什么是"粹"而不是发音同样为"いき"的其他汉字？

南京大学版译本出版于王向远先生译本之后，对其以"意气"翻译"いき"的主张只是简短地回应道："いき"作为日本民族特有的概念无法在其他语言中找到合适对应词，在原书以假名形式出现时，统一译成"粹"。九鬼周造在『「いき」の構造』一书中列出的与"いき"对应的日文汉字有"粹"（粹）、"意気"（意气）、"生き"（生存方式），选择其中任何一个都不算错。九鬼周造在论及日本文化的三个契机时以"意气"表示儒教影响下的武士道精神，但其中少了"洒脱"的含义，因此最贴切的应该还是"粹"（粹）。[1]这里首先牵扯出

---

[1] [日]九鬼周造著，彭曦、汪丽影、顾长江译：《九鬼周造著作精粹》，南京大学出版社2017年版，《代译序》第19页，《"粹"的结构》第1页。

第二章 作为偶然性问题背景的《"粹"的结构》

了"いき"翻译的可能性问题,即"いき"作为日本民族的特殊存在样态能否翻译为他国语言为外国人所理解的问题;其次,既然九鬼周造在『「いき」の構造』一书中列出的与"いき"对应的汉字有"粋"(粹)、"意気"(意气)、"生き"(生存方式),选择其中任何一个都不算错,王向远先生为什么会主张以"意气"翻译,又为何其他译者认为其实以"粹"翻译是最贴切的?很遗憾南京大学版译者对这些问题都没有进行论述,只是有些独断地进行了翻译词汇的选择。要回答这些问题,首先要明确"いき"的词源与语义问题。

由于日语中汉字具有"音读"(按照字音读汉字)、"训读"(以字义相同的日语读汉字)两种发音方式,所以日文汉字与平假名、片假名之间不具有一对一的严格对应关系,因而"いき"(读音:iki)对应的日文汉字有"粋""意気""行き""息""生き""往き""好き"等许多不同的表达与意指,关于"いき"的词源问题,九鬼周造曾专门指出:"'いき'[1]的语源的研究,必须交互着存在学性质,阐明生、息、行、意气(发音均为iki)的关系。'生',不消说,是基础的视域。而'活着'(ikiru)(日文生きる)有两个意义。第一个是生理上的'活着'。异性的特殊性便建立在这种基础上。因此,'いき'的质料因的'媚态',就是从'活着'这个意义产生的。'息'(气息、呼吸),是为了'活着'的生理条件。'在梅本茶屋和秋芒茶屋喝了酒又吵了架,那就潇洒地换个地方、换个对象继续喝吧!'这种情

---

[1] 由于本书这部分内容在讨论"いき"应汉译为"粹"还是"意气"或是应采取其他翻译方式的问题,因而原本中国台湾版译文中被译为汉字"粹"的"いき",本书在此全部还原为日文原文中的"いき"表达。

· 041 ·

形的'いき'与'息'的关系，并不仅是音韵上偶然的关系。'息差'（ikizashi，意思为呼吸、气息）这个词汇形态就证明了这点。她的'风采'（意気差，ikizashi）看来就像夏天水池的红荷开始绽放一般，这种情形的（意気差，ikizashi），一定是从'不露气息地窥视'的'息差'（气息，ikizashi）来的。另外，'行'和'活着'也具有不可分离的关系。笛卡尔也曾讨论过ambulo（行走）是否有可能是sum（存在）的认识根据。而且'iki'以'意気方'（ikikata，生活方式）及'心意気'（kokoroiki，气质、气魄之意）的词汇形态，明确地发音成'行'（iki）的音。'意気方好'（ikikatayoshi，生活方式好）正是'行方善'（ikikatayoshi，行进得好）。此外，就像对喜欢的男人的'心意気'、对阿七的'心意気'所说的一样，'心意気'具有对……的'心意気'的构造，述说着朝对方而'行'（去，iki）的指向。'息'以'意気差'的形态；'行'以'意気方'和'心意気'的形态，两者都预知了'活着'（ikiru）的第二种意义，那就是精神上的'活着'。'いき'的形式因的'骨气'和'死心'，就是根源于此种意义的'活着'。而且，当'息'及'行'被提升到'いき'的视域时，就会回归到'生'的原本性质。换言之，'いき'在原本的意义里就是'活着'。"[1]九鬼周造这条写在全书结论末尾处的注释，注解的重点是日文生きる（ikiru），意即"活着"，注释对应的正文日文原文："運命によって「諦め」を得た「媚態」が「意気地」の自由に生きるのが「い

---

[1] [日]九鬼周造著，藤田正胜原文注，黄锦容、黄文宏、内田康译注：《"粹"的构造》，联经出版事业股份有限公司2009年版，第121—122页。

き」である。"[1]〔译文：通过命运（的达观）而获得"死心"的"媚态"，它在"骨气"的自由中活着，这就是"いき"。〕这是《"粹"的结构》全书对于"いき"最为总括性的定义之一，因为"いき"的内涵结构即这句话所统摄的"媚態"—"意気地"—"諦め"三个契机的展开。此外，"いき"的本源意义就如同注释中通过阐明"生""息""行""意気"四个同音"いき"（iki）的日文汉字的存在学性质的关系所指向的那样，分别指生理上的"活着"（日文生きる，读音ikiru），与精神上的"活着"（日文生きる，读音ikiru），前者是"いき"的质料因"媚態"的根基，后者是"いき"的形式因"意気地"与"諦め"的根基，总之，"いき"的词源意义就是"活着"（日文生きる，读音ikiru）。

既然"いき"的词源意义就是"活着"（日文生きる，读音ikiru），其发音"iki"对应的日文汉字又有"粹""意気""行き""息""生き"等诸多在存在学意义上相互关联的词汇，为什么在翻译时中国学者只纠结于"粹"与"意気"这两个日文汉字对应中文的选择呢？

一方面，日文汉字"意気"读音iki，不仅与"いき"读音相同，而且与作为"いき"的内涵结构第二个契机的"意気地"（读音ikiji）在词源语义上直接关联。王向远先生主张将"いき"译为"意气"最直接有力的论据在于九鬼周造认为"所谓'いき'，正如以上所说的，

---

[1] 九鬼周造『九鬼周造全集』（第一卷）岩波書店、1990年（第二刷）、81頁。

它在汉字的字面上写作'意气'，顾名思义，它是一种'气象'，有'气象的精粹'的意思，同时，也带有'通晓人情''懂得异性的特殊世界''纯正无垢'的意思"[1]。此外九鬼周造界定"'いき'的第二个表征是'意气'也就是'意气地[2]'"[3]。这些都是将"いき"与日文汉字"意气"（读音iki）直接关联的有力证据。但是这里存在两个问题：其一，九鬼周造说"いき"在字面上写作"意气"，是在"いき"的外延结构那一小节，将"意气"（日文汉字"意気"）作为与"土气"（日文汉字"野暮"）对立的表现中陈述的，即在那一小段语境中，在表达与"土气"相反的外在表现时"いき"在字面上写作"意气"，不能据此推论出在整本书中"いき"都可以写作"意气"。如前所述，"いき"的词源是非常丰富的，其不同语境对应于不同的日文汉字，在根源上"いき"是"活着"（生きる），不能由这一小节"いき"的汉字写作"意气"而得出全书的"いき"都可以写作"意气"的结论。其二，九鬼周造既然将"意气"明确界定为"いき"的第二个表征，这恰恰说明"いき"与"意气"不是同一级概念，至少

---

1 [日]藤本箕山、九鬼周造、阿部次郎著，王向远译：《日本意气》，吉林出版集团有限责任公司2012年版，第22页。如前由于本书这部分内容在讨论"いき"与"意气"的关系及翻译问题，因而原本译文中被译为"意气"的"いき"本书在此全部还原为日文原文中的"いき"，另外日文汉字"意気"也暂且保留日文汉字原文。

2 "意気地"读音ikiji,王向远先生注解认为从构词法解读就是"意气"有其"地"（基础），也就是"有底气""有骨气"之意，与武士道的理想主义义理观有深刻联系。参见[日]藤本箕山、九鬼周造、阿部次郎著，王向远译：《日本意气》，吉林出版集团有限责任公司2012年版，第10页。

3 九鬼周造『九鬼周造全集』（第一卷）岩波書店、1990年（第二刷）、18頁。

第二章　作为偶然性问题背景的《"粹"的结构》

在内涵结构层面，"意気"应该是从属于"いき"的下级概念，"'いき'的第二个表征是'意気'，也就是'意気地'[1]"。这句话重点是将"意気"与"意気地"等同作为"いき"的第二个表征，而不是将"いき"与"意気"等同。总之，虽然王向远先生的主张自成体系[2]，其提出一家之言的精神非常值得尊重，但仍是非常值得商榷的。

另一方面，日文汉字"粋"有两种读音："音读"（按照字音读汉字）sui、"训读"（以字义相同的日语读汉字）iki，九鬼周造在正文与注释中多次提及"いき"与"粋"的关系。例如，"それ故に「いき」は媚態の「粋」である"[3]（因此"いき"是媚态的"粋"）。九鬼周造专门对这句话注释道："当我们处在看问题的视域时，将'いき'和'粋'当作有同一的意义内容也无妨。"

"いき"和"粋"的差异，似乎是江户话和上方话对于同一内容的差异表现。因此，或许可以用时代性的发展来界定两种语言（参照《元禄文学辞典》《近松语汇》）。可是不只是单纯因为地域和时代的不同，也有情况会在意识现象里偏好使用"粋"这个词，而在客观性的表现上主要使用"いき"。总而言之，将"いき"和"粋"视为相

1　九鬼周造『九鬼周造全集』（第一卷）岩波書店、1990年（第二刷）、18頁。

2　王向远先生主张的详细论证请参考[日]藤本箕山、九鬼周造、阿部次郎著，王向远译：《日本意气》，吉林出版集团有限责任公司2012年版，收录的其论文《日本"意气"论——"色道"美学、身体审美与"通"、"粋"、"意气"诸概念》。

3　九鬼周造『九鬼周造全集』（第一卷）岩波書店、1990年（第二刷）、22頁。

同意义内容的词语也无妨。此外，即使其中一个专用于意识现象，另一个专用于客观性的表现，所谓的客观性的表现也只是意识现象的客观化，因此两者结果在其根底上还是具有同一的意义内容。[1]在此条注释中，九鬼周造在分析了"粋"和"いき"具有的前者多指意识现象，后者多用于客观表现这一差别及差异产生的地域、时代原因后，明确表达了二者可以在同一意义上理解，可以依据客观表现是意识现象的客观化将二者趋同化。关于"粋"与"意気"分别侧重"いき"的结构之意识现象与客观表现两个方面，具体而言，九鬼周造是这样举例的，"粋多用于表示意识现象，而'いき'主要用于客观表现。比如，《春色梅历》卷七中有这样一首流行小曲：'气质粋，言行举止也意気。'但是，正如该书第九卷中'意気之情的源头'所写的那样，意识现象中用'いき'的例子也很多。《春色辰巳园》卷三中，有'容姿也"粋"的米八'一句，可见用于客观表现的时候，使用'粋'的也有不少。综上所述，不妨把'いき'和'粋'的意义内容看作相同。即假定一种是专用于意识现象的，另一种专用于客观表现，但由于客观表现本质上说也就是意识现象的客观化，所以两者从根本上意

---

1 [日]九鬼周造著，藤田正胜原文注，黄锦容、黄文宏、内田康译注：《"粋"的构造》，联经出版事业股份有限公司2009年版，第38页。由于本书这部分内容在讨论"いき"与"粋"的关系问题，因而原本中国台湾版译文中被译为"粋"的"いき"本书在此全部还原为日文原文中的"いき"，另外日文汉字"粋"也暂且保留日文汉字原文，不采用中国台湾版翻译以iki、sui读音的标注区分二者的方式，因为在九鬼周造原文中并没有标注此处的"粋"读音为sui，而是直接以"いき"与"粋"的形式讨论这两个日文概念的关系。

第二章　作为偶然性问题背景的《"粹"的结构》

义内容是相同的[1]"。这里所举的例子中，"粹"与"意気"两个日文概念同时出现，而且"意気"确实是作为直接置换"いき"的汉字使用的，但是九鬼周造举这些例子最终是为了得出"'粹'与'いき'可以在同一个意义上使用"[2]这个结论。更重要的是对于九鬼周造而言，"いき"作为意识现象是远重要于其作为客观表现的，这是由其方法论出发点决定的，"粹"与"意気"分别侧重"いき"的结构之意识现象与客观表现两个方面，尽管这种语言表达情况不是专用的，有互通、混用的情形，但仍是有偏重的，而且终究是要以意识现象统合作为其客观化的客观表现的，因此根据九鬼周造给予"いき"作为意识现象的根基性地位，采用多用于表示意识现象的"粹"（"粹"）翻译"いき"是更合适的。此外，如前所述"意気"在"いき"的结构之内涵方面被九鬼周造界定为"いき"的第二个表征使用，在"いき"的结构之外延方面"意気"被九鬼周造作为与"土气"（日文汉字野暮）对举使用，是作为"いき"的下级概念或特定语境对举中表达"いき"的日文汉字使用的，因而尽管有时候"意気"像这里引用的例文一样就是作为"いき"的汉字表达，但如果像王向远先生主张的那样以"意気"对应的中文汉字"意气"直接翻译"いき"，恐怕会造成概念级的混乱，而且是某种将具体语境的对应关系扩大至全书

---

1 [日]藤本箕山、九鬼周造、阿部次郎著，王向远译：《日本意气》，吉林出版集团有限责任公司2012年版，第13页。为了厘清"粹""意气""いき"三者的关系，此处亦保留日文原文使用的词汇。

2 九鬼周造『九鬼周造全集』（第一卷）岩波書店、1990年（第二刷）、24頁。

· 047 ·

的不当翻译。对于前一问题，王向远先生虽然试图以"意气地"这种僵硬的表达解决"いき"内涵结构的层级问题，例如他的译文"综上所述，在'意气'的构造中，包括着'媚态'、'意气地'和'谛观'三个要素"[1]，这虽然最大限度地保留了日语的原汁原味，但是否妥当、是否实现了"信、达、雅"的翻译原则，仍是仁者见仁，智者见智的问题，毕竟参照原文"'いき'的第二个表征是'意气'也就是'意气地[2]'"[3]可知九鬼周造在"いき"的内涵结构第二个特征段落引入日文汉字"意気"，是为了将"意気"与"意気地"等同作为"いき"的第二个表征，而不是将"いき"与"意気"等同。因此，本书还是采纳以"粹"翻译"いき"这一形式。除了上述典型例证外，"'いき'也就是'粹'的味道在于'酸'"[4]等表达也是九鬼周造将"いき"与"粹"相联系的例证。

综上所述，"粹"与"意気"作为日文汉字出现在原书行文中时，常常都是作为"いき"的下级概念，前者多用于指代作为意识现象的"いき"，后者多用于指代作为客观表现的"いき"，尽管这种语词

---

1 [日]藤本箕山、九鬼周造、阿部次郎著，王向远译：《日本意气》，吉林出版集团有限责任公司2012年版，第12页。

2 "意气地"读音ikiji，王向远先生注解认为从构词法解读就是"意气"有其"地"（基础），也就是"有底气""有骨气"之意，与武士道的理想主义义理观有深刻联系。参见[日]藤本箕山、九鬼周造、阿部次郎著，王向远译：《日本意气》，吉林出版集团有限责任公司2012年版，第10页。

3 九鬼周造『九鬼周造全集』（第一卷）岩波書店、1990年（第二刷）、18頁。

4 九鬼周造『九鬼周造全集』（第一卷）岩波書店、1990年（第二刷）、40頁。

第二章 作为偶然性问题背景的《"粹"的结构》

使用偏重的情况不是绝对的，但是九鬼周造特别指出"いき"可以与"粹"在同一意义上使用，因为客观表现是意识现象的客观化，在根底上还是以意识现象统合客观表现。因而中国台湾版翻译采取的以汉字"粹"翻译"いき"，当日文原文中"いき"与"粹"同时出现时，就分别将二者以"粹"（iki）、"粹"（sui）注音的方式加以区别，这是可行的、有依据的翻译方案。注音的方式也巧妙地回应了"いき"翻译的可能性问题，"いき"这个词是日语中才有的，带有显著民族特色的语词，按照九鬼周造关于语言与民族关系的理念，语言是根植于民族存在方式的，"いき"不对应于任何其他民族的语汇，中国台湾版的注音翻译方式无论是"粹"（iki）还是"粹"（sui），很显然标注的都是日文汉字读音，而不是汉字"粹"的读音，这提示了"いき"的中文译文"粹"（iki）不能按照中文词汇"粹"望文生义。

但是，中国台湾版首开先河的翻译确实存在问题，最大的疏漏恰恰与"意气"有关。九鬼周造界定"'いき'的第二个表征是'意気'，也就是'意気地'"[1]，中国台湾版把此句翻译为"'粹'的第二个特征是'骨气'，也就是'逞强的骨气'。"[2]将日文"意気地"译为"逞强的骨气"是没有问题的，将"意気"译为"骨气"，如果是考虑到这里的"意気"是"いき"的下级概念，为了明晰层级区分，避免将"いき"译为"意气"同音词导致搅扰不清，也是可以

---

1 九鬼周造『九鬼周造全集』（第一卷）岩波書店、1990年（第二刷）、18頁。

2 [日]九鬼周造著，藤田正胜原文注，黄锦容、黄文宏、内田康译注：《"粹"的构造》，联经出版事业股份有限公司2009年版，第31页。

理解的。但是，在很多不同于这一语境，原文使用"意気"作为表达"いき"的汉字时，中国台湾版也将之不加甄别地翻译为"骨气"，这就差之毫厘，谬以千里了。例如在"いき"的外延结构段落，中国台湾版的译文"'粹'如同前述，字面上的意思是'骨气'，是性情"[1]，这是罔顾日文原文的翻译，日文原文"「いき」は曩にも云ったやうに字通りの「意気」である"[2]，"いき"对应的日文汉字是"意気"，"いき"字面上的意思就不能意译为"骨气"了，这已经不是"いき"的内涵结构之第二表征的段落了，已经是另外的语境了。任何翻译，尤其是日文这种音、字、意之间不是严格一一对应的语言，必须在翻译时严格遵照当时的语境，无论是王向远先生还是中国台湾版翻译，大概都是基于希望保持核心概念前后翻译一致的美好初衷，忽略了九鬼周造诠释"いき"的内涵结构、外延结构时语境的复杂性，导致了一些疏漏。

本书在进入九鬼周造《"粹"的结构》的具体内容前，首先明晰"いき"作为九鬼周造在日语中选择的最能表达大和民族存在特殊性的核心哲学概念，其词源上内涵的复杂性及翻译的难度所在，结合日文原文阐明了自己坚持以"粹"（iki）翻译"いき"的依据，同时由于中国台湾版翻译确实存在王向远先生辨别的疏漏，有值得推敲的地方，本书关于《"粹"的结构》引用的内容将对照中国台湾版与其他中文

---

[1] [日]九鬼周造著，藤田正胜原文注，黄锦容、黄文宏、内田康译注：《"粹"的构造》，联经出版事业股份有限公司2009年版，第53页。

[2] 九鬼周造『九鬼周造全集』（第一卷）岩波書店、1990年（第二刷）、31頁。

第二章　作为偶然性问题背景的《"粹"的结构》

译本，根据日文原文矫正修补，以"注"的形式加以说明。除了"いき"的翻译问题，对于其内涵结构的契机"意気地""諦め"，王向远先生都提出了自己的独到翻译与理据[1]，由于这些细节对于理解九鬼周造哲学思想不似"いき"的翻译问题那样至关重要，在此不做展开。鉴于中国台湾版译本完整保留了藤田正胜先生的解说，注解也最为权威、专业，在中国台湾版翻译不曲解原意的前提下，本书采用中国台湾版翻译，其译文的疏漏依日文原文与其他中文译本为对照校正。

---

[1] 除了主张直接以"意气地"翻译日文"意気地"之外，王向远先生主张借用佛教"四谛"的真理观，将"諦め"译为"谛观"，表达看破红尘、洞悉人情世故后的超脱心境。参照[日]藤本箕山、九鬼周造、阿部次郎著，王向远译：《日本意气》，吉林出版集团有限责任公司2012年版，第11页。

第二节

从《"粹"的本质》到《"粹"的结构》

如第一章所述,《"粹"的结构》是分阶段完成的作品,除去最早收录在《九鬼周造全集》之《别卷》中的《关于"粹"》这篇没有标注日期的,对隶属于"粹"的各类现象的分门别类整理的草稿、思考笔记,因尚处于初步的经验性思考阶段,未形成系统的理性准则,暂且可以不考察之外,1926年12月九鬼周造在巴黎初步写就《"粹"的本质》(准备稿),1929年1月留学归国后,1930年对《"粹"的本质》大幅修改后更名为《"粹"的结构》,以两期发表于《思想》杂志92、93期(1930年1、2月号)(简称《思想》稿),同年11月增补修改后由岩波书店出版发行《"粹"的结构》单行本(简称《岩波》稿)。由篇章结构来看,1926年的《"粹"的本质》分四部分内容,1930年的《思想》稿与《岩波》稿拓展为6个篇章,《岩波》稿在《思想》稿的基础上修改并添加了下一级标题;从篇幅字数而言,《思想》稿与《岩波》稿大致相同,但这二者各自的篇幅却大约是1926年《"粹"的本质》(准备稿)的3—4倍。可见,最大幅度的修改是从1926年的《"粹"的本质》(准备稿)到1930年的《"粹"的结构》,鉴于1930年的《思想》稿到最终的《岩波》稿修改幅度较小,在此,直接逐一比对《"粹"的

第二章 作为偶然性问题背景的《"粹"的结构》

本质》(准备稿)与《"粹"的结构》(《岩波》稿)各个对应的篇章,以思考九鬼周造处理"粹"时的目标、立意、方式的变迁。

《"粹"的本质》分为4个篇章:一、文化现象的民族特殊性;二、"粹"的意识本质;三、"粹"的客观化;四、"粹"的民族性。这4章与《"粹"的结构》6个篇章的对应关系是:"一、文化现象的民族特殊性"对应于"第一章前言";"二、'粹'的意识本质"对应于"第二章'粹'的内涵性结构"与"第三章'粹'的外延性结构";"三、'粹'的客观化"对应于"第四章'粹'的自然性表现"与"第五章'粹'的艺术性表现";"四、'粹'的民族性"对应于"第六章结论"。通过逐一比对可知:从"一、文化现象的民族特殊性"到"第一章前言",最根本的变化是方法论立场的变迁。在《"粹"的本质》阶段,其方法论问题并没有作为先决问题明确提出,而且在方法论上表现出前后不统一的现象:首先,在开篇九鬼周造不停地就意义、语言与民族的意识存在之内在关系问题提及"本质性",他说"在民族的特殊存在样式对于该民族而言是本质性事物的情况下,会显示出作为一定'意义'的客观性"[1];"某个民族的特殊存在样式作为本质性的事物,以意义以及语言的形式来体现自己,但由于其他民族不把同样的体验当作本质性的事物来拥有,因此有时候缺乏那种意义以及词语[2]"。但是在"一、文化现象的民族特殊性"末

---

[1] [日]九鬼周造著,彭曦、汪丽影、顾长江译:《九鬼周造著作精粹》,南京大学出版社2017年版,第51页。

[2] [日]九鬼周造著,彭曦、汪丽影、顾长江译:《九鬼周造著作精粹》,南京大学出版社2017年版,第52页。

尾处，九鬼周造却又自相矛盾地明确否定了"本质直观"的方法论立场，他说"在西洋文化中寻求与'粹'相似的意义，通过形式化的抽象来找出某种共通点，那样的做法也绝非不可能，但那不是理解作为民族存在样式的文化现象的合适的方法论态度。即使将带有民族特色的现象自由地进行变更，在可能的领域进行所谓的本质直观，那样做所得到的也只不过是单单包含那些现象的抽象的类概念而已。理解文化现象的关键在于不损害其作为事实的具体性，在其原本的形态中进行把握。绝不能只是抽象地'理念化'，而必须是具体的、基于事实的'对存在的领会'"[1]。这里《"粹"的本质》在方法论问题上产生此种自相龃龉的内在原因：就表层而言，虽然1926年《存在与时间》还没有出版，九鬼周造也还没有跟随胡塞尔、海德格尔系统地学习，但是九鬼周造在《"粹"的本质》第二条注释里明确标注参考了田边元写的《现象学的新转向》，这是1924年10月在日本《思想》杂志发表的最早介绍海德格尔哲学到日本的论文《现象学中的新转向——海德格尔的生命的现象学》。田边元1923年夏季学期，在弗赖堡大学跟从海德格尔学习了"存在论——事实性的诠释学"课程，他的这篇论文主要是介绍课上所学的内容，值得注意的是这篇文章在肯定胡塞尔"回到事实本身"的现象学追求的同时，批判胡塞尔的方法背离了自己的目标，"意向分析"最终获得的仍是形式性的本质，反而对海德格尔哲学实现"回到事实本身"的目标寄予厚望。也就是说，九

---

1 [日]九鬼周造著，彭曦、汪丽影、顾长江译：《九鬼周造著作精粹》，南京大学出版社2017年版，第54页。

第二章 作为偶然性问题背景的《"粹"的结构》

鬼周造大量使用"本质性",并且将书名定为《"粹"的本质》,但同时又反对"本质直观"这种方法论立场上的混乱,是因为在方法论尚没有明确自觉的情况下,接受了田边元介绍的——海德格尔事实性的诠释学批判胡塞尔方法与目标的背离之影响。藤田正胜先生认为,《"粹"的本质》在方法论上存在不统一的现象,大体上在胡塞尔的现象学影响下构思的《"粹"的本质》,还融入了田边元所介绍的海德格尔的"现实意识的现象学"理论,据他推测九鬼周造在"巴黎草稿"阶段方法论上的摇摆不定,借由1927年出版的海德格尔《存在与时间》中海德格尔的诠释学才明确了自身的方法论立场。[1]经过几年的思考沉淀、修改,在《"粹"的结构》的"前言",九鬼周造作为先决问题设立的是方法论问题,"所谓'粹'的现象具有什么样的构造呢?首先,我们能依照怎样的方法来阐明'粹'的构造并掌握'粹'的存有呢?"[2]1930年,九鬼周造自觉地确立的方法论是以"存在(existentia)领悟"代替"本质(essentia)直观"。他说,"我们不能将'粹'单纯地视为种概念处理,不可追求的'本质直观',它是以观向出涵盖种概念的类概念其抽象的普遍性为目的。要理解意义体验的'粹',就必须是具体性的、事实性的与特殊性的'存在领悟'。在询问'粹'的'本质'(essentia)之前,我们应该先询问'粹'的'存在'(existentia)。一言以蔽之,'粹'的研究不能是'形相性的',

---

[1] [日]九鬼周造著,藤田正胜原文注,黄锦容、黄文宏、内田康译注:《"粹"的构造》,联经出版事业股份有限公司2009年版,第135页。

[2] [日]九鬼周造著,藤田正胜原文注,黄锦容、黄文宏、内田康译注:《"粹"的构造》,联经出版事业股份有限公司2009年版,第11页。

而应该是'诠释性'的[1]"。这明显继承了海德格尔的《存在与时间》的思想，海德格尔认为"此在"具有两种性质：一是其existentia（存在）对于essentia（本质）的优先地位，另一则是其向来我属性质。九鬼周造在这里旗帜鲜明地接受了海德格尔此在的存在先于本质的设定，此在的本质在于它去存在，"如果竟谈得上这种存在者是什么，那么它'是什么'（essentia）也必须从它怎样去是、从它的存在（existentia）来理解。"[2]但是，九鬼周造对于向来我属性质，却有另外的把捉，海德格尔认为"这个存在者在其存在中对之有所作为的那个存在，总是我的存在。因而此在永不可能从存在论上被把捉为某种现成存在者族类中的一员和样本。……按照此在这种向来我属的性质，言语涉及此在的时候总必须连带说出人称代名词来：'我是（ich bin，我存在）'，'你是（du bist，你存在）'。"[3]九鬼周造讨论"粋"（iki）这个日语词汇，却是将之作为表现大和民族独特存在样态的语词，处理的是民族存在样态与语言的关系问题，显然不同于海德格尔《存在与时间》的问题视域。因此，不同于海德格尔此在我属性质的个体性存在，九鬼周造认为"我们被直接给予的东西，就是'我们'自己，同时也是被视为我们之综合体的'民族'。民族的存在样态，倘若对该民族而言是核心事物的情形时，它就会以特定的'意义'出现，并

---

1 [日]九鬼周造著，藤田正胜原文注，黄锦容、黄文宏、内田康译注：《"粋"的构造》，联经出版事业股份有限公司2009年版，第20—22页。
2 [德]马丁·海德格尔著，陈嘉映、王庆节合译，熊伟校，陈嘉映修订：《存在与时间》，生活·读书·新知三联书店2009年版，第49页。
3 [德]马丁·海德格尔著，陈嘉映、王庆节合译，熊伟校，陈嘉映修订：《存在与时间》，生活·读书·新知三联书店2009年版，第50页。

第二章 作为偶然性问题背景的《"粹"的结构》

且这种特定的意义会借由'语言'开启一条通路[1]"。民族的意识存在，民族的特殊体验，先于意义与语言，两者的关系是民族的活生生的存在创造了意义与语言，二者是"全体"界定出"部分"的有机性构成关系，而不是"部分"先于"全体"的机械性构成关系。因此，"粹"（iki）作为大和民族在特殊存在样态下显著的自我表明之表达，在其他国家的语言中即使有类似的语词，也不是全然等同的语词。这才是九鬼周造最终摒弃关注词汇共通的普遍意义即"粹"之本质的本质直观这种方法论的根本原因，因为"即使自由地变换民族性质、历史性质的存在下所界定的现象，并且在可能的领域中进行所谓的'观念化'，我们所能得到的，不过只是包含该现象的抽象性类概念而已。理解文化之存在的真谛，在于不损害其作为事实的具体性，在其原封不动活生生的形态中掌握之"。[2] 随着九鬼周造在《"粹"的本质》中原本混乱、矛盾的欲达成的目标与方法论途径逐渐明晰，1930年最终版《"粹"的结构》剔除了《"粹"的本质》中常见的散落各处的"本质性""本质"等表达方式，书的题目也随之变更。

从《"粹"的本质》第二章"'粹'的意识本质"到《"粹"的结构》第二章"'粹'的内涵性结构"与第三章"'粹'的外延性结构"，从《"粹"的本质》与《"粹"的结构》这两个书名即可看出，这是两本书目的核心部分，直接回应书名指向的各自的核心问题：

---

[1] [日]九鬼周造著，藤田正胜原文注，黄锦容、黄文宏、内田康译注：《"粹"的构造》，联经出版事业股份有限公司2009年版，第11—12页。

[2] [日]九鬼周造著，藤田正胜原文注，黄锦容、黄文宏、内田康译注：《"粹"的构造》，联经出版事业股份有限公司2009年版，第18—19页。

"'粹'作为意识现象的本质是什么？"或者"'粹'的现象具有什么样的结构？"。在《"粹"的结构》中"第二章 '粹'的内涵性结构"与"第三章 '粹'的外延性结构"如逻辑学的内涵与外延这对儿概念所表明的，是成对儿的篇章，在《"粹"的本质》中只有对于内涵性结构契机"媚态—骨气—死心"的相应简短讨论，对于外延性结构尚未自觉，只是随文点示了这三句话："在当今普遍的用法中存在一种倾向，那就是在被客观化的情况下使用粹这个词，表示意识现象。这其实是一回事。另外，作为与那意义相反的'缺乏意气''非粹'都被称为'俗气'。"[1] "'粹'当中的'妩媚''妖艳''风韵'都是基于这种二元关系而形成的紧张感。所谓的'高雅'则缺乏这种二元关系"[2]，以及"这种'达观'是存在于'粹'与「渋」'素雅'之间的共通点"[3]。这里提示的问题是：《"粹"的结构》中内涵性结构与外延性结构的分殊细化背后有怎样的深入思考？由《"粹"的本质》的三句话扩展到《"粹"的结构》中全新提出的"外延性结构"一个篇章，是否有思考方式的内在变革？

首先，根据九鬼周造的注释，"外延"(extension)指某个概念的广度，或即属于该概念之个体的集合。如果以"人"这个概念为例，

---

[1] [日]九鬼周造著，彭曦、汪丽影、顾长江译：《九鬼周造著作精粹》，南京大学出版社2017年版，第54页。

[2] [日]九鬼周造著，彭曦、汪丽影、顾长江译：《九鬼周造著作精粹》，南京大学出版社2017年版，第54页。

[3] [日]九鬼周造著，彭曦、汪丽影、顾长江译：《九鬼周造著作精粹》，南京大学出版社2017年版，第55页。

第二章 作为偶然性问题背景的《"粹"的结构》

全部的人就是其"外延"。与"外延"相对的"内涵"（intension）则是指属于某个概念之所有事物之共通的性质与属性。仍旧以"人"为例，"双脚步行""拥有理性"等就是"人"的内涵。[1]对于《"粹"的结构》中内涵性结构与外延性结构的分殊之意义，九鬼周造指出"要理解在意识现象形式里所开示的'粹'的意义，首要课题是必须要先内涵性地识别出形成'粹'的意义内容的特征，再清楚判断其意义。接着第二个课题，是必须试图将类似的各个意义与'粹'的意义间做出外延性的明确区隔，让其意义更'清晰'。如此一来，借由平均地阐明'粹'的内涵性构造与外延性构造，我们才能完全领悟到意识现象的'粹'的存在[2]"。因此在《"粹"的结构》中内涵性结构与外延性结构的分殊，九鬼周造是以明确的自觉为前提的，并不是一次盲目的修改，"粹"的内涵性结构旨在突出"粹"的意义内容的特征，而"粹"的外延性结构目的是明确区隔作为意识现象的"粹"与其类似的意义之间的关联及界限。具体而言，对于"粹"的内涵性结构，《"粹"的本质》到《"粹"的结构》论述大体相同，都是以"媚态"（媚態）—"骨气"（意気地）—"死心"（諦め）三个特征为契机的，修改后三者内涵的定义更准确了，举例更翔实了，最鲜明的在于对三者关系的修订：由消极、积极、调和关系修改为正、反、合辩证关系。《"粹"的本质》里，认为媚态的二元性是绝对的，"二元关

---

[1] [日]九鬼周造著，藤田正胜原文注，黄锦容、黄文宏、内田康译注：《"粹"的构造》，联经出版事业股份有限公司2009年版，第17页。

[2] [日]九鬼周造著，藤田正胜原文注，黄锦容、黄文宏、内田康译注：《"粹"的构造》，联经出版事业股份有限公司2009年版，第29页。

系脱离相对性，而处于绝对性之中"[1]，以此为前提，"骨气"（或译为"意气""气魄"）与"死心"（或译为"达观"）与"媚态"（或"娇态"）三者的关系是，"武士道的'意气'积极地、全面地反映了'娇态'的本质，而佛教的'达观'则消极地、全面地反映了'娇态'的本质。'粹'是娇态的极致，它从积极以及消极两方面将其二元性绝对化了[2]"。这个关系能够成立，是因为骨气、不服输、较劲儿的紧张感从正向维持了二元性不沦为一元性，同时媚态永远不能达成其一元性的目的，一旦实现媚态就不复存在，在此意义上通过否定的肯定，达观、死心从反向突出了媚态永远不会实现"恋情"所执着追求的合一的现实性。但是，到了《"粹"的结构》阶段"绝对的二元关系"转变为了"能动的二元可能性"，由强调绝对性转而突出其动态性，虽然在《"粹"的本质》中只提及了一次"媚态的动态二元性"，在《"粹"的结构》中也言明"大抵上，所谓媚态在其完整的形式上，必须是异性间二元性动态的可能性来继续维持可能性，而且要被绝对化才行"[3]。但相较于《"粹"的本质》阶段强调二元的绝对性，在突出二元动态可能性的《"粹"的结构》中，契机间的"正—反—合"的辩证关系更加明晰了。"媚态"是第一个契机，奠

---

1 [日]九鬼周造著，彭曦、汪丽影、顾长江译：《九鬼周造著作精粹》，南京大学出版社2017年版，第54页。

2 [日]九鬼周造著，彭曦、汪丽影、顾长江译：《九鬼周造著作精粹》，南京大学出版社2017年版，第56页。

3 [日]九鬼周造著，藤田正胜原文注，黄锦容、黄文宏、内田康译注：《"粹"的构造》，联经出版事业股份有限公司2009年版，第31页。

第二章 作为偶然性问题背景的《"粹"的结构》

定了思考的基调,其原初界定即二元可能性,媚态是对异性的媚态,"粹"最原初的存在样态是异性间的关系,"媚态是一元性的自己对自己设定异性,以便让自己与异性间构成的可能关系所采取之二元性态度"[1],虽然媚态以征服异性为假想目的,伴随目的实现媚态就会消失,但是媚态的强度会随着异性间距离无限趋近而增强,所以为了维持二元性关系,将可能性作为可能性,不陷入异性结合合一后"倦怠、绝望、嫌恶"的疲乏,"媚态的要诀就是尽可能让距离更接近,又不让距离的差距达到极限[2]"。可能性的媚态其实是一种动态的可能性,一种无限趋近而又永远维持其自身作为可能性的二元性结构。奠定原初基调的"媚态"(媚態)是"粹"内涵性结构的"正"的第一个阶段。"骨气"(意気地)立足于日本武士道理想主义,表现的是"粹"的民族性特色。因为异性间二元动态的可能性必须维持,就必须有"骨气"(意気地),这种与他人赌气、较劲儿、不退让的气概,"骨气"作为对异性反抗的强势意识是媚态二元可能性的深层紧张与持久力,媚态作为异性间的二元可能性关系背后始终受到"性欲"一元化合一的压力压迫,必须通过"骨气"反抗,才能将媚态始终作为可能性,保持其"欢乐"的真谛而从欲望的泥潭中跳出来,让一元化始终是"假想的目的",使"媚态"(媚態)避免陷落恋情的认真与虚妄执着,维持其审美趣味,因此"骨气"(意気地)正是"粹"内

---

[1] [日]九鬼周造著,藤田正胜原文注,黄锦容、黄文宏、内田康译注:《"粹"的构造》,联经出版事业股份有限公司2009年版,第30页。

[2] [日]九鬼周造著,藤田正胜原文注,黄锦容、黄文宏、内田康译注:《"粹"的构造》,联经出版事业股份有限公司2009年版,第31页。

涵性结构的"反"的第二个阶段。"死心"（諦め）是立足于对命运的达观、饱经尘世洗练之后的淡然洒脱，命运缘法的脆弱无常，人心的善变难测，因此"'粹'里的'死心'也就是'漠不关心'，是一种经历过难以生存下去的、薄情的俗世洗礼后的畅快老练脱俗的心情，是远离对现实独断的执着后，潇洒、没有留恋、恬淡无碍的心情"[1]。"死心"界定了"粹"的历史性色彩，准确而言是对人世历史现实的超越性色彩，由于佛教主张明心见性以证悟超脱生死轮回的无常假象，这种真理观、时间观决定了其对"历史"现实采取了一种悬置的疏离态度。佛教非现实性的宗教人生观为"粹"提供了超越恋爱现实必然性束缚的自由可能性契机，因为"'粹'无视廉价的现实定律，对实际的生活施加大胆的悬置，一边超然地吸收调和的空气，同时进行无目的且漠不关心的自律性游戏。一言以蔽之，它是为媚态而媚态。恋情的认真与虚妄执着，会因为其现实性和非可能性，而与'粹'的存在相背离。'粹'必须是超越恋情束缚的一种自由的风流心[2]"。因此"死心"正是"粹"内涵性结构的"合"的第三个阶段，"死心"即是对于世事无常的释然、洒脱与豁达，是指超脱了"恋的必然性"诉求与"粹的可能性"审美两者相背离导致的人间情爱幻灭的痛苦与执着。因此，"媚态与死心结合，意味着被命运强求下对自由的归依，以及其可能性的设定也被其必然性所界定，即来自否定的

---

[1] [日]九鬼周造著，藤田正胜原文注，黄锦容、黄文宏、内田康译注：《"粹"的构造》，联经出版事业股份有限公司2009年版，第35—36页。

[2] [日]九鬼周造著，藤田正胜原文注，黄锦容、黄文宏、内田康译注：《"粹"的构造》，联经出版事业股份有限公司2009年版，第39—40页。

肯定[1]"。"来自否定的肯定"就是一种"扬弃",是作为辩证法"合"的契机的核心特质。"命运的强求"指的是恋爱现实性追寻一元化欲求的执着,而被强求归依于自由,是因为只有维持动态可能的二元性才能保有"媚态"这种"粹"的唯美,面对这种"恋的必然"与"粹的美感"之内在张力,只能以"死心"的豁达超脱"命运"归依于个体的自由。对比于《"粹"的本质》阶段从积极、消极两个角度实现"骨气"、"死心"与"媚态"的内在调和,在《"粹"的结构》中三个契机间的"正—反—合"辩证关系是思考深化的整合结果。[2]

"正—反—合"辩证关系的思考方式,不仅相较于《"粹"的本质》阶段深化了《"粹"的结构》中"媚态"(媚態)—"骨气"(意気地)—"死心"(諦め)三个契机的内在关系,也是潜藏在由《"粹"的本质》随文点示的三句话到《"粹"的结构》中完整提出"外延性结构"一个篇章,内在思考方式的支撑。《"粹"的本质》的三句话[一、"在当今普遍的用法中存在一种倾向,那就是在被客观化的情况下使用'粹'这个词,表示意识现象。这其实是一回事。另外,作为

---

1 [日]九鬼周造著,藤田正胜原文注,黄锦容、黄文宏、内田康译注:《"粹"的构造》,联经出版事业股份有限公司2009年版,第38页。

2 九鬼周造在《"粹"的结构》中有明确的"正—反—合"思维框架的直接依据,体现在其关于"涩味"的一条注释,他指出"关于涩味,也可以认为是采取正、反、合形式的辩证法来进行。'莺啼生涩而朴实,离巢小野春晓时'的生涩是滞涩的意思,表示'正'的第一阶段。相对于此,甘味形成了'反'的第二阶段。然后'表面单色、里面有花样'的涩味,也就是视为品味的涩味,是扬弃了甘味的味道,显示出第三个'合'的阶段"。(参见[日]九鬼周造著,藤田正胜原文注,黄锦容、黄文宏、内田康译注:《"粹"的构造》,联经出版事业股份有限公司2009年版,第58页。)

与那意义相反的'缺乏意气''非粹'都被称为'野暮'（俗气）"[1]。
二、"'粹'当中的'妩媚''妖艳''风韵'都是基于这种二元关系而形成的紧张感。所谓的'上品'（高雅）则缺乏这种二元关系"[2]。
三、"这种'达观'是存在于'粹'与'素雅'之间的共通点"[3]] 点示了三个与"粹"相关的意识现象"上品"（高雅）、"野暮"（俗气）、"涩"（涉味），在《"粹"的结构》第三章"'粹'的外延性结构"中，这三个意象衍生为4对儿范畴组成的六面体结构：

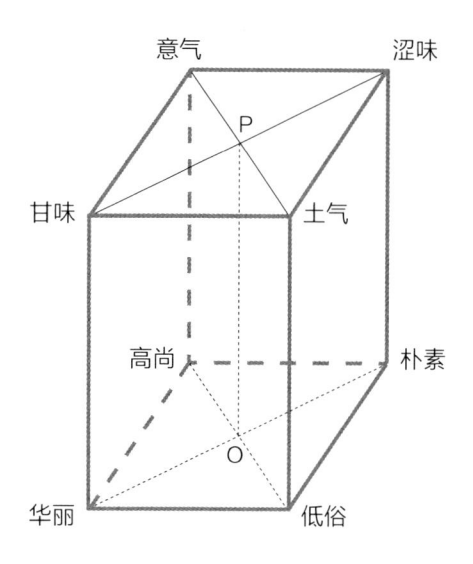

图注："意气"（根据九鬼周造写作的日文原文，"いき"此章对应的日文汉字是"意気"），但为了行文的流畅统一，论述部分仍以"'粹'的外延性结构"表达，也就是仍以"粹"（iki）翻译"いき"，在此通过注解说明：此章"いき"对应的日文汉字有特殊性，也就是说日文原文"いき"的外延性结构就是"'意气'的外延性结构"，也即"'粹'的外延性结构"。

---

1 [日]九鬼周造著，彭曦、汪丽影、顾长江译：《九鬼周造著作精粹》，南京大学出版社2017年版，第54页。

2 [日]九鬼周造著，彭曦、汪丽影、顾长江译：《九鬼周造著作精粹》，南京大学出版社2017年版，第54页。

3 [日]九鬼周造著，彭曦、汪丽影、顾长江译：《九鬼周造著作精粹》，南京大学出版社2017年版，第55页。

第二章　作为偶然性问题背景的《"粹"的结构》

基于人性的普遍性的东西 {
　对自性（价值性的）高尚—低俗
　（有价值性的）（反价值性的）

　（积极的）　　　（消极的）
　对他性（非价值性的）华丽—朴素
}

基于异性的特殊性的东西 {
　对自性（价值性的）意气—土气
　（有价值性的）（反价值性的）

　（积极的）　　　（消极的）
　对他性（非价值性的）甘味—涩味
}

外延性结构提出的意义在于"把'粹'的意义从其他主要类似意义中区别开来。借着跟这些类似意义相比较，作为意义体验的'粹'，不仅在意义上具有客观性，也暗示了它在品味上也能形成价值判断的主体及客体[1]"。将上面的表格与图形结合来看，可以将"粹"作为品味体系的一个环节，在其中领悟它与其他意义的关系。表格与图形的核心区域是一一对应的：图形的顶面即基于人性普遍性的公共圈，图形的底面即基于异性特殊性的公共圈，顶面与底面每一对儿平行的对角线与相应棱柱组成的矩形即对自性价值体系（意气—高尚—低俗—土气）与对他性非价值体系（甘味—华丽—朴素—涩味），这里的"价值性"是指客观明显地被主张，"非价值性"是指停留于主观内只具有暧昧的形态，"对自性"是指价值基准在于事物自身品性上的区别，"对他性"则指自身不具有价值判断，以向他

1　[日]九鬼周造著，藤田正胜原文注，黄锦容、黄文宏、内田康译注：《"粹"的构造》，联经出版事业股份有限公司2009年版，第60页。

者主张力量之有无、强弱为基准,"强"即积极性的对他性,"弱"即消极性的对他性。在这两种公共圈以及两条基准确立的基础上,作为直六面体的8个顶点的8种品味结构化了,"粹"的外延性结构与"粹"类似意义的关系也明晰化了。8个顶点任意两个彼此间都可以形成对立关系,但"正—反—合"辩证关系的思考方式鲜明地体现在"甘味"—"粹"("意气")—"涩味"这组关系中,在另外两组"高尚"—"粹"("意气")—"低俗"、"华丽"—"粹"("意气")—"朴素"关系中,"粹"是折中概念,但并不构成完整意义上的"正—反—合"辩证关系。

完整意义上的"正—反—合"辩证关系表现在直六面体图形函数关系解说里,其实是一种直线性关系:"甘味"—"粹"("意气")—"涩味"在图中沿着这三个点组成的直角三角形非斜边的两条直角边,存在"甘味"—"粹"("意气")—"涩味"三者间往复转化的通路。"甘味"、"粹"和"涩味"是直线性的关系,"粹"就处于由肯定走向否定的通路中间,在此直线性关系中,"粹"可以借由失去"骨气"与"死心"转化为纯媚态的"甘味",反之也可以将"媚态"保持在"为了媚态而媚态""自律性的游戏"阶段,也就是通过"骨气"与"死心"采取"由否定来肯定"的形式永远不让媚态预设的可能的目的实现,以此从"甘味"推移到"粹",当"由否定来肯定"的形式中否定性的存在样态无限增长趋近极限时,"粹"就会成为"涩味"。与此相对,在图中"粹"("意气")并不能居于"高尚""低俗"三点组成的直角三角形直角边交会点,"高尚"加入"媚态"就会成为"粹","媚态"超过一定程度就会变为"低俗","高

第二章 作为偶然性问题背景的《"粹"的结构》

尚"与"粹"都对自性地具有价值,二者的区分在于是否具有"媚态"。"粹"与反价值性的"低俗"共有"媚态",因而"粹"成了"高尚"与"低俗"的折中概念。但是直线地看待三者的关系是续发性衍生的,在存在界定上不是原本性的。这里的"续发衍生"是指如果希望在直六面体中从"高尚"出发经由"粹"运动到"低俗"形成直线式的运动轨迹,需要借助投射阴影等曲折的方式,当然不可否认"粹"在这两组关系中都处于折中过渡概念的地位,尽管意涵的关系有所不同。通过对照可以发现,"高尚"—"粹"("意気")—"低俗"不是直线性的关系,是因为"高尚"—"粹"("意気")之间是以"媚态"有无而断裂区隔的,"粹"("意気")—"低俗"之间是以"媚态"的量渐变的,但是"甘味"—"粹"("意気")—"涩味"之间是通过"粹"内涵的"媚态""骨气""死心"三要素量的动态变化实现可正、可逆双向的转化的。因此"甘味"—"粹"("意気")—"涩味"之间才是直线性的关系。此外,"华丽"—"粹"("意気")—"朴素"的关系就更为稀薄,"华丽"与"粹"内涵的"媚态"相应但与"死心"相排斥,"朴素"与"粹"内涵的"死心"相容却与"媚态"相拒斥,三者之间是交叉互容又排斥的关系,在此"粹"的居中性在于其与"华丽""朴素"各自有所交集又相分殊。

尽管在正文中九鬼周造没有使用"正—反—合"这种关系术语,但是在"甘味"—"粹"("意気")—"涩味"关系的注解中却是明确指出了这层关系:"'粹'(iki)也就是'粹'(sui)的滋味在于'酸'(sui)。姑且不论它们在自然界里的关系为何,在意识的世界里,酸味是位于甘味和涩味中间的。此外,在自然界里涩味经常是表示未成熟

· 067 ·

的味道，但在精神界里却是表示圆熟的品味……关于涩味，也可以认为是采取正、反、合形式的辩证法来进行。'莺啼生涩而朴实，离巢小野春晓时'的生涩是滞涩的意思，表示'正'的第一阶段。相对于此，甘味形成了'反'的第二阶段。然后'表面单色、里面有花样'的涩味，也就是视为品味的涩味，是扬弃了甘味的味道，显示出第三个'合'的阶段。"[1]总之，在《"粹"的结构》中内涵性结构与外延性结构的分殊，由《"粹"的本质》的三句话扩展到《"粹"的结构》中全新提出的"外延性结构"一个篇章，内在思考方式的变革也许并不是整齐划一或者已经被直接言明的，但"正—反—合"的辩证法思想确实若隐若现地体现在九鬼周造修订中文本的丰富、意义范畴关系的细化中，这是难以否认的事实。

以上《"粹"的结构》的"第二章'粹'的内涵性结构"与"第三章'粹'的外延性结构"都是对作为意识现象的"粹"的概念分析与细致刻画，之后"第四章'粹'的自然性表现"与"第五章'粹'的艺术性表现"是对于作为客观性表现的"粹"的论述。从《"粹"的本质》中"三、'粹'的客观化"到《"粹"的结构》"第四章'粹'的自然性表现"与"第五章'粹'的艺术性表现"，是从残篇到完整的内容之丰富，思考的精确化与深邃化自不待言，但本身的思想框架并没有太大改动。《"粹"的本质》"三、'粹'的客观化"虽然缺失了"音乐"部分以下的内容，但是在其中已经提纲挈领地展示了思

---

[1] [日]九鬼周造著，藤田正胜原文注，黄锦容、黄文宏、内田康译注：《"粹"的构造》，联经出版事业股份有限公司2009年版，第57—58页。

第二章 作为偶然性问题背景的《"粹"的结构》

考线索："粹"的客观化,其一是空间性的客观化,即姿势、举止等广义的表情中"粹"的客观化事物表现;其二是作为艺术被客观化的"粹",相对于诗歌、绘画、雕刻这些将体验作为艺术内容客观化的艺术,建筑、音乐、图案这些将体验纯粹作为艺术形式而表现的艺术,在考察"粹"的艺术客观化时更为重要。一些具体场域中表现"粹"的典型事例,"拉下后衣领""平行条纹图案"等已经点示,却没有系统分析。修改后,对于上述两层分殊重新命名为"自然性表现"(身体的表达)与"艺术性表现",各成一章,其中细致繁复地刻画描述固然精辟,纷繁万象层层铺陈却万变不离其宗,作为"粹"的客观表现精髓即是"粹"的质料因媚态的二元性借由一些表象表达出来,同时作为"粹"的形式因的理想主义的非现实性借由另外的表象形式开显出来,这样的客观表现即可称为"粹"的客观表现。而修改真正的理论性的突破在于自觉地明晰"粹"的客观表现与"粹"的意识现象之关系:《"粹"的结构》"第四章'粹'的自然性表现"中,九鬼周造首先明确了能否掌握"粹"的意义,取决于我们是否将"粹"的客观表现建立在"粹"的意识现象上,以领悟其整体的结构。这是因为客观表现本质上说就是意识现象的客观化,"客观可见的二元性设定,在意识现象的'粹'的质料因媚态上具有其基础;另一方面,伴随设定的方法而来的一定特性,则在形式因的'骨气'和'死心'上具有其基础",明确"粹"的客观表现与意识现象两种存在样态的关系是在《"粹"的结构》阶段才自觉厘清的。此外,《"粹"的本质》"三、'粹'的客观化"中的一部分内容在修改后被写入《"粹"的结构》的"结论",是关于客观化的"无意识性"的,目的是论证以"客观性表现"为出发点,采用"形式性的方法"不是诠释文化存在的方法论合宜的态度。九鬼周造指出,无论是体验的艺术性客观化,还是身段及其他自然形式,经常是无意识的创作或展现,个人性或社会性的体验是无意识地但自由地选择其方式实现自我表现的,但是"'粹'的客观性表现要在意识现象的'粹'之上建立基础,才能真正被理解"[1],因为以客观性表现为出发点阐明"粹"会陷入窠臼:仅止于"粹"的抽象性、形式性的理解,无法具体地、诠释地掌握"粹"的特异存在界定。"总而言之,由'粹'的客观性表现的自然形式或艺术形式的理解,开始做'粹'的研究,是几近于徒劳无功的。我们首先要在民族性的具体之中,将意识现象的'粹'的意义诠释性地掌握,然后再根据这个领悟,才能将自然形式及艺术形式所显现的客观性表现适当地理解。一言以蔽之,'粹'的研究只能当作是民族性存在的诠释学才可能成立。"[2]因此,"粹"的客观性表现与作为意识现象的"粹"不能本末倒置,前者必须根植于后者,领悟"粹"的方法在入手处从根本而言必须是日本民族的活生生的存在开显。"客观性表现只不过是'粹'的象征而已,故'粹'的构造并非由自然形式或艺术形式就能理解。相反地,借着转入个人性或社会性意义体验之'粹'的意义,这些客观性形式才被活用、被领悟。要理解'粹'的构造,其可能性存在于在接触客观性表现而探问 quid(拉丁文:什

---

[1] [日]九鬼周造著,藤田正胜原文注,黄锦容、黄文宏、内田康译注:《"粹"的构造》,联经出版事业股份有限公司2009年版,第116页。

[2] [日]九鬼周造著,藤田正胜原文注,黄锦容、黄文宏、内田康译注:《"粹"的构造》,联经出版事业股份有限公司2009年版,第118页。

第二章 作为偶然性问题背景的《"粹"的结构》

么）之前，要先热衷投入意识现象里并探问quis（拉丁文：谁）。"[1]

综上所述，"粹"的民族性问题既是《"粹"的本质》最后部分"四、'粹'的民族性"关切的内容，也是《"粹"的结构》"结论"的最终归依。在《"粹"的本质》阶段九鬼周造直接给出了乐观的结论："这是具有看透人的自由与命运的明亮眼光的民族所采取的存在样式。'粹'的本质意义在于它作为我们民族存在的自我表现之一来被把握，并被完全领会、理解。"[2]但是到了《"粹"的结构》阶段，九鬼周造一方面认为将"粹"的客观性表现还原成作为意识现象的"粹"，厘清了这两种存在样态的相互关系，同时也阐明了意义上的"粹"的结构；另一方面也承认了意义体验上的"粹"与其概念分析之间的背离："分析'粹'之后得到的抽象性概念契机，只不过是指出具体的'粹'的某几个方面而已。虽然'粹'可以分析成个别的概念契机，但是相反地，并不能以分析出来的个别概念契机，来构成'粹'的存在。'媚态'也好，'骨气'也好，'死心'也好，这些概念都不是'粹'的部分，只是契机罢了。"[3]总之，概念分析与意义体验之间有"无法跨越的空隙""不可约分的无尽性"，问题是

---

[1] [日]九鬼周造著，藤田正胜原文注，黄锦容、黄文宏、内田康译注：《"粹"的构造》，联经出版事业股份有限公司2009年版，第114—115页。

[2] [日]九鬼周造著，彭曦、汪丽影、顾长江译：《九鬼周造著作精粹》，南京大学出版社2017年版，第63页。

[3] [日]九鬼周造著，藤田正胜原文注，黄锦容、黄文宏、内田康译注：《"粹"的构造》，联经出版事业股份有限公司2009年版，第113—114页。

"序"中九鬼周造为《"粹"的结构》设立的课题目标是"活的哲学必须是能理解现实的哲学……将现实原封不动地掌握，并将应该玩味理解的体验逻辑性地表达出来"[1]，最初所追求的将体验逻辑性地表达到结论处却发现是无法实现的，因此九鬼周造最终将学问的意义、"粹"的结构理解的意义限定为知性存在的概念性自觉，他说："知性存在者的所有意义，取决于将意义体验引导至概念性自觉这点上，实际价值的有无多寡不是什么问题。而且，我们明确地意识到，意义体验和概念性认识之间存有不可约分的无尽性，并且是将逻辑性表述的现实性视为'课题'，而'无穷'地去追踪。"[2]最终，概念分析、逻辑表述被限定于某种知其不可为而为之的知性存在自觉的努力，这种试图将意义体验表述的"潜能性"转化为现实性概念的努力真的是必要的吗？其可能性与意义问题正是海德格尔对于九鬼周造的问询："对东亚人来说，去追求欧洲的概念系统，这是否有必要，并且是否恰当？"[3]

---

1 [日]九鬼周造著，藤田正胜原文注，黄锦容、黄文宏、内田康译注：《"粹"的构造》，联经出版事业股份有限公司2009年版，第9页。
2 [日]九鬼周造著，藤田正胜原文注，黄锦容、黄文宏、内田康译注：《"粹"的构造》，联经出版事业股份有限公司2009年版，第114页。
3 [德]海德格尔著，孙周兴译：《在通向语言的途中》，商务印书馆2004年版，第88页。

第三节

《"粹"的结构》的民族性问题与"いき"（粹）意味的封闭性

"要理解'粹'的构造，其可能性存在于在接触客观性表现而探问quid（拉丁文：什么）之前，要先热衷投入意识现象里并探问quis（拉丁文：谁）。"[1]九鬼周造的哲学造诣得益于海德格尔哲学颇深，显然这段话是对于海德格尔主张的"如果竟谈得上这种存在者是什么，那么它'是什么'（essentia）也必须从它怎样去是、从它的存在（existentia）来理解"[2]进行的一定意义上的重构与改写，但是这里九鬼周造所关切的探问者quis（拉丁文：谁）并非作为个体性的此在，而是日本民族全体，"粹"（いき）的提出最直接的动力是其对于语言与民族问题的思考。意义、语言与民族的意识性存在之关系不是局部先于全体的机械性拼凑关系，而是由全体界定出局部的有机性构成关系，是民族之活生生的存在创造了意义与语言，而并非意义、语

---

[1] [日]九鬼周造著，藤田正胜原文注，黄锦容、黄文宏、内田康译注：《"粹"的构造》，联经出版事业股份有限公司2009年版，第115页。

[2] [德]马丁·海德格尔著，陈嘉映、王庆节合译，熊伟校，陈嘉映修订：《存在与时间》，生活·读书·新知三联书店2009年版，第49页。

言的集合形成了民族的意识存在，因此"いき"在词源意义上是"活着"（日文：生きる），在最根本的意义上是日本民族存在方式的自我表现。总之，九鬼周造的"语言观"认为一个民族的特殊存在样态会作为某种核心事物，以意义及语言的形式开显自身，所以语言是一个民族的产物，因此他认为"'粹'在欧洲的语言里面只有类似的语词，却无法找到全然等同价值的语词。所以，我们不妨想成所谓的'粹'是东洋文化，甚至可说是大和民族在特殊存在样态下显著的自我表明之一"[1]。

九鬼周造的语言观是寓于其哲学见地整体的，1936年九鬼周造就其哲学见地专门写了一篇题为《哲学私见》的文章，他提出哲学是对一般存在的根本理解，并且是以生存性为通路，哲学对于存在的理解在方式上具有区别于通过宗教、艺术等途径理解、建构存在的独特性，他认为这种特质就在于哲学通过判断来理解存在，哲学以"逻辑判断作为理解存在的中介者，构成哲学的独自性。因此，哲学在其本质上，在某种意义上，决定了其合理主义的命运"[2]。九鬼周造所谓的"合理"就是指通过逻辑判断的形式进行表述，体验存在作为概念必须在内涵和外延上得以阐明，必须在体系中占据位置，在逻辑关联上得到阐明。这一点恰恰是九鬼周造在《"粹"的结构》中所修订的核心部分"粹的内涵性结构"与"粹的外延性结构"意图实现的。这

---

[1] [日]九鬼周造著，藤田正胜原文注，黄锦容、黄文宏、内田康译注：《"粹"的构造》，联经出版事业股份有限公司2009年版，第18页。

[2] [日]九鬼周造著，彭曦、汪丽影、顾长江译：《九鬼周造著作精粹》，南京大学出版社2017年版，第284页。

第二章 作为偶然性问题背景的《"粹"的结构》

种阐明区别于科学作为事实的学问,对存在的片段性理解,而是哲学以符号的阐释学方式对一般存在的根本性理解。这里的符号很明显,就是指语言系统的概念、逻辑判断符号。九鬼周造坚定地反对非合理主义的哲学,他认为"体验存在原原本本地被把握,作为逻辑体系被组织化,哲学才能在那里成立。认为原原本本地把握体验存在和概念性表述不可兼得,那样的人只能放弃哲学"[1]。由此可见,九鬼周造对于"粹"的结构的建构过程,其设定的课题目标,都是基于其哲学见地的一次实践,他以自己的哲学洞识与思想敏锐度在众多日文词汇中选取了"いき"作为大和民族存在样态独特性之开显,对之进行了意识现象(内涵、外延)与客观表现(自然性表现与艺术性表现)两方面的逻辑体系建构。但是正如他所主张的哲学在本质上是探讨生命的,活的哲学必须能理解现实,"哲学必须通过原原本本地看到体验存在,拥护活生生的生命,才迈出第一步"[2],他在这一点上承认哲学可能会包含很多非合理性,并且这一点正是"回到事实本身"这个现象学口号有效性所在。但是,由于九鬼周造固执地坚守概念、逻辑体系的建构,他有意识地遮蔽了这种非合理性在哲学上的可能性。这恰恰为海德格尔所担忧,他认为这非常危险,因为东亚人的此在(Dasein)之存在方式,东亚语言的本质,也许根本不同于西方人及其语言概念系统,东亚人追求欧洲的概念系统也许恰恰遮蔽了自身存

---

[1] [日]九鬼周造著,彭曦、汪丽影、顾长江译:《九鬼周造著作精粹》,南京大学出版社2017年版,第286页。

[2] [日]九鬼周造著,彭曦、汪丽影、顾长江译:《九鬼周造著作精粹》,南京大学出版社2017年版,第286页。

在的独特性，被引向歧途。就如海德格尔所探问的："日本世界所理解的语言到底是什么？更谨慎的问法是：在您的语言中，可有一个词来表示我们欧洲人称之为语言的东西吗？如果没有，那么，您如何经验我们这儿被叫作语言的东西？"[1]事实上，日语是"暧昧"的，不同于西方语言"主语—述语"的基本结构，以及与之相应的"实体—属性"主客二分的认知方式，日语习惯性地缺失主语，带有某种述语中心主义的色彩，这就会自然而然地关注事物作为事物本身究竟如何，这就有别于西方语言"主语—述语""实体—属性"清晰框架下可以进行严密逻辑分析的特点，从而为"暧昧"不清的模糊性留下了充裕的空间。正如手冢富雄所言："如果一次对话听任真正的意思之不确定，甚至把真正的意义隐藏到不可确定的东西之中，这对于我们日本人来说是无可诧异的事情。"[2]具体而言，日语的语言结构已经完全摆脱了西方语言的框架，根据时枝诚记的研究，日语的"文"（句子、判断）是由"词"与"辞"构成的，"词"就是名词、动词、形容词、副词这类表示具体现象、概念化了的词语，"辞"就是接续词、感动词、助动词、助词这类未经历概念化过程，直接表达说话者的情感或判断的词语。时枝诚记认为"词"与"辞"的关系是："辞"是包容"词"的形式，也即是针对"词"这种客观存在，"辞"作为表现说话者心情的存在被附加进来，由此构成"文"。更形象地表达的话，

---

[1] [德]海德格尔著，孙周兴译：《在通向语言的途中》，商务印书馆2004年版，第110页。

[2] [德]海德格尔著，孙周兴译：《在通向语言的途中》，商务印书馆2004年版，第98页。

第二章 作为偶然性问题背景的《"粹"的结构》

"词"与"辞"就是出于"抽屉"与"抽手"的关系,"抽手"并非单纯的附属品,而是依靠"抽手"(即说话者的情感或判断)将"抽屉"(即客观叙述的内容)悄然抽出或者强力抽出。在此意义上,"抽手"反而具有支配性的作用。[1]这种特点使日语表达关注的是:对象究竟是怎样被自我把握的,作为把握者的情感或态度是怎样的,而不是西方语言系统所呈现的主客二分式的认知性特点。可以说,九鬼周造规避非合理性的哲学逻辑系统的建构努力,恰恰遮蔽了日语以及日本民族的存在样态之独特性,这种吊诡,本试图彰显日本民族的特殊存在样态,却由于选取了欧洲语言内嵌的逻辑分析方式反而遮蔽了东方世界最根本上区别于西方世界的特质,这就是海德格尔不断对日本学者表达其诧异之处:何以日本人不去沉思自己的思想所具有的令人敬畏的开端,而总是愈来愈骛奇,去追逐时下最新的欧洲哲学思潮?[2]

对于海德格尔的诧异,也许我们可以从九鬼周造身处的时代背景及其民族使命感加以理解。九鬼周造无疑是一个具有民族使命感的哲学家,但是他的"民族性"范畴是怎样的呢?在1937年发表于《思想》的《日本特色》一文中,九鬼周造思考了如何完成日本国民的世界史使命这一问题,九鬼周造洞见到了所处时代的历史性危机:当今时代,日本文化主要可以针对西洋文化来思考。因为日本特色是指日本文化浮现出来的究竟是怎样的这种现实问题,必须从日本文化是针

---

[1] 林美茂、郭连友主编:《日本哲学与思想研究》,中央编译出版社2015年版,第8页。

[2] [德]海德格尔著,孙周兴译:《在通向语言的途中》,商务印书馆2004年版,第125页。

对什么而言这个维度加以考量。九鬼周造所处的西学东渐大背景，日本国民精神的自觉要针对西方文化而言，但是日本文化又是以整个东洋为背景的，因为九鬼周造并非一个国粹主义者，他承认早在德川时代日本文化已经融合了中国的儒教以及印度的佛教思想，已无法脱离东洋文化的背景，"即便现在，似乎也有人一味排斥汉学或者汉字，思考'大和心'那样的东西，毋宁说那是受到了抽象理念的束缚，我觉得当今我们在思考日本文化时，必须思考摄取了印度文化和中国文化，并将那些融为一体的日本文化"[1]。九鬼周造反对抽象地直接照搬外来文明的无效观念形态，但承认外来文化与日本文化的融合契机，尽管这种契机的根基在于日本自身，也就是说日本文化会自主发展、自我创造地摄取适合自己的外部文化并发展壮大，同化外来要素，而不仅仅机械地嫁接舶来品。他以质料与形式的关系思考日本文化与外来文化的关系问题，认为"形式不是从外部强加在质料上，而是质料当中原本就蕴藏着形式，它自然而然地发展，在进行自我创造的同时从外部摄取适合自己的东西"[2]，由此可见，他处理日本特色与世界特色的基准是将"传承与生长"作为日本文化生存的核心，他的使命感是立足于日本主义立场，继承先祖遗风的同时，必须对外国文化显示一定度量，努力使日本主义成为"天地的公道的基石"。正是由于九鬼周造的"民族性"范畴对于"生长性"的承认，他努力学

---

[1] [日]九鬼周造著，彭曦、汪丽影、顾长江译：《九鬼周造著作精粹》，南京大学出版社2017年版，第381页。

[2] [日]九鬼周造著，彭曦、汪丽影、顾长江译：《九鬼周造著作精粹》，南京大学出版社2017年版，第386页。

第二章 作为偶然性问题背景的《"粹"的结构》

习西方哲学的逻辑体系建构方法，以这种形式重新思考、建构本国文化，但是这一次"质料与形式"的内在联系他却没有真正在根源上进行反思，这一次外来文化与日本文化的融合契机其根基是否存在于日本人的语言以及存在方式自身，九鬼周造并未加以省察，而是直接作为不证自明的前提加以使用。也就是说日本人血液中流淌着的活生生的存在样态，日本语言结构中内含着的意味，也许并不能通过《"粹"的结构》所追求的课题目标"将体验逻辑性地表达"来开显，这里正潜藏着海德格尔所担忧的南辕北辙的风险。也许真相恰如西田几多郎界定的更纯粹的"民族性"范畴，"只要哲学拥有我们的生命的逻辑的自觉的意义，它就必须是民族的。英国拥有英国的哲学，德国拥有德国的哲学，法国必须拥有法国的哲学。"[1]日本有日本的哲学，中国有中国的哲学，对于作为思考之载体的语言，以何种语言存在是一个民族的宿命，在没有洞彻自身文化根源性命运，或者说民族"言说"方式的本质特性的前提下，贸然将之与外来文化的"共通性"作为潜在前提，直接借由异质文明形态实现本民族文化的自觉是极度危险的。

通过《从一次关于语言的对话而来——在一位日本人与一位探问者之间》记载的手冢富雄与海德格尔的对话我们可以了解，尽管九鬼周造是希望实践海德格尔的解释学方法阐释"いき"，但"いき"的意味在根本上对于深谙这种方法论的海德格尔而言却是封闭的，海

---

[1] 林美茂、郭连友主编：《日本哲学与思想研究》，中央编译出版社2015年版，第4页。

德格尔说："他（九鬼周造）确实能用欧洲语言来表达所探讨的事情。但我们探讨的是'粹'。那时候，日本的语言精神对于我是完全锁闭的，而且今天也还是这样。"[1]手冢富雄也一再表示"'粹'——一个直到现在我还不敢翻译的词"[2]，对"いき"的任何德语言说都先在地被强行纳入欧洲语言的表象领域，本域经验的东方世界立刻"言语道断"式地被遮蔽了，对于这层语言表述与直观体验之间的障碍海德格尔有一处精巧的细节描述："九鬼伯爵偶尔也带他的夫人一道来，他夫人往往着一套华丽的日本和服。东亚世界于是愈加熠熠生辉，而我们的对话的危险也变得更显赫了。"[3]真正让外国人开始领悟接近的"いき"的恰恰是九鬼周造坚持认为不能作为出发点的"いき"的客观性表现：自然形式与艺术形式的表现。他所担心的抽象性与形式性陷阱也许并不在于以客观性表现为出发点阐明"いき"，反而在于以西方的逻辑概念体系方式阐释"いき"的结构。从根本上说，东方哲学的建构方式，通达东方世界的途径，东方哲学开显的内容，作为问题未从根本上被反思，也就未能实现九鬼周造所希望的"针对西洋文化来思考"的独树一帜性，反而陷入了"借由西洋文化来建构"的更深一层的遮蔽当中。

---

1 [德]海德格尔著，孙周兴译：《在通向语言的途中》，商务印书馆2004年版，第89页。

2 [德]海德格尔著，孙周兴译：《在通向语言的途中》，商务印书馆2004年版，第131页。

3 [德]海德格尔著，孙周兴译：《在通向语言的途中》，商务印书馆2004年版，第89页。

第二章 作为偶然性问题背景的《"粹"的结构》

由此可知，由于九鬼周造对于"哲学"与"民族性"这两个基石性的概念赋予的他自己的见解仍有不到位之处，东方世界的大门仍旧是若隐若现地留待后学探索接近它的通路，但是这并不意味着九鬼周造在哲学上的努力是徒劳无功的，因为如前所述到了《"粹"的结构》阶段，九鬼周造一方面认为将"粹"的客观性表现还原成作为意识现象的"粹"，厘清了这两种存在样态的相互关系，同时也阐明了意义上的"粹"的结构，另一方面也承认了意义体验上的"粹"与其概念分析之间的背离："分析'粹'之后得到的抽象性概念契机，只不过是指出具体的'粹'的某几个方面而已。虽然'粹'可以分析成个别的概念契机，但是相反地，并不能以分析出来的个别概念契机来构成'粹'的存在。'媚态'也好，'骨气'也好，'死心'也好，这些概念都不是'粹'的部分，只是契机罢了。"[1]总之概念分析与意义体验之间有"无法跨越的空隙""不可约分的无尽性"，他已经触及了概念性自觉对于东方世界的隔膜，只是他坚定地不放弃概念自觉，认为"知性存在者的所有意义，取决于将意义体验引导至概念性自觉这点上，实际价值的有无多寡不是什么问题。而且，我们明确地意识到，意义体验和概念性认识之间存有不可约分的无尽性，并且是将逻辑性表述的现实性视为'课题'，而'无穷'地去追踪[2]"。这一切坚持

---

[1] [日]九鬼周造著，藤田正胜原文注，黄锦容、黄文宏、内田康译注：《"粹"的构造》，联经出版事业股份有限公司2009年版，第113—114页。

[2] [日]九鬼周造著，藤田正胜原文注，黄锦容、黄文宏、内田康译注：《"粹"的构造》，联经出版事业股份有限公司2009年版，第114页。

与固守都是基于其哲学见地,对于他而言"哲学是对一般存在的根本性理解,而且是以生存性为通道"[1],这个"通道"更为具体的含义就是他理解存在的哲学框架——存在的4种样态:必然的存在、可能的存在、不可能的存在、偶然的存在;存在的4种形态:现实、非现实、实在性(有)、虚无性(无)。对于九鬼周造而言辨别这8种存在相的相关性就是从根本上理解一般存在的基础,由此可见,九鬼周造的偶然性哲学在根本上采取的路径、方法仍是西方哲学的范畴体系与逻辑系统的建构。如前所述,九鬼周造正式提出偶然性问题是在1929年于大谷大学发表的题为"偶然性"的演讲,这发生于在巴黎初步写就《"粹"的本质》与大量修改后更名为《"粹"的结构》之间,也就是说,偶然性问题的提出是伴随着从《"粹"的本质》到《"粹"的结构》这一演变发生的。经过旅欧期间的多年思考与回国后的修订,1930年发表的最终稿《"粹"的结构》已经开始显露偶然性哲学的基本理路雏形,可以作为九鬼周造哲学中处于"前偶然性哲学"阶段的思想:第一,以"存在领悟"代替"本质直观"的方法论转向,是以具体性、事实性、特殊性的存在领悟代替作为抽象普遍性的种概念、类概念,这实质上就是偶然性的第一种样态"定言的偶然"所表现的超出一般概念规定的"个物以及个别事象",例如"四叶的三叶草"就属于这种具体特殊的个例;第二,作为"粹"的质料因、奠定其原初基调的媚态二元性由"绝对的二元关系"修订为"动态的二元

---

[1] [日]九鬼周造著,彭曦、汪丽影、顾长江译:《九鬼周造著作精粹》,南京大学出版社2017年版,第287页。

第二章 作为偶然性问题背景的《"粹"的结构》

可能性",并将媚态的要诀规定为无限趋近却永不能达到合一的极限关系,这种既同时保有存在与非存在的可能性,又承认无限趋近的可变动极限思想,正是《偶然性的问题》中九鬼周造推演出的第三种模态体系中可能性无限趋近于必然,偶然性无限趋近于不可能性的有、无交互运动的一种具体表现;第三,"いき"作为一个日语词汇的词源意义是行为方式(行き方)或生存方式(生き方),九鬼周造的《"粹"的结构》研究的是日本民族的特殊存在方式,而"粹"最原初的存在样态是异性间的二元关系,经诠释拓展到自他二元关系,"媚态—骨气—死心"都是以二元关系为前提的意识现象,偶然性问题的根本意义即针对作为一者的必然性来规定他者,因为必然性从本质而言就是一者的同一性,偶然性却是一者与他者的二元邂逅。总之,"粹"的相关思想是九鬼周造基于其"哲学见地"与其对于"民族性"问题的理解进行的理论实践,既是他学习西方哲学尤其是胡塞尔、海德格尔现象学方法论后进行的一次东方式哲思应用产生的成果,又为他展开自身偶然性哲学建构进行了思想铺垫与前期准备,因而《"粹"的结构》是具有"前偶然性哲学"性质的思想。

第三章 偶然性问题的形而下样态与形上学理据

九鬼周造表面上是在建构偶然性的逻辑体系与形上学理论，实质上却是在尝试重构一种存在论哲学。九鬼周造偶然性哲学的基本框架是从逻辑学、经验界以及形上学三方面论述"偶然性的问题"。外在地依据文章章节而言，如同本书第一章引入的那样，《偶然性的问题》全书分为五部分：序说，第一章定言的偶然，第二章假说的偶然，第三章析取的偶然，结论。其中"序说"最为重要，奠定了整部书的框架，这部分探讨了三个问题：一、偶然性与形而上学；二、必然性的本质与其三种样态；三、偶然性的三种样态。"序说"部分提示的两个重要问题：其一，必须明确九鬼周造的偶然性哲学问题的形而上学性。这个问题是触及实存的核心问题，偶然性的问题是形上学的问题，既不是数学概率问题，也不是量子力学的不确定性原理。其二，偶然性是相较于必然性提出的，从而偶然性的三种样态也是由必然性的本质及样态推导而来的。在"序说"奠定了全书基调后，中间的三章内容是对于"偶然性的三种样态"的具体展开，而最后得出的"结论"，包括两方面的内容：一、偶然性的核心含义；二、偶然性的内面化，这是在具体论述后对于"序说"揭示问题的回归与深化。深入内在理路探索的话，《偶然性的问题》可以划分为两部分：一、对于"偶然性"范畴的逻辑系统建构；二、将逻辑分析最终落实于人实际生存的命运、审美艺术等存在境遇，并升华至形上学高度。以下将依据《偶然性的问题》之内在理路，剖析其书各章节之问题。

从"序"之"偶然性的三种样态"中我们知道，九鬼周造将偶然性对应于必然性的三种样态："定言的必然""假言的必然""析取的必然"，从而偶然性的三种样态分别是逻辑的偶然——定言的偶然、经验的偶然——假言的偶然、形上学的偶然——析取的偶然。"定言的偶然始终是逻辑学上的概念性的见地；假言的偶然是关于在经验界中的因果性而显著地被表现；析取的偶然是相对于形上学的绝对者特别地浮出表面的。"[1] 在此，九鬼周造虽然承认逻辑的偶然、经验的偶然、形上学的偶然不失为一种命名方式，但是由于坚持认为偶然性在其根源上从属于逻辑学的模态性，所以，九鬼周造认为"这种通用的命名法严格来讲并不恰当[2]"。下文中他依旧将偶然性的问题分为定言的偶然、假言的偶然、析取的偶然三项分别考察。但是根据小浜善信先生的注释，九鬼周造并没有完全放弃"逻辑的偶然"、"经验的偶然"和"形上学的偶然"这种表达方式，因为在《偶然性的问题》出版之后写作的"惊异之情与偶然性"（1938年11月在京都哲学会进行的公开演讲，1939年2月发表于《哲学研究》），九鬼周造依旧使用了这种分类表达方式。"逻辑的偶然"、"经验的偶然"和"形上学的偶然"较之于"定言的偶然""假言的偶然""析取的偶然"这种命名方式反映的问题实质是：偶然性的三种样态之内在关系并不是简单的并列关系，"定言的偶然"与"假言的偶然"实质上处理的是作为逻辑界、经验界"形而下的偶然性问题"，对于二者的论述是一种逻辑系统的建构，只有对于"析取的偶然"的论述是真正建构了对于一般存在的根本理解的存在论结构，处理的是必然、可能、不可能、

---

[1] 九鬼周造『九鬼周造全集』（第二卷）岩波書店、1990年（第二刷）、16~17頁。

[2] 九鬼周造『九鬼周造全集』（第二卷）岩波書店、1990年（第二刷）、17頁。

偶然、现实、非现实、实在性（有）、虚无性（无）8种存在相的模态体系问题，至此才开始真正触及面向"无"的作为"形而上的偶然"的问题。鉴于处理问题形上、形下层级的不同，本章对"偶然性的三种样态"分而论之。

第一节

作为形而下样态的偶然性问题之逻辑系统

偶然性问题的形而下样态是指从属于逻辑学与经验界的"定言的偶然"与"假言的偶然"这两种样态，在哲学见地意义上，前者实质上反映的是九鬼周造坚持的唯名论立场及其对于个体存在的重视，后者在本质上反映的是九鬼周造以"偶然性"为契机在历史哲学层面上对经验界进行的逻辑系统建构。

九鬼周造将"定言的偶然"规定为相对于一般概念而言的个体以及个别事象。对于"定言的偶然"，这种逻辑界的偶然，九鬼周造是利用康德关于"分析判断"与"综合判断"的论述加以分析的。分析判断的基础是同一性，这种同一性内蕴着必然性，综合判断的根基中却潜藏着偶然性，因为综合意味着脱离自我同一与他者的偶然遇合，这种结合具有可变性。具体而言，"康德在《纯粹理性批判》中说道：'分析性的判断（肯定的）是依据同一性将述语与主语相结合的思维'（B.10），还在《逻辑学》中说道：'所谓分析性的判断，是其确实性奠基于概念的（述语与主语的观念间的）同一性的命题'（Kant，Logik，hrsg.v.J sche，3.Aufl.，§36）。也即是，所谓分析性的判断是在同一性中被把握的概念，在同一性内进行分析，而非其他。'全部物体都有外延'这个命题主张的是，如果'物体'概念是a×b的话，那么其概念内部就包含着外延b。从而，在以同一性为基础的限制下，我们'能够意识到这种判断的必然性'（《纯粹理性批判》B.12）。"[1]与此相对，"所谓综合性的判断，述语与谓语的结合是'不具备同一性而被思维者'（B.10），'全部物体都有重量'主张的是作为物体概念的a×b与引力c相结合。从而，作为述语的c是与概念a×b某种程度上区别之物，在此条件下，重量与物体的结合'仅仅是偶然的'。总的来说，综合是脱离了自我同一，偶然地与他者遇合，从而存立的意思。"[2]所以，述语与主语以同一性为基础的分析判断具有必然性，反之，"经验性的综合判断"具有偶然性。已经包含在主语概念本身中的本质性的表征是必然性表征，非本质性表征就是偶然表征，"定言的偶然"正是这种偶然表征的偶然性。但是作为偶然的表征，定言的偶然无关于普遍同一性的包摄机能，是对"常常""几乎总是"的否定，从而具有"某种时刻"或者"稀有地"这

---

[1] 九鬼周造『九鬼周造全集』（第二卷）岩波书店、1990年（第二刷）、23頁。

[2] 九鬼周造『九鬼周造全集』（第二卷）岩波书店、1990年（第二刷）、24頁。

种属性，由此出现了一种"事物的本质性定义、法则"与"个体、个物的例外性或作为孤立的事实"之间的张力。这引发了个物与种或类的关系问题："一般而言，对于定言的偶然之存在的这种疑问是，意味着对于各个事实以及个物的存在的疑问。对于个物之存在的疑问是：为何在类或种之外，存在着个物？从而这个问题最终是对于存在自身的追问。这是因为，如果被赋予的种在其自身之内不包含个物的话，种自身就成了个物，相对于类而存在。这个类又通过否定其自身内的特殊，自身成为个物，从而相对于更高层级的类而存在。如此这般，一直追溯到'最高类'。从而，仅思考否定个物的最高类之存在，这是一种空虚、抽象的思维方式而已。"[1]总之，"定言的偶然"所言说的个体的存在是外在于同一性的偶然例外的孤立事实。进一步追问的话，偶然性的表征作为例外是否威胁到了一般概念？九鬼周造认为"容许例外的一般概念，不是固定的、静止的，毋宁说是作为生成的、动态者向着一般概念运动着[2]"。所以，一般概念与个体实存之间具有某种运动，个体具有跳脱于逻辑的非公约性，在此存在着例外的可能性。对于一般与个体之间的关系，九鬼周造援引黑格尔的观点加以补充："一方面，法律及司法包含偶然性。这是因为，法律既是一般性的规定，又必须被适用于每一个场合。如果对偶然性采取

---

[1] 九鬼周造『九鬼周造全集』（第二卷）岩波書店、1990年（第二刷）、39頁。

[2] 九鬼周造『九鬼周造全集』（第二卷）岩波書店、1990年（第二刷）、40頁。

第三章 偶然性问题的形而下样态与形上学理据

反对的态度的话，就变成主张一种抽象了。"[1]（Hegel, Grundlinien der Philosophie des Rechts, hrsg.V.Lasson, 1911, S.341）为了更形象地阐明，九鬼周造借用了布特鲁的比喻："所谓法则是事实的急流流过的河床。事实虽然依从河床而行，本来却是事实使河床凹陷。"（Les lois sont le lit où passe le torrent des faits: ils l'ont creusé, bien qu'ils le suivent.）（Boutroux, De la contingence des lois de la nature, 9e éd., p.39）[2] 由此可见，"定言的偶然"在本质上反映的是九鬼周造坚持的唯名论立场。九鬼周造第一次表明其唯名论立场是在《"粹"的结构》中，他将柏拉图的回忆说做出了倒逆性的转换："应该被回想的，并不是如柏拉图式实在论所主张的类概念之抽象的一般性，反而必须是唯名论所倡导的个别性特殊"[3]，"我们在理解'粹'之时，也必须要有被视为异端分子的觉悟，要将'universalia'的问题推往唯名论的方向去解决。也就是说，我们不能将'粹'单纯地视为种概念处理，不可追求的'本质直观'"[4]，所以"定言的偶然"对个体实存的彰显与唯名论的契合，正是我们在第一章提出的《"粹"的结构》之方法论问题为偶然性问题的提出所做铺垫之具体表现。

---

1 九鬼周造『九鬼周造全集』（第二卷）岩波書店、1990年（第二刷）、41頁。

2 九鬼周造『九鬼周造全集』（第二卷）岩波書店、1990年（第二刷）、41~42頁。

3 [日]九鬼周造著，藤田正胜原文注，黄锦容、黄文宏、内田康译注：《"粹"的构造》，联经出版事业股份有限公司2009年版，第121页。

4 [日]九鬼周造著，藤田正胜原文注，黄锦容、黄文宏、内田康译注：《"粹"的构造》，联经出版事业股份有限公司2009年版，第20页。

如果我们换一个维度追问，例如"夏季伏天时寒冷""四叶的三叶草""二头一身蛇"这些个别事实与一般概念之间矛盾所表现出的"定言的偶然"，我们会发现这些特殊孤立事实的发生是有原因的，诸如太阳黑子活动对于气候的影响、风沙对于三叶草生长状态的影响、细胞孕化分裂方式对于两头蛇的影响等。由此，我们就从概念性的问题过渡到了理由性的问题，也就是从定言的偶然问题过渡到了假言的偶然问题。

对于假言的偶然问题，首先用一个图对其内部分类加以说明：

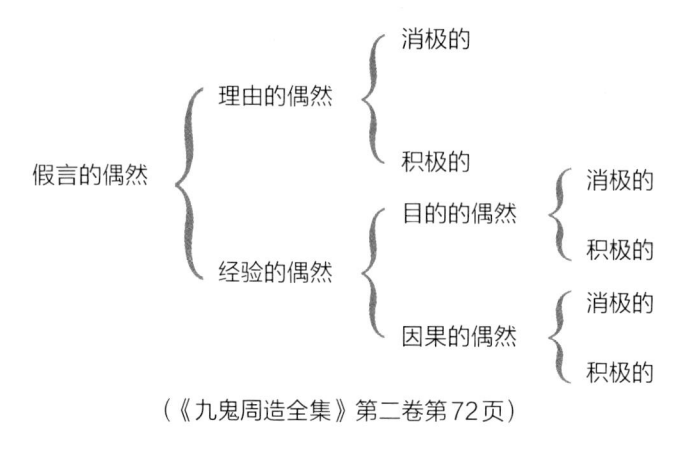

$$
\text{假言的偶然}\begin{cases}\text{理由的偶然}\begin{cases}\text{消极的}\\\text{积极的}\end{cases}\\\text{经验的偶然}\begin{cases}\text{目的的偶然}\begin{cases}\text{消极的}\\\text{积极的}\end{cases}\\\text{因果的偶然}\begin{cases}\text{消极的}\\\text{积极的}\end{cases}\end{cases}\end{cases}
$$

（《九鬼周造全集》第二卷第72页）

九鬼周造对于偶然性问题的研究，是按照由主观逐渐向客观过渡的，定言的偶然与理由的偶然都是在纯逻辑的维度存在的偶然，由逻辑构造中的偶然过渡到经验界的偶然，其中目的的偶然又较之因果的偶然更具主观性，因为前者属于精神哲学的领域而后者属于自然哲学的领域，因而九鬼周造先研究目的的偶然再向因果的偶然过渡。如果说，上面的图表是假言的偶然内在类别样态关系的直观说明，那么在《偶然性的问题》结论部分的总结，就是有关于"假言的偶然"之

第三章 偶然性问题的形而下样态与形上学理据

三种样态关系的文字性陈述："相对于理由性的假言命题之构造所具有的同一必然性，假言的偶然是这种构造之外的某种存在所揭示的偶然性。在纯逻辑的范围内，是作为理由性的偶然被表现的，在经验界中，则以理由的偶然的应用的形式，作为目的性的偶然与因果性的偶然来表现。"[1] 九鬼周造在这里所界定的就是，假言的偶然的三种样态：逻辑界的理由的偶然，经验界的因果的偶然及目的偶然。在这里所谓的"理由性的假说的构造所具有的同一必然性"，指的是莱布尼茨在《第一真理》中所揭示的，将理由性还原为同一性的可能性。充足理由律先天地被证明的真理性，正是根据理由律演绎的有效性，而有效性的合理性又是奠基于前件与结论的内在同一性。因此，理由性的假说之成立，最终是奠基于同一必然性的。而假言的偶然正是对此同一必然性的消解与逆动。

假言的偶然的这三种样态各自又进一步区分为消极的偶然和积极的偶然，由此就总共有了6种假言的偶然。九鬼周造分别给了消极、积极一个界定："消极的偶然是关于一个事象的理由性、因果性、目的性之非存在被消极地发现这一情形，而积极的偶然则不仅发现了两个或两个以上的事象之间理由性、因果性、目的性的假说性的必然关系的非存在，而且更进一步积极地发现到了某些其他关系的存在。"[2] 至于消极的偶然与积极的偶然之间的关系：首先，通过其积极性，积

---

[1] 九鬼周造『九鬼周造全集』（第二卷）岩波書店、1990年（第二刷）、252頁。

[2] 九鬼周造『九鬼周造全集』（第二卷）岩波書店、1990年（第二刷）、252~253頁。

极的偶然相对于消极的偶然,表现了更为显著的偶然性;其次,消极的偶然之根底处,必然存在着某种积极的偶然。不仅如此,积极的偶然具有相对性的偶然之性格,就此而言,它显示出了"一序列同其他序列之邂逅"这一结构,此正是假言的偶然的核心意义之所在。经验性的核心内涵是时间性,"一序列同其他序列之邂逅"是在时间中的邂逅。九鬼周造指出:"作为从属于经验界的偶然,目的的偶然和因果的偶然能够被称作经验性的偶然;而基于它们是经验性的偶然,它们就具有时间的契机。经验的积极的偶然是在时间内邂逅者。"[1]对于这里涉及的时间性的问题,九鬼周造分为同时性与继起性两种情况加以讨论,继起的偶然是以同时的偶然为基础的,从而偶然邂逅的时间性在根本上是同时性,而同时性又内设着空间性,他写道:"其中虽然存在着同时的偶然和继起的偶然两种情况,但后者却能够还原为前者。而同时性又同空间性相关联,在此限定下,经验界中偶然的核心意义就不得不采取'在此场所、此瞬间之邂逅'这一'历史的非合理性'的形式。"[2]九鬼周造的偶然性哲学才是真正的历史哲学,他认为以可能性为导向的哲学常局限于实践哲学的领域,以必然性为最终追求的哲学常面临与自然科学相随的危险,只有以偶然性为起点才能展开真正的历史哲学,因为"偶然性在历史的一次性中惊异地被

---

[1] 九鬼周造『九鬼周造全集』(第二卷)岩波書店、1990年(第二刷)、253頁。

[2] 九鬼周造『九鬼周造全集』(第二卷)岩波書店、1990年(第二刷)、253頁。

给予"[1],"一次性"就是此场所、此瞬间的邂逅,所"惊异"的就是"非合理性",历史中有理性的观点预设了历史为终极目的所支配,所以历史的非合理性奠基于时间、空间的"一次性"限定,单纯事实的非合理性是以此限定为背景将偶然性以现象的形式呈现出来。由此可见,"假言的偶然"在本质上反映的是九鬼周造以"偶然性"为契机在历史哲学层面上对经验界进行的逻辑系统建构。

"理由的偶然"名称源自这一偶然是针对"充足理由律"而言的,传统逻辑的基本规律,一般而言,主要有矛盾律、同一律、排中律以及莱布尼茨提出的充足理由律。在本质上,莱布尼茨将矛盾律、同一律与排中律归为一类,从而推理有两大原则:(1)矛盾原则,包含矛盾为假,与假相对立或相矛盾为真;(2)充足理由原则,任何事如果是真实的或实在的,任何陈述如果是真的,就必须有为何如此的充足理由,虽然这些理由常常不能为我们所知。与之相对就有两种真理:推理的真理和事实的真理。推理的真理是必然的,其反面是不可能的;事实的真理是偶然的,其反面是可能的。当一个真理是必然的时候,我们可以用分析法找出其理由,将它归结为更单纯的观念和真理,直到原始的真理。充足理由存在于偶然的真理或事实的真理之中,亦即存在于散布在包含各种创造物的宇宙中的各个事物之间的联系中,对特殊理由的分析是可以达到无穷的细节的。但是最终,莱布尼茨将"充足理由律"的必然确定性奠基于上帝,他说:"所以事物

---

1 [日]九鬼周造著,彭曦、汪丽影、顾长江译:《九鬼周造著作精粹》,南京大学出版社2017年版,第288—289页。

的最后理由应当在一个必然的实体里面,在这个实体里,变化的细节只是卓越地存在着,和在源泉中一样,而这个实体就是我们所谓的上帝。这个实体乃是全部细节的充足理由,而这种细节也是全部联系着的;只有一个上帝,并且这个上帝是足够的。"[1]如果不承认上帝作为终极理由的保障,偶然真理或事实真理的真理性就失去了根基,因此莱布尼茨在《第一真理》残篇中另辟一路径,揭示了将理由性还原为同一性的可能性在于,谓语总是内在于主语之内,结论总是内在于前提之内;而内在(inesse)其实便是同一(idem esse)。理由性最终还是奠基于同一性之中,但是,如果理由与结论的同一性出现了断裂,这种理由的必然性,也随即消散为"理由的偶然"。依照前面消极、积极的划分,消极地发现理由之非存在,即理由的消极偶然。与此相对应,积极地发现在两个或两个以上的事物之间缺乏理由性,同时存在着某种其他关系,就是理由的积极的偶然。对于前者,九鬼周造给出的定义是缺乏充足理由的精神性产物,例如不合于理的"梦"、"疯癫"以及"艺术创作"。这些完全是没有根底、无以为凭的理由之非存在,也即理由的消极的偶然。而理由的积极的偶然,缺乏依从理由性而来的必然关系,同时被发现的其他积极关系,九鬼周造列举了三个例子,分别是圆周率、姓名占卜以及语言的音韵关系。在此,我们选取一个典型事例加以分析:寺田寅彦在《万华镜》里曾写道:"在一步一步地学习英语与德语的过程中,常常遇到与日本语发音接近的

---

[1] 北京大学哲学系外国哲学史教研室编译:《西方哲学原著选读》(上卷),商务印书馆2005年版,第483页。

同义语。虽然我想这是偶然的，但是要证明这全部是偶然的暗合也并不容易。"寺田寅彦随后列举了"beat"（英文：击打）与"butu"（日文：打つ，意谓击打）、英文"new"与"nii"（日文："新"的读音"にい"，写作罗马字即nii）等一系列的难以解释的英文与日文间不仅发音近似而且含义相同的巧合，这就是一种"理由的积极的偶然"，因为并没有一个共通的理由、根据来解释二者之间的关系，同时二者之间确实被我们发现了某种巧合关系。当然，九鬼周造一直对于关于音与音的偶然邂逅的音韵学具有浓厚的兴趣，所以他在这里特别也举了日文中"神""上""髪"这三个日文汉字在日语里发音相同，均为かみ（kami），却可以找寻到某种理由根据：三者均是在头部上方，且具有应被尊重的内涵，当我们能为这种巧合提供某种解释、理由，就不能称之为"理由的积极的偶然[1]"。这可以看作九鬼周造就同类问题，从反面来明晰何谓"理由的积极的偶然"这一概念。

如果说"理由的偶然"是突破作为结论而根据理由被规定的关系之必然性，"目的的偶然"就是突破作为手段而根据目的被规定的关系之必然性，"因果的偶然"就是突破作为结果而根据原因被规定的关系之必然性。承前所述，充足理由律可以还原为同一律，九鬼周造认为理由性与原因或目的的区分在于，前者是逻辑范畴的认识理由，后者是经验界的实在理由，所以因果律作为经验界、时间内适用的实在理由，也可以还原为同一律。而目的手段之间的关系是广义的因果

---

[1] 九鬼周造『九鬼周造全集』（第二卷）岩波書店、1990年（第二刷）、58頁。

关系，只不过结果相对于原因是后来者，但目的却是相对于手段优先被考量的，因此可以说目的手段关系是颠倒的因果关系。从而因果性、目的性与理由性一样将其必然性奠基于同一性之上。那么目的的偶然与因果的偶然，就是对于这种同一必然性的否定，所以目的的偶然就是否定目的必然性，因果的偶然就是否定因果必然性。

如下图所示，在垂直方向上，"因果的必然与目的的必然之结合"或者"因果的偶然与目的的偶然之结合"是"同种结合"，所得的分别是力主必然性的哲学所倡导的"彻底的决定论"与主张偶然性的哲学所提出的"根本性的非决定论"；与此相对，在水平方向上，"因果的必然与目的的偶然之结合"或者"目的的必然与因果的偶然之结合"，所得的即"偶然的必然"这种二律背反式的"异种结合"。

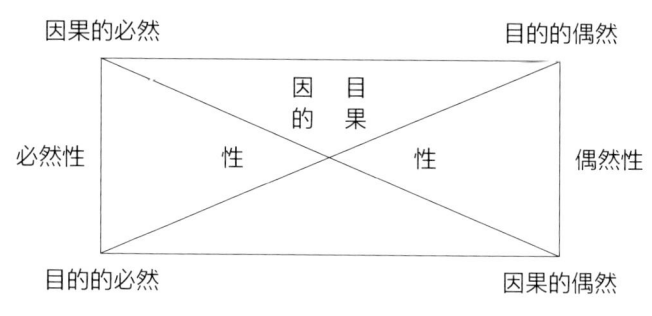

```
因果的必然                              目的的偶然
         ┌─────────────────────────┐
         │╲         因  目        ╱│
必然性   │  ╲       果  的      ╱  │   偶然性
         │    ╲     性  性    ╱    │
         │      ╲          ╱      │
         │        ╲      ╱        │
         │          ╲  ╱          │
         │          ╱  ╲          │
         │        ╱      ╲        │
         └─────────────────────────┘
目的的必然                              因果的偶然
```

（《九鬼周造全集》第二卷第68页）

根据九鬼周造对于"消极"的界定，"目的的消极的偶然"指消极地目击到目的的非存在，在此又分为两种情况：（一）无目的的偶然，例如拉美特利在《人是机器》中主张的眼睛作为心灵的窗口，实际如镜子一般，最初的镜子是发明家经过种种偶然的机会制造而成的，眼睛的构造也并不是专门为了观看而特意制造的；（二）反目的的偶然，例如人类理性思考活动本应是被实现的目的，然而智障就是与此目的相反的事实。在某些情况下，这种"反目的的偶然"与之前讨论的"定言的偶然"中讲到的"例外的偶然"相重合，这是因为如果"普遍概念"作为"目的因"的逻辑符号，那么跳脱于"种"的规定性的"个体"作为反自然的表现，作为自然的无力的事实，其逻辑表现恰好是"例外的偶然"，与此同时，其事实表现则是"反目的的偶然"。

"目的的积极的偶然"指的是积极地目击了两个或两个以上的事象之间存在着目的之外的其他关系的情形。最典型的例子是亚里士多德在《形而上学》第五卷中举出的，有人为了栽树而挖坑，却意外挖到了宝物。在此存在两个序列：一方面，栽树者在地上挖坑种树是一个行为序列；另一方面，宝物被埋藏在地下，又是一个行动序列。这两个相互独立的序列之间偶然的邂逅，发生了某种目的关系之外的积极关系，我们称之为"目的的积极的偶然"。这种偶然恰恰是日常生活中最常见的被我们称之为偶然的事件，九鬼周造将被积极构建的目的性之外的关系称为"无目的的目的"，似乎有某种目的性之外的目的被意外地实现了。由于消极的偶然是根基于积极的偶然的，因而在"目的的消极的偶然"中，在目的的非存在背后，同样存在着某种"无目的的目的"。九鬼周造对此是这样论述的："当然，在目的的消极的偶然之中，主张目的之非存在，在此之上也存在着某种无目的的目的。对于此而言，'无目的'、目的之非存在被特别地主张了。但是，在此情况下，所有重点都被放置在目的之非存在自身的把握上，目的的偶然在消极性中被表现着。与此相反，目的的积极的偶然中，'无目的的目的'之存在被积极地强调、被积极地目击到了。换句话说,'无目的的—目的'这个两截构造中,目的的消极的偶然强调前半截,目的的积极的偶然把着力点放在了后半截。"[1]但是,当在目的的积极的偶然中,我们对"无目的的—目的",后半截不断强化时,就会产生一个问题:辨识一个事件到底"是偶然还是故意"。例如夏目漱石在《心》中写道:夫人几乎不外出,即使偶尔出门的时候,也不会发生只有小姐和我两个人的情形。这是出于偶然,还是故意的,我不得而知。如果小说中的心理描写不足以引起大家对此问题的重视,在现实生活中,区分偶然与故意在司法量刑上却成为了关键问题,我们都知道"过失杀人"与"故意杀人"在刑罚上是不可同日而语的,只有辨别行为是出于故意还是偶然,才能明晰法律责任的归属问题,才能判断犯罪是否成立。这里的"过失"就是"无目的的目的",也即"目的的积极的偶然"。在日本的《刑法》中是这样规定"过失"的:"过失将不注意作为其内核,在这一点上,有必要将其与偶然的事实(不可抗力)加以区别。"但是,九鬼周造对此提出了自己的看法,他认为本义上的犯罪是在目的的必然性领域中成立的,也就是说使得犯罪成立的是犯罪的意志,即,作为"犯意"的故意,因为日本《刑法》第三十八条规定"如果没有犯罪意图,行为将不受惩罚",所以可以将"偶然"作为一个上级概念,下设"过失"与"不可抗力"两个内涵,前者是应当被排除的偶然的情况,后者是不能被排除的偶然的情况。在这里九鬼周造突出了"过失"概念中的偶然性

---

[1] 九鬼周造『九鬼周造全集』(第二卷)岩波書店、1990年(第二刷)、80~81頁。

因素，尽管如果以量来审视偶然，过失之中的偶然性是小的，不可抗力之中的偶然性是大的。两者的相违存在于偶然性的程度之差别。也就是说，二者虽然区别于犯罪意志所具有的目的必然性，同属于偶然，但是"过失"是可以避免的，"不可抗力"却是不可抗拒的。这可避免性正是我们问责之正当性的来源。

如上所述，以"无目的的目的"为媒介，"目的的积极的偶然"竟然呈现了与"故意"难以辨别的样态，按照近似的理路，九鬼周造讨论了亚里士多德分殊的两个概念："Automaton"（"自发"或"自动"）与"Tyche"（"机缘"或"运气"）。要而言之，这两个词的共通点在于"根由偶然属性之偶然性的原因"——"目的的偶然"，虽然Automaton和Tyche都是从属于目的性领域的现象，是"根由偶然属性之偶然性的原因"，但是它们与真正的原因结果、目的手段的体系间，并无必然关系，仅仅是一种事实上被引发事象之单纯的"无目的的目的"。两者都是对于目的的必然的否定，是相对于"本质规定"而言的偶然属性之偶然性。例如，石像的制作原因是雕刻家的意图，白种人和音乐家并不是石像的本质性原因，只是在偶然的情境下，雕刻家从属于白种人，还具有了音乐才能，从而白种人或音乐家是石像的"根由偶然属性之偶然性原因"。但是Automaton和Tyche二者如何区分呢？最初在柏拉图那里，例如在《普罗泰戈拉》篇中，"Automaton"与"Tyche"两者是混用的，那么亚里士多德那里何以开始区分二者呢？"两者的差异点在于，'Tyche'是指偶然性的事象通过'意图'成为行为者，与此相关的情况。与此相对，'Automaton'是在除此以外的情况也适用的概念。也就是说，Automaton是外延上包摄Tyche的上位概念。'意图'是这里的核心问题，Automaton在动物与非生物中也存在着，Tyche则仅限于能够对目的性的行为加以意图者。也就是说，Tyche是通过'幸运'与'幸福'这两个概念为媒介，被联结到'行为'从而从属于实践性的领域。从而不具有意图的非生物、动物或小孩子是不明白Tyche的。换句话说，在Tyche中，'故意'与否成为了实际上的问题，而在Automaton概念本质中不会产生此问题。"[1]在《物理学》中，亚里士多德列举了二者对应的例子：首先是Tyche的事例，某人为了收款以外的目的去了某地，意外地完成了收款任务，由于"收款"不包含在此行的目的中，故而"收款"是"根由偶然属性之偶然性原因"，也就是"无目的的目的"。由于是根据"意图"而产生的行为，因而可以转化为"是故意还是偶然"的问题。其次，关于Automaton列举了4个例子，前3个例子分别是：（1）一把三脚椅高空坠落竟然直立着陆，人还可以坐其上；（2）石头坠落砸中人；（3）马匹误闯某地而获救。在此"人坐上""砸中人""马获救"这些都不是椅子、石头、马匹的目的，三者都不能依据意图行动，所以都是automaton的例子。这3个例子比较容易理解，第四例是某种反对自然的情形发生的情况，这是针对目的论认为自然界受目的的必然支配而举的例子，基于目的论的立场，这是一种"反自然现象"，之前九鬼周造曾将这种情况归于"目的的消极的偶然"中"反目的"一类加以讨论，在此作为Automaton的第四例是因为虽

1　九鬼周造『九鬼周造全集』（第二卷）岩波書店、1990年（第二刷）、89~90頁。

第三章 偶然性问题的形而下样态与形上学理据

然这第四例与自然目的相关但与人的实践性行为意图无关，不能认为是"故意"地以"反目的"为目的，所以仍旧是"无目的的目的"中的Automaton。那么第四例与前三例的区别何在？前三例是通过"本不应存在者之存在"呈现其反目的性的，第四例却是通过"本应存在者之不存在"呈现其反目的性的，但这些例子的共通点是不能被"故意"地意图着，在此意义上，它们都是Automaton。总之，Tyche与Automaton都和目的性相关，二者的重要区别在于这个目的性是否能够在实践领域通过意图而设定，Automaton是自发的、无理由的，Tyche则是幸运或不幸之意。

"目的的偶然"与"定言的偶然"一样能够被还原为"因果的偶然"，这是因为站在狭义的因果关系的立场，上述目的性领域的偶然仍旧是作为某原因的结果而发生的，其中仍然是因果必然性在发挥作用。无论是无目的的目的之消极的偶然，还是反目的的目的之消极的偶然，或者是目的的积极的偶然，都能被还原为因果序列中的问题，这样我们就由"目的的偶然问题"过渡到了"因果的偶然问题"。

如下图所示，"因果的偶然"作为非决定性的自发性即"自发"（おのづから），它有两个面向：一是与目的的必然异种结合而成"自由"（みづから），二是与目的的偶然同种结合而成"自然"（じね

因果的偶然＝
非决定性的自发性
{
[异种结合的结果]目的的必然＝
自由（**みづから**）

[同种结合的结果]目的的偶然＝
自然（**じねん**）
}

（《九鬼周造全集》第二卷第99页）

· 103 ·

ん），那么"自由"与"自然"，两者的关系是怎样的呢？九鬼周造在此借由黑格尔对于"自由"（Freiheit）与"恣意"（Willkür）之间的区别："一方面，将极其强调'目的必然性'的'自为'（みづから）确立为'自由'；另一方面，把'自发'（おのづから）所具有的因果的偶然性与'自然'（じねん）所具有的目的的偶然性同种结合的结果，称为'恣意'。根据黑格尔的界定，意志将偶然性之物以恣意的形态，作为单纯地被扬弃的契机，在自身之中保有。恣意是在偶然的形之中的意志，自由是在必然的形之中的意志。当人们说到意志自由的时候，常常单纯是作为'恣意'被认识的。恣意作为对于某一事物或者其他事物的决定能力当然是自由意志的本质契机。但是并非自由本身，而单单只是形式的自由。真正的自由意志，扬弃了恣意的因果的偶然性，并将之藏于自身之中，作为目的的必然性将自己的内容作为自身之物明确地自觉着。与此相反，止步于恣意阶段的意志，即使自己决定了在内容上真的是正确之物的情况下，只要它自己想做出其他的决定仍是可以的，因此并没有脱离无内容的空虚性。"[1]在这段区分了"自由"与"恣意"之形式及内容与其自身的不同关系后，黑格尔将作为"自为"（みづから）的自由所具有的目的的必然性与作为"自发"（おのづから）的恣意所具有的因果的偶然性这样对立之后，进一步指出，"恣意"内含的矛盾：恣意具有目的的偶然性，在这一点上含有矛盾，使其与自由的对立尖锐化。具体而言，在恣意之中

---

1 九鬼周造『九鬼周造全集』（第二卷）岩波書店、1990年（第二刷）、99~100頁。

形式与内容各自为政，形式上恣意具有因果的偶然性，但是在内容上，恣意却既有目的的偶然性也有作为其另一面的因果的必然性，在这一点上恣意是自我矛盾的。恣意的内容是被给予的，并不是自为地在意志之内被赋予基础的，而是自发地由外在的事物赋予基础的。这里黑格尔指出的恣意内含自相矛盾的关键点在于因果的偶然与目的的偶然结合的最终结果却是因果的必然。为什么这么说呢？这是因为，虽然恣意以这种"对内容加以选择"的形式，自由仍旧可以成立，但是在这种形式上的自由是一种仅仅是深思着自由的自由。因为意志不选择甲而选择乙的自主决断的原因，并不在其自身之中，因此内容之所以能够作为"所予"被把握，是奠基于事情的外在性的。更进一步，既然"自发"（おのづから）作为恣意的因果的偶然，是与目的的偶然结合的，那么它就成为了自然（じねん）之因果的必然。因此，起初被认为是因果的偶然的恣意，在分析后，却发现实际上是因果的必然，这就是恣意内含的矛盾。黑格尔认为，处于意志的低级阶段的"恣意"，必须在处于高级阶段的"自由"中得以展开。接下来，九鬼周造将"自由"区分为"消极的自由"与"积极的自由"，消极的自由对应的是，作为因果的偶然的非决定性、自发性，积极的自由对应的是，作为目的的必然的自由，也就是黑格尔所说的自由。九鬼周造援引尼古拉·哈特曼在模态性研究领域中对二者的区分："消极的自由是在某一事物或者其他事物中行动的可能性，它是必然性被超越、可能性占有优势地位的情况。但是，作为道德本质的当为（日文：'当為：とうい'）却是一种可能性被超越，必然性占有优势地位的情况，因此在消极意义上，被当为（日文：'当為：とうい'）所制约的活动不能被叫作自由，在积极意义上，我们才能够言说自由。消极的自由是'可能性的自由'（Freiheit der Möglichkeit），也就是'由必然性而来的自由'（Freiheit" von "der Notwendigkeit），而积极的自由必须是作为'由可能性而来的自由'（Freiheit" von "der Möglichkeit）的'必然性的自由'（Freiheit der Notwendigkeit）。所谓必然性的自由，乃是必然性在自由中不断迸发的自由，这样，我们就到达了'作为自由的必然性'（freie Notwendigkeit）这一貌似矛盾的概念（N.Hartmann, Logische und ontologische Wirklichkeit, Kantstudien, XX, S.23-24; Ethik, 1926, S.587-589）。哈特曼所谓的'作为自由的必然性'，正是作为'目的的必然性'的积极的自由。因果的偶然性则构成了作为'非决定性的自发性'的消极的自由概念。"[1]在这里九鬼周造将"消极的自由"与"积极的自由"对比而言，"消极的自由"作为"可能性的自由"是"必然性"被超越的自由，"积极的自由"作为"必然性的自由"是"可能性"被超越的自由，是必然性在自由中不停迸发的自由，也就是作为目的的必然性的积极的自由。归根到底，"恣意"作为消极的自由区别于"自由"的根本点在于其作为"目的的偶然性"内涵的矛盾：形式上的自主决断力，与内容上的被外界赋予性。其内容实际上是"目的的偶然性"及作为其一体两面的"因果的必然性"，这里形式与内容恰恰是自相矛盾的。那么，"自由"作为"自为"（みづから）所具有的目的的必然性与"自然"（じねん）所具有的因果

---

[1] 九鬼周造『九鬼周造全集』（第二卷）岩波書店、1990年（第二刷）、101頁。

第三章 偶然性问题的形而下样态与形上学理据

的必然性,是怎样的关系呢?九鬼周造认为,两者也许都可以被视为非决定性的自发性(おのづから)被扬弃的阶段。"作为非决定性的自发性的因果的偶然"所具有的两个方面:(一)积极意义上的"自由"——因果的偶然性与目的的必然性异种结合的结果;(二)消极意义上的"自然"——因果的偶然性与目的的偶然性同种结合的结果。九鬼周造对这二者关系的考察结果是:"我们无法否认在精神哲学的领域中,人们倾向于以目的的必然性的概念替换因果的偶然性概念。然而,目的的必然性如果不在其根源上依存于因果的偶然性的话,就会失去其意味。因果的偶然必须是目的的必然的出发点。换句话说,作为非决定性、自发性的消极的自由,构成了作为决定性、必然性的积极的自由一个不可或缺的条件。不仅如此,如果我们将作为目的的必然的积极的自由解读为像'由障碍而来的解放',那样的话,从自由意识之发生过程出发来看的话,却发现自由意识的那一方反而具有消极的意味,而作为绝对的自发性的消极的自由,才成为具有积极意味的一方。"[1]可见,消极意味的自由与积极意味的自由具有很强的辩证关系,之所以说消极意味的自由具有根基的决定性,是因为自由意识的发生确实是始于障碍与束缚,若不相对于束缚,也无所谓自由意识。具体而言,九鬼周造援引天野贞祐《人格与自由》中的内容对此进行了展开:"我们具有自由的意识这一经验过程是从消极的侧面开始的。有障碍处,我们才开始意识到自由,任何障碍都没有的话,也不能引

---

[1] 九鬼周造『九鬼周造全集』(第二卷)岩波書店、1990年(第二刷)、102頁。

起所谓自由的意识。这是因为自由被解读为从障碍而来的解脱。自由一词本来就有这种消极的意味……从而由于人们认为存在于人的行为是奠基于意志的缘故，即使束缚的障碍是多种多样的，被束缚者却总归于意志。意志不被束缚时，人成为自由的。在此，自由的意味转向了一个积极的侧面，人既可以意志一个行为，也可以不意志一个行为。但是，由此自由的意味并未变化。这是因为，所谓消极的意味也是以积极的意味为根据的。从障碍解放出来被称为自由，这并不是说被解放的状态是自由，而是说，通过这一解放，服从障碍、不服从障碍都成为了可能，这种能力之可能性才是自由。"[1]

以上九鬼周造对于"假言的偶然"进行的论述，是按照由主观到客观的顺序逐步过渡的：由从与"定言的偶然"同属于纯逻辑维度的"理由的偶然"过渡到经验界的偶然，"经验的偶然"实质是"理由的偶然"这一纯理论性的偶然在经验现实中的应用形式，在"经验的偶然"中"因果的偶然"又较之"目的的偶然"更具客观性，这是一个由纯理论性的逻辑逐步落实到客观现实的逻辑系统。九鬼周造对于偶然性问题的形而下样态的逻辑系统建构，归根到底目的是通过他的诠释，展现"偶然"并非一个"flatus vocis"（在唯名论与实在论之争中持唯名论立场的罗瑟琳提出的概念，将共相视为"声音的虚风"即"flatus vocis"），"偶然"是具有客观实在性的理念，在经验界的现象中切实地表现着自身。

---

[1] 九鬼周造『九鬼周造全集』（第二卷）岩波書店、1990年（第二刷）、103頁。

第二节
作为形上学的偶然性问题之存在论

如果说"定言的偶然"核心意义是"个体以及各个事项","假言的偶然"核心内涵是此时此地的"一序列与其他序列的独立二元邂逅","析取的偶然"则指向"无之可能",对于"无"的追问是偶然性的问题中隐含的形而上秘密。偶然性的存在虽然具有作为客观现实的"有"的各种形式,亦即"作为形而下样态的偶然性问题之逻辑系统"中所论说的在经验界的诸多表象中呈现着的偶然性样态,但偶然性的问题却始终是扎根于"无"的形而上学的问题。顾名思义,析取的偶然(即选言的偶然)是由选言判断推导而来的,析取关系处理的是部分与整体的关系问题。"甲或者乙,或者丙,或者丁"虽然部分对于自身存在具有充足理由,但是由于根据这一理由存在的这部分并非唯一的,据其他理由存在其他部分也是可能的,在此存在的就是"析取的偶然"。"析取的偶然"最核心的意义在于提示了与"偶然性"问题密切相关的"可能性"问题,以往的哲学研究将偶然性轻易地理解为必然性的反对概念,却忽视了偶然性与可能性的复杂关联。整体中的各个部分只是具有可能性的析取支,相对于作为整体之必然性构成了"析取的偶然"。这里所谓的整体作为终极意义上的全部可能性,并非经验世界的全体表象之总和,而是形而上领域的"原始偶然"。九鬼周造的偶然性问题最终要通达的是作为"必然—偶然者"的绝对者,"原始偶然"与"绝对的形而上的必然"实质是分别作为绝对者的运动与其静止的一体两面,也即是说,原始偶然与绝对的形而上的必然最终是同一的,原始偶然其实是存在于绝对者中的他在。要厘定偶然性问题的形上学性,首先要明晰偶然性的存在论架构,因为模态范畴与关系范畴是九鬼周造建构偶然性哲学的核心范畴论。这里既有承自康德以来范畴表模态体系的理论基础,又有九鬼周造自身提出的新的模态体系对于偶然性问题之推进。

一、作为形上学的偶然性问题之存在论结构

阐发作为形上学的偶然性问题,首先要阐明偶然性的存在论的框架结构:明确各种模态范畴体系内"偶然性"的位置,尤其是明晰其与"可能性"之间的特殊关系:两者在静止的认知逻辑学领域是类似关系,在动态的存在逻辑学视域是相反的,偶然性向着不可能性迈进,可能性向着必然性趋近。九鬼周造在《偶然性的问题》中推演了三种模态体系,康德在《纯粹理性批判》中提出的范畴表对于模态性的区分所最终确定的形态为第一种模态性体系,但在其范畴表的出发点与形成过程中虽未真正通达却也表现出了与第二种模态性体系的关联性。莱布尼茨与黑格尔的模态理论表达大致对应于第二种模态性体系,九鬼周造通过发现认知逻辑学中"偶然性与可能性之间的类似关系"(这是第二种模态性体系的基础)与存在逻辑学中"偶然性与不

可能性的接近关系"（对不可能性的接近，也即是偶然性对于可能性的背离），通过处理偶然性与不可能性、可能性与必然性之间关系的新方式建构了第三种模态性体系。这三种模态性体系是从各自不同的出发点建构的，各具特色，是协同合作的关系，而非取此舍彼的相互对立关系。为了完整地把握"偶然性的存在论结构"就要从这三者的立场综合地审视"偶然性"：第一种模态性体系的立论点是差异性，关注的是矛盾对立关系，因而在第一种模态性体系中，偶然性是在现实性的静止界域中，被规定为与必然性"矛盾对立的关系"；第二种模态性体系的立论点是类似性，关注的是动态化的现实，因而在第二种模态性体系中，现实被动态地成疑化，偶然性与可能性作为构成"存疑之现实"的现实性模态，在"小反对对立关系"中被把握，偶然性是与可能性类似并具有成疑性特征的模态；第三种模态性体系的立论点是存在逻辑学的现实性，在第三种模态体系中，偶然性被视为与不可能性具有"大小对立的接近关系"的模态，背离了无限趋近必然性的可能性，因而在虚无性维度中被把握，但与此同时，偶然作为从不可能的虚无中诞生的存在，高呼着自身的现实性，始终处于有与无的交界处，而不沉陷于虚无。上述三种模态性体系中，总共涉及4种关系与4种模态范畴："矛盾对立关系"即矛盾律与排中律同时成立，是一种非此即彼的既不能同时存立也不能同时不成立，有且只有一个为真的关系；"小反对对立关系"是指矛盾律无效但排中律有效的关系，也就是可以同时存立，但不能同时不成立的关系；"大小对立的接近关系"是发展趋势一致并且无限接近的关系。最后，相反对立关系，即排中律无效但矛盾律有效，是一种可以同时不成立，但不能同时成立的关系，例如在第一种模态体系中的"必然"与"不可能"就是相反对立关系。4种模态范畴即必然（非存在是不可能的）、偶然（非存在是可能的）、可能（存在是可能的）、不可能（不能存在的），这里的"存在""非存在"又提示了4种存在相：现实（存在）样态，即实际存有者，非现实（非存在）样态，即实际没有者，实在性（有）、虚无性（无），需要注意的是，现实与实在不同，非现实与虚无也不同：它们是可以相互交汇融合的关系，一些东西虽是现实的，却带有虚无性，一些东西虽是非现实的，却带有实在性，现实与实在一致即实在被现实化时，呈现为必然性；非现实与虚无一致时即虚无停滞于非现实界域内，呈现为不可能性；非现实却具有实在性，即实在停留在非现实领域，则呈现为可能性；现实却带有虚无性，即在现实领域表现的虚无，则呈现为偶然性。实在性（有）、虚无性（无）是九鬼周造较之于康德范畴表单独提出的全新范畴，关涉的是偶然性的形上学理由问题，是"作为形上学的偶然性问题之形而上理据"讨论的核心内容。这里首先结合具体图表的形式，对上述三个模态体系的内容及其推演进行具体说明。

康德范畴表中模态范畴的相关内容是在《纯粹理性批判》中展开论述的。九鬼周造认为康德的范畴表之所以重要是因为在最终的表现形态中，范畴表呈现为第一种模态体系的形态，但在其出发点与形成过程中却暗示了与第二种模态体系的内在关联性。因此，明晰康德的范畴表是理解第一种、第二种模态系统差别及承前启后性的关键。康德在《纯粹理性批判》"一般经验性思维的公设"中提出的三条模态范畴公设："1.凡是（按照直观和按照概念）与经验的形式条件相一致的，就是可能的。2.凡是与经验的（感觉的）质料条件相关联的，就是现实的。3.凡是其与现实东西的关联是按照经验的普遍条件而得到规定的，就是（在实存上）必然的。"[1]康德界定的模态诸范畴，是依据形式逻辑的判断推导而来的，因为他认为知性的机能是通过判断中的统一性机能表现的，知性在判断中的逻辑机能表现在判断的模态即或然的（可能的）、实然的（现实的）、必然的。"一般经验性思维的公设"这三条模态原理关于一个概念设定的其实是这个概念所由以产生的认识能力的行动，可能性、现实性、必然性这些谓词是主观的综合而非客观的综合，就是说它们对于对象的表象并不扩充其所表述的概念，因为判断的模态对判断的内容（判断的量、质、关系）毫无贡献，但它们是一般思维的三种契机，它们对一实在物的概念在其上增添了此概念在其中产生并有其位置的认识能力，指出了此概念一般而言如何与认识能力相联结的方式：此概念在知性中与经验的形式条件处于结合之中时，其对象可称为"可能的"；此概念与知觉（作为感官质料的感觉）处于关联中并被这种知觉凭借知性而界定时，此客体就是现实的；如果此概念通过知觉的这种关联并依据概念被规定，这时此对象就被称为必然的。以上是康德范畴表的出发点与形成过程，出发点即知性思维能力，形成过程即分析其在判断中的逻辑机能表现，其与九鬼周造界定的第二种模态体系的内在联系暂且不表，九鬼周造认定的作为第一种模态体系最终表现的康德范畴表是在《纯粹理

---

[1] [德]康德著，邓晓芒译，杨祖陶校：《纯粹理性批判》，人民出版社2017年版，第150—151页。

性批判》以如下形式呈现的：

范畴表-4 模态的范畴

可能性—不可能性

存有—非有

必然性—偶然性

(《纯粹理性批判》第56页)

九鬼周造的《偶然性的问题》在第一种模态体系中分析了康德提出的上述6种模态范畴之间的关系，并将之表现为下图：

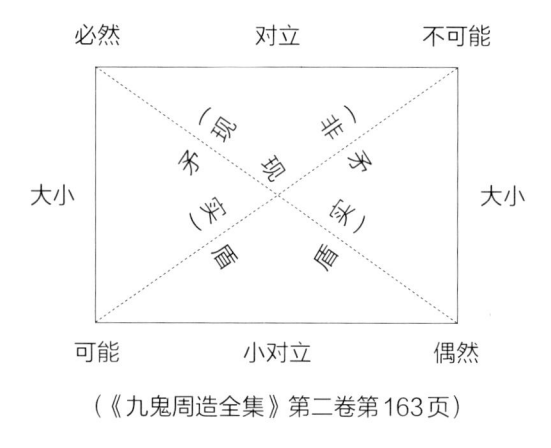

```
必然            对立           不可能

         （现实）
       矛盾      非
                 矛盾
大小   （矛盾）      盾      大小

可能           小对立          偶然
```

(《九鬼周造全集》第二卷第163页)

康德的范畴表三组模态范畴是简单纯粹的矛盾对立关系，上图两条交叉线即表达完了必然—偶然、现实—非现实、可能—不可能的矛盾对立关系。如前所述，康德的模态范畴表是由形式逻辑的判断推导而来的，但是康德又不仅仅停留在逻辑判断领域，他的模态范畴是植根于知性机能的，"一般经验性思维的公设"中提出的三条模态范畴公设："1.凡是（按照直观和按照概念）与经验的形式条件相一致的，就是可能的。2.凡是与经验的（感觉的）质料条件相关联的，就是现实的。3.凡是其与现实东西的关联是按照经验的普遍条件而得到规定的，就是（在实存上）必然的。"[1]这其实是（1）从成疑性（problematica）判断发现可能，（2）从直言性（assertoria）判断发现现实，（3）从确证性（apodictica）判断发现必然，但是康德只静止、抽象地从差异性的角度审视这些原理，就停留在了第一种模态体系的偶然—必然等矛盾对立关系，如果康德能够动态地、具体地从类似性的角度审视这些原理，就会推演出第二种模态体系：可能性与偶然性是一对儿类似的范畴，其共同特征是成疑性；必然性与不可能性是一对儿类似的范畴，其共同特征是确证性，不可能性是消极的必然性。但是不同于上图第一体系中静止地看待现实从而将必然—偶然作为现实，可能—不可能作为非现实，在第二种模态体系中，动态地看待现实从而可能性与偶然性成为了现实性的两大契机。以静止的决定论的立场看待现实，将现实认为是直言性（assertoria）自明的，康德依据的形式逻辑判断即使推演到底也只能得到第一种模态体系与第二种模态体系的上述关联性，要到达第二种模态体系，现实必须转化为成疑的动态的事实，就如莱布尼茨提出的"推理（raisonnement）的真理是'必然的'；其对立面乃是'不可能的'。此外，事实（fait）的真理是'偶然的'，其对立面是'可能的'"。因此，第二种模态体系最终表示为以可能—偶然为现实性，并且必然性作为"展开了的现实性"成为了现实运动的方向：

---

[1] [德]康德著，邓晓芒译，杨祖陶校：《纯粹理性批判》，人民出版社2017年版，第150—151页。

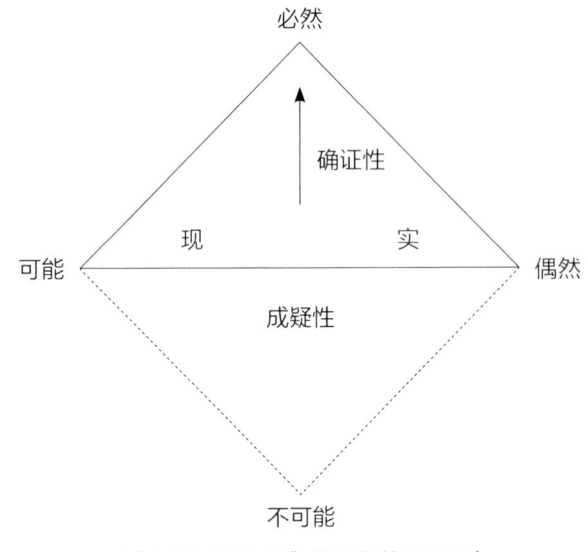

```
        必然
         ↑
       确证性
    现      实
可能　━━━━━━━━　偶然
       成疑性


       不可能
```

（《九鬼周造全集》第二卷第166页）

"现实"以实线表示，"非现实"以虚线表示，现实由可能性（存在是可能的）与偶然性（非存在是可能的）构成，因而内含着存在与非存在两种契机，共有着成疑性这一变动特性，存在是可能的同时就意味着非存在是可能的，作为存疑的不完全确证的存在样态可能性与偶然性常被作为类似关系处理。但是在形式逻辑承认可能性与偶然性这种类似性的基础上，九鬼周造发现了区别于形式逻辑学上述认知的"存在逻辑学"，在存在逻辑构造中必须区分"作为可能的存在的可能性"与"可能的非存在的偶然性"，"存在是可能的"这种可能性向着"存在是必然的"这种必然性运动。反之"非存在是可能的"这种偶然性向着"非存在是必然的"这种不可能性展开。偶然性与不可能性接近，偶然性与可能性对立，可能性与必然性相关，这两个存在逻辑学设定是九鬼周造提出第三种模态体系的基础。

第三章 偶然性问题的形而下样态与形上学理据

(《九鬼周造全集》第二卷第170页)

这个图里潜藏着极限概念,可能性越小的事件偶然性越大,因而偶然性与可能性背离,与不可能性接近,图中必然—可能构成大小对立关系,不可能—偶然构成大小对立关系,这是一种发展方向一致并无限接近的关系,可能性无限趋近必然性极限,偶然性无限趋近不可能性极限,但是必然性作为可能性的极限有时可以被称为"超可能性",却不能将不可能性视为偶然性的极限称为"超偶然性",这是因为可能性的整体与必然性完全一致,这种同一性就是现实。存在逻辑学以对象的存在程度为标准,区别于认知逻辑学以认识确证性程度为标准,所以在存在论视角下现实性统筹可能性与必然性,其存在层级高于必然性,这是存在逻辑学与形式逻辑学的显著区别。鉴于两组范畴无限趋近关系存在前述差别:可能性最终可以发展圆满为超可能性(必然性),这种无限趋近是现实性不断增强,存在程度不断强化的进程;偶然性永远趋近但不会达到不可能性极限,因为偶然性必须是现实的,它存在于有与无的交界处,却不是绝对虚无的不可能性。因此,第三种模态体系最终可以图解为:

九鬼周造偶然性哲学研究

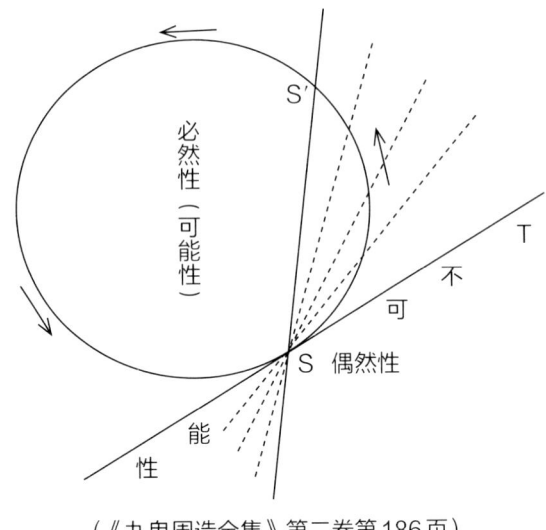

图示：圆周标注"必然性（可能性）"，S′ 在圆周上方，S 为切点标注"偶然性"，切线 ST 标注"不可能性"

（《九鬼周造全集》第二卷第186页）

图中圆周表示必然性，弧线 SS′ 表示可能性，切线 ST 为不可能性，切点 S 表示偶然性，箭头显示的运动趋势为切点 S 从自身出发，按箭头方向做圆周运动，由弧线形成完满圆周后静止。在静止状态下，圆周整体作为所有切点的集合与每个切点是现实性，在运动状态下的弧线 SS′ 与切线 ST 表示非现实性。在此必须特别说明的是：虽然图中箭头指示了一种运动方向，代表可能性的弧线趋近必然性的圆周运动，但是未标明的 S′ 沿着与箭头相反的方向无限趋近 S，直线 SS′ 无限接近直线 ST，这种反向运动才是偶然性的运动轨迹。切点 S 是对圆周运动的否定，偶然性也是对必然性的否定。作为圆周上无数的点的一个切点，就如偶然性亦只是可能性统一体中的一个析取支一样。但是偶然性既是不可能性直线上虚无的一点，也是现实力量的产生点，既是虚无又是实在，既是可能性朝向必然性展开的出发点，也是逆向运动位于不可能性直线上接近无的一点。偶然性正反两种运动还可以表现为下图：

· 118 ·

第三章　偶然性问题的形而下样态与形上学理据

```
            必然性
    A ─────────────── B
     ╲       │       ╱
      ╲      可      ╱
       ╲     能     ╱
        ╲    性    ╱
         ╲   │   ╱
          ╲  │  ╱
           ╲ │ ╱
    A'──────╲│╱──────B'
           不可能性
            偶
            然
            性
```

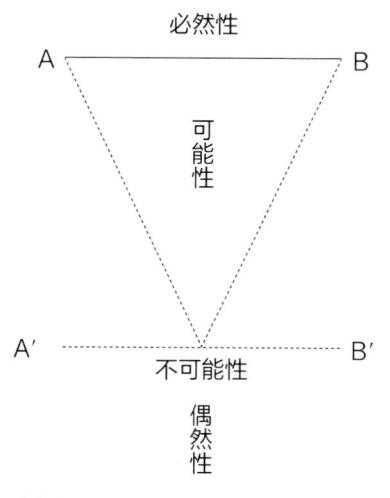

（《九鬼周造全集》第二卷第187页）

图中只有偶然性与必然性AB是实点与实线，象征二者是现实性的，偶然性是现实性的生发点，必然性是现实性的完全展开；AB与A'B'等长，象征二者具有等量的确实性，偶然性与可能性从同一点出发，偶然性作为既虚无又实在的顶点，既是极其微小的不可能性又是极其微小的可能性，既是作为非现实的可能性通往作为展开的现实性的必然性的起点，又作为扎根于无法消除的"无"，是非现实性的虚无中的不可能性上的一点。综上所述，带有虚无性却具有现实性，成为贯穿"有""无"之间双向运动的交会点，这是偶然性的最显著特点。

以上以三种模态性体系，辨析了必然性、可能性、不可能性、偶然性、现实性、非现实性、实在、虚无，8种存在项在每种体系中相互构成的各种关系与各自所处的不同位置，这三种模态性体系的层层推演、有机统合就是九鬼周造偶然性哲学的存在论结构框架。综合而

· 119 ·

言：必然性、可能性具有实在性，偶然性、不可能性具有虚无性，必然性、偶然性是现实性的，可能性、不可能性是非现实性的，这是三种模态体系共同具有的属性。在第一种模态体系中，必然性—偶然性在现实性视域构成矛盾对立关系（排中律、矛盾律都有效），可能性—不可能性在非现实性视域构成矛盾对立关系；在第二种模态体系中，必然性—不可能性构成相反对立关系（排中律无效但矛盾律有效），因共具确证性而类似，可能性—偶然性构成小相反对立（排中律成立但矛盾律不成立），因共具成疑性而类似；在第三种模态体系中，可能性—必然性在实在性维度构成大小对立接近关系（前者向后者无限趋近运动），偶然性—不可能性在虚无性维度构成大小对立接近关系。

偶然性问题的存在论结构必须从三种模态体系的不同角度加以理解，在第一种模态体系中偶然性是与必然性矛盾对立的现实，这基于形式逻辑静止、抽象的立论点；在第二种模态体系中偶然性是与可能性类似的成疑性，二者成为现实性的两大契机，因可能存在（可能性）与非存在可能（偶然性）共存的张力现实成为了动态的具体的现实；在第三种模态体系中偶然作为既具有虚无性又是现实的特殊存在，成为"有""无"交界处的运动切点。用图表示为：

```
必然                    现实性（矛盾）              偶然
（第一体系）                                    
                                              虚无性
                                             （大小）
                    成疑性（小对）
        可能（第二体系）
                                     不可能
                                   （第三体系）
```

（《九鬼周造全集》第二卷第192页）

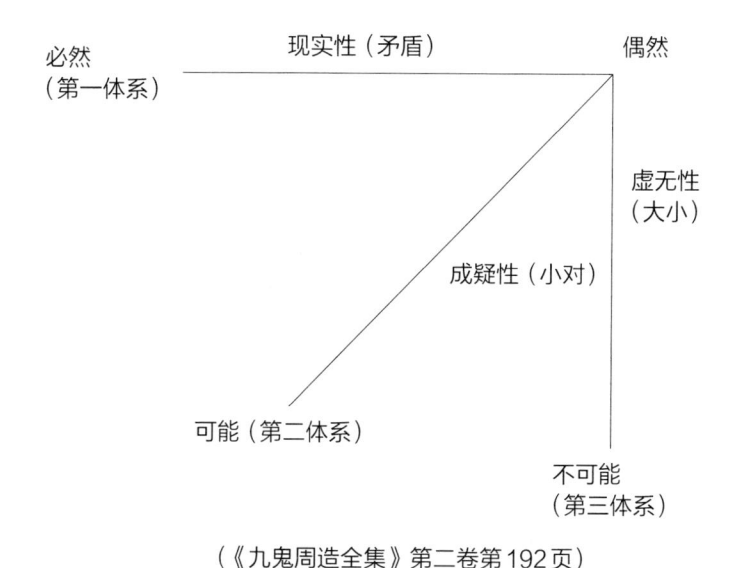

二、作为形上学的偶然性问题之形而上理据

每个在西方哲学语境下，按照西方哲学范式建构自身哲学体系的哲学家最终都需要将自己提出的核心概念与问题上升到形上学的高度加以考量。九鬼周造也不例外，他提出了自己对于"形而上学"的界定——"有·无·论"，这是针对亚里士多德以来西方两千多年的形上学观点提出的。九鬼周造作为东方阵营的哲学家，针对西方哲学传统的忘却"无"的"存有论"（ontologia）注入了作为老庄哲学最重要的概念之一的"无"，他认为只有在"存有"与"无"的关系之中才能获取真知。但是，尽管字面上是"无"字，与老庄哲学的汉字相同，内在义理却是不同的，这是因为九鬼周造固守西方以逻辑为通路的哲学见地，坚持认为偶然性在其根源上从属于逻辑学的模态性，他

将虚无性（无）与实在性（有）对举，如前所述，与"有"相关的模态是可能性与必然性，与"无"相关的模态是偶然性与不可能性，这种模态体系的存在论言说方式，明显不同于"天下万物生于有，有生于无"的道家学说语境。九鬼周造界定的"形而上学"的核心含义是"向着超越于存在的'无'前进，向着超越于形的形而上前进"[1]，他认为"形而上学与以'真的存在'为问题不违背。但是'真的存在'只有在与'非存在'的关系中，才形成原本的问题。作为形而上学的问题的存在是包含非存在也就是'无'的存在。从而，形而上学也就是本义的哲学与其他学问的不同，正在于这一点。其他的学问只是把存在或者存有的片段赋予作为存在及存有的片段。对于无，以及有与无的关系一无所知[2]"。正是在此前提下，九鬼周造提出"偶然性的问题在不能脱离对于'无'的追问而成立这个意义上，是严密的形而上学的问题。从而作为形而上学的哲学以外的学问，不是将偶然性作为在本来意义上的问题[3]"。将偶然作为偶然在其本来面目中追问，处理有与无的存在关系问题，就是九鬼周造建构的"有·无·论"的"形而上的哲学"。九鬼周造追问的方式就是前述的"定言的偶然"、"假言的偶然"与"析取的偶然"三种偶然性样态的分析，但是承前

---

[1] 九鬼周造『九鬼周造全集』（第二卷）岩波書店、1990年（第二刷）、9頁。

[2] 九鬼周造『九鬼周造全集』（第二卷）岩波書店、1990年（第二刷）、9~10頁。

[3] 九鬼周造『九鬼周造全集』（第二卷）岩波書店、1990年（第二刷）、10頁。

第三章 偶然性问题的形而下样态与形上学理据

所述，三者并不属于一个层级，并非并列关系，"定言的偶然始终是逻辑学上的概念性的见地；假言的偶然是关于在经验界中的因果性而显著地被表现；析取的偶然是相对于形上学的绝对者特别地浮出表面的[1]"。因此，"定言的偶然"与"假言的偶然"实质上处理的是作为逻辑界、经验界的"形而下样态的偶然性问题"，对于二者的论述是一种逻辑系统的建构，前者关心的是个体与属性的种属关系问题，后者的核心内涵是经验中一序列与其他序列的此时此地的二元邂逅，只有到了"析取的偶然"九鬼周造才真正开始处理"存在与无"的关系问题，建构了对于一般存在的根本理解的存在论结构：必然、可能、不可能、偶然、现实、非现实、实在性（有）、虚无性（无）8种存在相在三种模态体系中的位置及关系，尤其是他在前人提出的模态体系基础上，推演出第三种模态体系，才开始真正触及面向"无"的作为"形而上的偶然"的问题。作为"形而上的绝对者"为何是"必然—偶然者"？有与无的关系为何？阐明这些问题才能贞定偶然性问题的形而上学性。

继承柏拉图理念论以来的西方哲学传统，九鬼周造的形而上—形而下两个世界的区分，延续了绝对者—有限者两个维度划分的哲学史传统。九鬼周造的创见在于，通过"假言的偶然"对于经验界因果序列的终极追问与"析取的偶然"对于析取支可能性与作为可能性全体的必然性这两条脉络，确立了从"经验的假言立场"出发与从"形而

---

[1] 九鬼周造『九鬼周造全集』（第二卷）岩波書店、1990年（第二刷）、16~17頁。

上的选言立场"出发两种不同的视角思考绝对者—有限者之间的关系,前者是自下而上的运动方向,由经验世界的因果序列追问至作为序列与序列交会的可以无限溯回的最终原因"终极X",九鬼周造将这个X称为"原始偶然",后者是自上而下的运动方向,由作为可能性全体的绝对的(形而上的)必然"颓落"(Verfall)或者"坠落"(Abfall)为作为绝对必然否定的"形而上的偶然",以所谓"析取支"的形式被投掷出来,正发生着的现在的最初原始事实。这样就产生了"原始偶然"——作为因果序列的"经验的(假说的)必然"与绝对的(形而上的)必然——作为析取支的"形而上的偶然"两组形上—形下对照关系,用图可表示为:

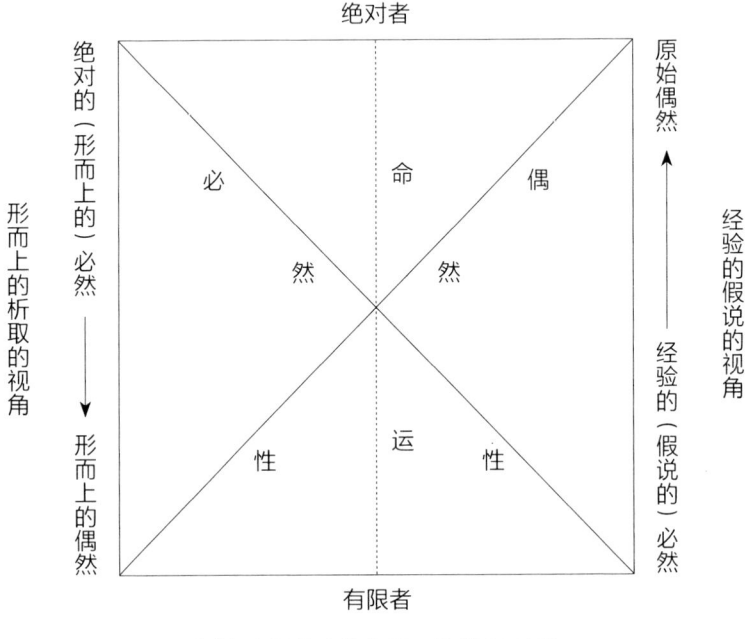

绝对者

必然　命　偶
　　　然　然
　　　运
性　动　性

形而上的析取的视角　←　绝对的(形而上的)必然　　形而上的偶然

原始偶然　→　经验的假说的视角　　经验的(假说的)必然

有限者

(《九鬼周造全集》第二卷第244页)

图左侧"形而上的必然"与"形而上的偶然"是"析取的必然"与"析取的偶然"在形而上领域的应用,"形而上的偶然"之所以既是"有限者"又被冠以"形而上"的字样,是因为它是作为"形而上的必然"的否定才被称作"形而上的偶然",其偶然性意涵是"可能以其他方式存在的偶然",因为其他析取支的存在,其非存在是可能的。图左形而上的析取的视角与图右经验的假说的视角下偶然与必然对应的绝对者、有限者位置正好是相反的,因而九鬼周造说:"在经验的以及形而上的维度,必然和偶然的意义恰好相反。"[1]"经验的必然"就是"假说的必然",它是相对于"绝对的必然"而言的,指的是经验界的因果序列,之所以被视为"有限者",是因为经验界的因果链条必须无限回溯到"原始偶然"这一先天的绝对起始。九鬼周造虽然不承认"经验的必然"的绝对必然性,认为因果序列是经验界的邂逅,但这里仍采用了"经验的假说的必然"这种称谓,大概是因为因果序列的各部分虽然是被绝对起始制约的,但由于各部分是整体的部分,就投射出了作为绝对起始的整体特征,毕竟于九鬼周造而言形上—形下、必然—偶然都不是绝对分裂的而是内在有机统合的。这里必须明晰两个视角的划分就名称而言是以其出发点立场(即箭头标示运动的起始处)而分别冠以"形而上的""经验的"称谓,而并非指其下统摄的两重存在都属于某一领域,否则望文生义就无法理解各自视角下两重存在的划分了。就一般的哲学体系建构而言,对于"绝

---

[1] 九鬼周造『九鬼周造全集』(第二卷)岩波書店、1990年(第二刷)、237頁。

对者"与"有限者"的划分即等同于对"形上界"与"经验界"的划分，也就是说，只以一维的上下视角看待形上、形下世界。为什么九鬼周造区分了"选言的析取的视角"与"经验的假说的视角"两个角度，在形而上维度与经验维度赋予偶然性、必然性以相反的绝对者、有限者的意义呢？九鬼周造这种对形上—形下世界关系的从两个视角重构的目的何在呢？首先，在纯理论层面，解决了康德哲学表象界与智思界划分的一个内在矛盾，这个矛盾直接源自康德批判哲学的立场划定的"经验的偶然"（即九鬼周造所谓的"经验的假说的必然"）与"智思的偶然"（即九鬼周造所谓的"形而上的偶然"）之间的绝对分立。康德认为"经验的偶然"是受制于因果链条的表象世界的偶然，不受他者制约的则称为必然，因此他主张"被假定为偶然者具有某种原因"是分析命题，康德这是在主张偶然存在却一定有原因，这显然是自相矛盾的。康德又界定"智思的偶然"是纯粹知性范畴意义上的偶然，就是非存在是可能的偶然，在甲存在时，非甲或乙也是可以同时成立的。由于康德哲学两个世界以人类是否具有表象直观能力为标准进行了绝对区分，所以"经验的偶然"与"智思的偶然"在康德那里是不可能完成跨越式的转化的，必须是不同的存在。这种绝对分立，造成了康德的"经验的偶然"是偶然存在却有原因的内在矛盾无法解决。九鬼周造图上左右两种视角的区分，恰恰实现了将康德的"经验的偶然""智思的偶然"作为不同视角下的相同的有限者这种转化，也就是说康德所谓的因果链条中的"经验的偶然"是作为一个因果序列片段的"有限者"，他所界定的"智思的偶然"则作为析取支，是整体的一个部分的"有限者"，两者都是受到制约的有限存在，这样"经验的偶然"是有原因的，就可以通过其与"智思的偶然"之间的互通性，将这种原因诉诸绝对的形而上的必然（神的实在）偶然间投掷色子的游戏，色子的某一面呈现出来正是作为"析取支"的选言的偶然之核心意义。康德哲学对于"偶然"的两重界定所产生的内在理论矛盾，正是由于他将原本是同一水平面上，从假言、选言不同视角发现的"有限者"误认为是立体方向上形上、形下两个世界的区分。因此，九鬼周造通过提出"形而上的析取的视角"与"经验的假言的视角"两重维度审视形上绝对者与形下有限者的划分，推进并澄清了康德哲学的偶然论内蕴的理论矛盾。其次，在存在论的结构上，九鬼周造的重构实现了形而上的绝对者的"自在"（绝对必然）与"他在"（原始偶然）的内在统一，静态（形而上的必然）与动态（原始偶然）两方面得以一体两面地并存于绝对者。形而上的绝对者的"自在"就是"绝对的形而上的必然"，因为必然存在者必须是自因的，在其内部有其存在根据，绝对的形而上的必然是自在自为的，这是亚里士多德以来"存有论"一直秉承的原则，因此，绝对的形而上的必然是绝对者的"自在"形态，这种"自在自为"性使得同一律成为必然性的根本规律。但是与此同时，形而上的绝对者作为"不动的动者"，必须以原始偶然作为绝对者中的他在（德文 Anderssein，其他存在样态），因为如果将绝对的形而上的必然看作"神的实在"意义上的绝对者，原始偶然就是这个"不动的动者"之"动"，意即原始偶然作为因果序列的绝对初始是世界的开端或陷落（德文 Zufall=Abfall），如果没有原始偶然作为绝对者的运动的一面，绝对者只作为形而上的必然就会成为空洞抽象的全体，缺乏具体内容的充实。只有将"必然—偶然者"作为绝对者的一体两面，形而上的绝对者才能突破必然性的绝对同一性之自在自为的故步自封，在承认偶然性作为绝对者"他在"的契机的前提下，才能产生"有""无"之间运动的原始动能——作为瞬间的"永远的现在"的颤动，从而由形上世界滑落到形下世界正在发生着的原始事实。总之，偶然性是必然性的自我否定态，"否定"在意味着绝对分离、分裂的同时，内蕴着绝对的结合，形而上的绝对者必须是"必然—偶然者"才能实现有、无之间的运动，成为完整的存在论结构。

"有""无"在存在论的模态体系结构内的关系与位置，静止而言可以表示为：

必然性与可能性是"有"的维度的存在，必然性完全占据了

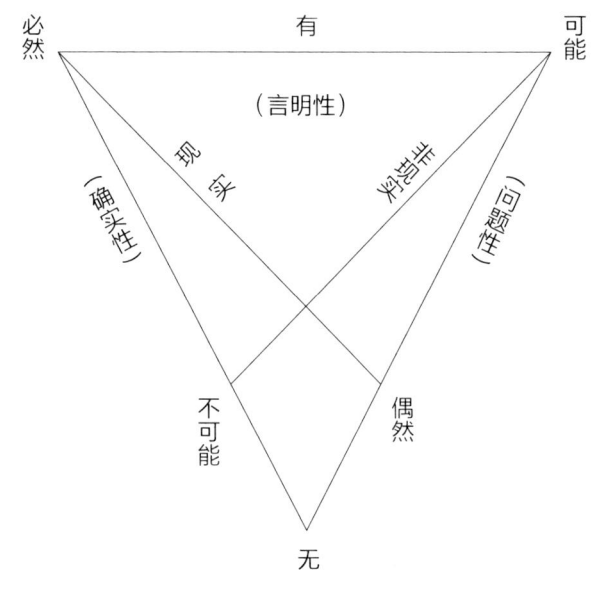

```
              有
  必然 ─────────────── 可能
    \    (言明性)    /
     \             /
   （确\ 现       非 （问
     实 \ 实     现  题
     性） \     实  性）
           \  /
         不  偶
         可  然
         能
              无
```

（《九鬼周造全集》第二卷第248页）

"有"的全部领域,"可能性"虽然是非现实的,因为它是面向将来的筹划与预设并未成为现实,但它作为生成的存在可能性,始终面向着"有",朝着必然性发展,因此可能性与必然性构成了大小对立关系;偶然性与不可能性是"无"的维度的存在,不可能性是彻底的虚无,是完全的非现实、非存在,偶然性是无限接近不可能性的存在,因为不可能性越高的现象发生了,其伴随的惊异与偶然性越高,所以偶然性与不可能习惯构成了大小对立关系,偶然性是面向"无"的无限趋近于"无"的存在,但偶然性永远不能完全被"无"浸没,因为偶然性是现实的、是存在的——尽管是以"非存在的可能"形式而存在,一件未发生的事象不能称之为"偶然",因此偶然性始终是处于有无交界处的终极存在。偶然性作为"无"的可能(非存在的可能),将"无"拉近"有",使"无"作为"有"的背景,使"无"与"有"碰撞、发生"切点"式的交接,促发了从"无"向"有"以及从"有"向"无"的双向转化与运动。

"有""无"之间的运动关系,在九鬼周造提出的第三种模态体系中已经涉及了,用图可以表示为:

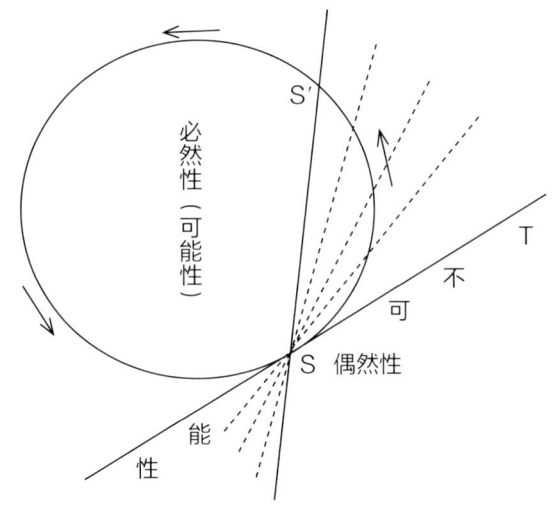

(《九鬼周造全集》第二卷第186页)

箭头指示的运动方向是从"无"到"有"的生发，背离箭头运动方向的是从"有"到"无"的转化。静观而言，必然性作为可能性的全体，就是静止状态下的圆周整体，偶然性作为必然性的否定，是圆周上的切点，是非现实的虚无的不可能性"无"与"有"的世界（可能性与必然性）接触的脆弱微小存在，圆周即绝对的形而上的必然，偶然性 S 作为圆周上无数切点中的一个，即析取的可能性全体中一个析取支而已。偶然性的运动是背离箭头所指示的"可能性弧线 SS′ 向着必然性发展的路径"而反向展开的，当直线 SS′ 无限接近 ST，S′ 最终与 S 重合，作为切点的偶然性 S 才成为一种现实的力量呈现出来。

如下图所示，偶然性是实在的创生点，作为既虚无又实在的三角形顶点是支撑着整个三角形的存在力量，必然性与偶然性共有现实性（即存在性，必然性是过去的既成事实的存在，偶然性是当下现在的事实存在），因而图中只有必然性 AB 与偶然性顶点是实线、实点，

第三章　偶然性问题的形而下样态与形上学理据

```
          必然性
    A ─────────── B
      ╲         ╱
       ╲  可   ╱
        ╲ 能  ╱
         ╲性 ╱
          ╲ ╱
    A′┈┈┈┈┈┈┈┈B′
         不可能性
          偶
          然
          性
```

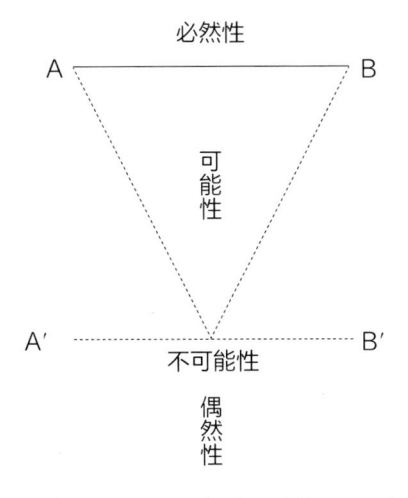

（《九鬼周造全集》第二卷第187页）

可能性与不可能性都是非现实的（非存在的），因而以虚线表示，必然性作为完成态的"有"（实在）是"作为展开的现实性"，可能性与必然性共属"有"的维度，因为可能性作为未来态的筹划永远憧憬着"有"，偶然性作为"产生出来的现实性"却是向"无"而在的，与不可能性同属"无"的维度，因为不可能性越大的突发事件蕴藏的偶然性越多，偶然性是无限趋近但永不沉浸于不可能性的。与此同时，偶然性作为实在的创生原理，具有让沉寂于非现实性与彻底虚无中的不可能性朝着现实飞跃的永恒颤动的创生力。这种创生的实现就如婴儿出世般，以啼哭宣示着在"无"中诞生的"有"所带来的惊异之情。

在"有""无"的交互运动中，我们已经看到"必然性"作为"既有"的过去时间性，"可能性"作为"筹划""预设"的未来时间性，以及"偶然性"作为有、无交界处刹那生灭的创生动力所呈现的永恒的

· 131 ·

颤动的现在性。偶然性问题与时间论的内在联系是本书必须探讨的重要议题，因为与偶然性的三样态内涵形下、形上两重区分一样，九鬼周造的时间论也涉及了过去、现在、未来普通的时间、现象学的时间结构与回归的形而上学的时间，这种形下、形上两重存在区分的结构。

第三节
偶然性问题与时间论的内在联系

九鬼周造最早提出自己的"时间论"相关内容，是他1928年8月11—17日在巴黎近郊崩狄尼用法文作的《时间的观念和东洋时间的反复》与《日本艺术中"无限"的表现》两篇演讲，这两篇讲稿在法国由柏格森的学生主编的杂志出版为《时间论》，后来法文原稿与坂本贤三翻译的日文版收录于《九鬼周造全集》第一卷。西田几多郎正是通过田边元带回的这本演讲小册子，了解到了九鬼周造的思想，并邀请他到京都帝国大学任教的。1931年，九鬼周造回国后在《时间论》的基础上，附加了贝克尔在其论文"Jahrbuch für Philosophie und phänomenologische Forschung"（*Husserl-Festschrift*）中对时间问题提出的与他类似的观点，发表为《形而上学的时间》，就时间问题的形上与形下两重区分进行了更为深入的思考。

针对海德格尔在《存在与时间》中以"未来"为中心构建的时间现象学的存在论结构，九鬼周造在《形而上学的时间》中提出了以"现在"为中心的回归的形而上学的时间观。九鬼周造的时间论之核心观点是"永远的现在"与"永恒的轮回"。首先可以借助《偶然性的问题》中对于"偶然性的时间特征"的勾画简单地理解九鬼周造以

"现在"为核心的时间观。

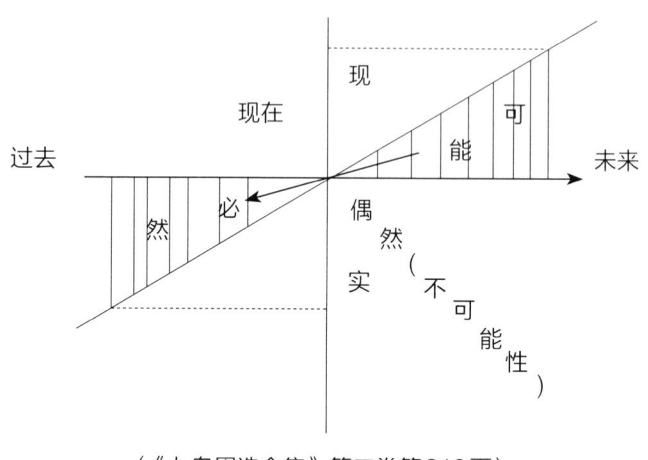

（《九鬼周造全集》第二卷第212页）

必然性、偶然性、可能性三种模态范畴与时间限定的联系，如图所示：对应于"必然性"模态的时间特征是"已然"，亦即过去，对应于"可能性"模态的时间特征是"预先"，亦即未来，"偶然性"作为根源性的、最初的原始事实，其对应的模态范畴是现实性。由于现实性意味着时间上的现在，偶然性的时间性也就是以"如今"为图式的现在。因此，正是以"今"为图式的偶然性的时间特性，直接决定了九鬼周造的时间论以"现在"为核心。图中偶然性现实只是作为一个发生点，处于坐标轴中心，作为正视态、作为"直态"被直观地目击。与此相对，必然性与可能性都是作为"斜态"立足于"现在"向左或向右"斜视"才能进入视域，也就是说只有偶然性作为有、无交界处的生发点，具有体验的直接性，作为必然性的过去与作为可能性的未来，都只是"过去的现在"与"未来的现在"，因此一切真正发生着的都是"永远的现在"。值得说明的是，由"可能"阴影界域经由"现在"指向"必然"阴影界域的箭头，表示的正是海德格尔存在论哲学的时间观：立足于未来的可能性激活瞬间，使现在的偶然性意义奔腾驰骋。但是九鬼周造认为"就根本而言，未来之可能性经由现实向着过去之必然推移。从巨大的可能性到与不可能性相接的微乎其微的可能性，可能都根据可能之可能性成为现实，现实朝向必然展开。所以一般而言，可能遇到现实的情况，其实就是广义的偶然[1]"。这就表明九鬼周造在其《偶然性的问题》中意图以自己的偶然性的时间形态融摄海德格尔的现象学的时间结构。

九鬼周造以"现在"为优位的时间观具有两个最为鲜明的特征：其一，时间的契机之间的非连续性，"过去的现在""现在的现在""未来的现在"是作为一个个独立的"直态"点而被直观地目击；其二，时间的各个契机是绝对同质的，因为都是"永远的现在"，同一性是可逆性的保障，因此这种同质性时间成为"可逆的"永恒的轮回。以往线性的时间观或者螺旋式的时间观，都是以时间契机之间的过去—现在—未来的连续性，以及时间的不可逆性作为前提的。九鬼周造的回归的形上学的时间观毋宁说是一种圆形的时间观，永远性、完结性、无限性是其突出特征。之所以说这是一种形而上的时间观，是因为这种时间观是对时间的绝对根据亦即时间的本原的探究，由于人存在的"时间性"是有限的，具有起始与终结，回归的形而上

---

[1] 九鬼周造『九鬼周造全集』（第二卷）岩波書店、1990年（第二刷）、209頁。

的时间观对于人类在本质上是不可经验的,只有柏格森所谓的"非人格的意识"(conscience impersonnelle)、"宇宙的持续"(Durée de l'univers)才可能具有这种"时间原视"(Zeit-Urschau)的视域,对于人的存在这种回归的形而上的时间永远只能是一种理念上的"设定",作为现实被给予的只能是普通的时间与现象学的时间。站在现象学的立场,这种不能被还原为向我们显现并如其所是地加以描述的"形而上的时间"是不能被承认的。

因此,我们必须考察,九鬼周造设立"回归的形而上的时间"的目的是什么?如果这种形而上的时间无法还原为主体的内在时间意识或者时间内状态,假设的根据何在?"形上学的时间"与普通的流俗时间及现象学的时间具有怎样的关系?

根据康德的《纯粹理性批判》,纯粹理性的第一个二律背反,先验理念的第一冲突即"世界在时间上有开端,在空间上有边界"与"世界在时间与空间方面都是无限的"这组矛盾的并立,世界在时空上的有限与无限问题从根本上是超出人类理性认识能力范围的。但是,自然时间四季轮回以及农业时间日出而作、日落而息,这些虽然是以人类生命不断老去的自然生命进程连续性为前提的经验时间,却使得万物复生、永恒轮回的思想一直未在哲学思维上根除,轮回说、劫波说始终在哲学史上占据一席之地。海德格尔的《存在与时间》意图将此在的一切行为从其存在亦即其时间性阐明,其现象学时间还原的基本存在论结构是:"流俗的时间概念"还原为"此在的操劳的时间","作为操劳的时间的世界时间"进一步被还原为"时间性"(Zeitlichkeit)。海德格尔的时间性(Zeitlichkeit)具有三个特征:(1)自我脱离性(ekstasis);(2)将来优势;(3)有限。其中第一点"自我脱离性"是九鬼周造关注的重点。ekstasis在中文版《存在与时间》中被翻译为"绽出","绽出的(ekstatic)特性"即时间具有绽出(日译:"脱离自我")的三样态:未来、现在、过去。Ekstasis词源于希腊文,前缀"ek"意为"出来",名词"stasis"源自动词histēmi,意为"站立",因此"'绽出'意味着,在最基本的时间经验中,我们并不是被封闭在孤立的当下,而是'站出去',进入过去和未来[1]"。但是,为何日文翻译将ekstasis翻译为"自我脱离性"呢?因为海德格尔将时间的第一特性ekstasis与空间性紧密关联"只有根据绽出视野的时间性,此在才可能闯入空间[2]"。ekstasis是海德格尔得以将空间性奠基于时间性的根基,此在的空间性预设着他者的存在,这才是日文翻译将ekstasis翻译为"自我脱离性"的根由所在。也是在洞察到ekstasis这层理解的基础上,九鬼周造发现了海德格尔的时间的现象学存在论结构的缺口,提出了自己的轮回的形而上的时间:"海德格尔为了表示时间的现象学的存在论构造而使用了'脱离自我'(ekstasis)这个词。时间具有'脱离自我'的三种样态,即未来、现在、过去。因此,时间的特征正是存在于这种'脱离自我'的完全统一(即'脱离自我的统一')之中。在这个意义上,'脱离自我'是所谓水平的。关于回归的时间,可以说还存在垂直的'脱离自我'。"[3]这种垂直的"脱离自我"

---

1 [美]罗伯特·索科拉夫斯基著,高秉江、张建华译:《现象学导论》,武汉大学出版社2009年版,第135页。

2 [德]马丁·海德格尔著,陈嘉映、王庆节合译,熊伟校,陈嘉映修订:《存在与时间》,生活·读书·新知三联书店2009年版,第418页。

3 [日]九鬼周造著,彭曦、汪丽影、顾长江译:《九鬼周造著作精粹》,南京大学出版社2017年版,第334页。

是直面"现在"颤动的"瞬间"的,"永远的现在"与过去、未来都没有接触,既不是在流俗时间概念的线性结构中借由"过去""未来"的连续性而成立的"现在",也不是海德格尔现象学的存在论结构中水平的"脱离自我"——"此在"作为被抛的"筹划"可能性,通过先驱的决断性"筹划","将来"产生"现在"与"过去","将来"处于优位,这是因为海德格尔将此在的一切行为都从时间性阐释,"死"作为此在最本己的可能性是其哲学最关心的存在,这种"向死而在"的存在论哲学决定了其时间性必须以"将来"为中心,进而在"水平方向"绽出(脱离自我)。九鬼周造的"现在"不由"将来"筹划,"现在"是深不可测的现在,只能"直观"的"直态"现在,过去、未来都是无数绝对同质性的现在,也就是说,没有过去、未来,只有"过去的现在""未来的现在"。

九鬼周造自己非常清楚,"回归的形而上的时间观"这种垂直的"脱离自我"已经不是作为现实现象呈现的现象学的时间,而是神秘论的"脱离自我"(时间性在垂直方向上的绽出),问题在于他为什么要假设"回归的形而上的时间观"这种理念性的时间观?九鬼周造在《形而上学的时间》一文中对此给出的回答只是一个笼统的侧面类比:"虽然这种时间只是假设的东西,但也不能说它与现实没有任何关系。不妨说,作为现实被给予的现象学的时间与这种形而上的时间的关系,和欧几里得空间与非欧几里得空间的关系相似。"[1]这种类比

---

[1] [日]九鬼周造著,彭曦、汪丽影、顾长江译:《九鬼周造著作精粹》,南京大学出版社2017年版,第335—336页。

性的解释在学理上显然是不究竟的，要理解九鬼周造这种"形而上的轮回的时间"设定，必须结合九鬼周造的偶然性哲学的旨归以及其哲学面向的人生、命运这些实际存在境遇才能真正理解。

首先，九鬼周造的偶然性哲学对于人生、命运问题的理解，区别于海德格尔"向死而在"的存在论哲学。偶然性问题落实到人的生存领域是与"命运"密切相关的，形上学的轮回的时间观具有明显的宿命论色彩，但是对于九鬼周造而言当偶然性对于人类存在而言具有影响个人存在的核心意义时，偶然就是命运，这是因为作为绝对存在者的"必然—偶然者"是一体两面的，所以他认为正是"作为命运的偶然性"呈现出了"必然—偶然者"的结构："将绝对者与有限者联系起来的乃是命运，就此而言，命运也具有'必然—偶然者'的特征，震撼着存在之内核。必然与偶然的关联就是基于有与无的关联而领会的，这一点必须被视为我们对于偶然性之认识的根基。"[1] 偶然性的时间特性是"现在性"，既然在偶然性哲学中偶然就是命运，偶然性的时间形态就必然在存在论的时间结构中处于奠基性地位。因而在九鬼周造的时间论结构中"现在"具有优位，这是植根于其偶然性哲学思想见地整体的，这就如同"将来"的筹划对于海德格尔"向死而在"的哲学、"过去"对于柏拉图以"回忆说"追求绝对必然性的理念论。而时间性的"现在"的"绽出"就是垂直的自我脱离，因为"现在"是"直态"的，现在作为"有""无"的交会点，作为刹那生灭的瞬间，无法在水平方向延展，

---

[1] 九鬼周造『九鬼周造全集』（第二卷）岩波書店、1990年（第二刷）、254頁。

任何水平方向的"绽出"都将成为"斜态"的过去与未来。

进而,从日常经验的时间视域来考察"偶然性",作为人类日常生存境遇所面对的"经验的积极的偶然",呈现为"同时的偶然"与"继起的偶然"两种形态,其中"继起的偶然"其实是"同时的偶然"的复合体,是两个或两个以上的"同时的偶然"之间形成某种承继关系才形成了"继起的偶然",因此继起性是奠基于同时性的。如前文"偶然性的形而下样态"所述,在经验领域假言的偶然所表达的是二元的独立序列的邂逅,"同时性"言说的就是这种"遭遇""邂逅"。九鬼周造在《偶然性的问题》中特别指出,作为构成"继起的偶然"的基础环节,如果单一的"同时的偶然"以同一的形式一次又一次,无限重复,"继起的偶然"就将呈现为"回归的形而上学的时间"。这里提请我们注意的是,九鬼周造并没有放弃海德格尔的时间性在水平方向上"脱离自我"的时间结构,毋宁说他是以形上、形下的两重存在结构重构了时间论,他说:"水平面表示现象的存在论的脱离自我,垂直面表示神秘论的形而上的脱离自我;水平面是现实面,垂直面是假设面,这两面的交织便是时间的构造。"[1]九鬼周造认为只有垂直的"自我脱离"与水平的"自我脱离"相交,才能出现真正的"时机",作为偶然性形下样态的"继起的偶然"或者说"回归的偶然"就是"形而上的轮回的时间"在经验界的表现形式。

最后,"偶然性"的"偶"在日文是"遇",邂逅之意,偶然性

---

[1] [日]九鬼周造著,彭曦、江丽影、顾长江译:《九鬼周造著作精粹》,南京大学出版社2017年版,第334页。

只有在"一"与"他"二元邂逅时才存在。与此相对,海德格尔水平方向的"绽出"或者"自我脱离",强调的是此在以"将来"的"筹划"为中心,个体性的时间性绽出,对于与其他此在"共在"的"现在",海德格尔认为是此在的"颓落""沉沦"的时间契机,基本持消极论调。海德格尔"此在的超越性"的可能是奠基于此在的作为个体性存在的时间性,对于"他者"的融摄力不足,直接导致了海德格尔哲学尤其是早期的《存在与时间》对于"空间性"问题的轻视以及此在"道德的空场"问题。与之相对,九鬼周造的偶然性哲学在实践领域的道德律令却是"观佛本愿力,遇无空过者",偶然性的内在化不是埃利亚学派抽象的形式逻辑的同一律,而是存在逻辑学上的实践性同化:将邂逅的"你"深化到"我",将外在的"你"具体地同一化于"我",这是"偶然性"的实践的内在化。偶然性存在的二元性结构不仅使"主体间性"始终得以保有,填补了海德格尔存在论的道德空场,而且使得时间性的"自我脱离"真正既是水平方向的也是垂直方向的,时间性的"绽出"真的能够为"空间性"奠基,二元邂逅使得"现在"成为具有具体内容的,而不再是被架空的时间契机,海德格尔亦承认"被称为偶然者唯有从共同的世界出发,从周遭世界出发,向着决心奔去,才得以成为偶然[1]"。可以说九鬼周造正是完善了海德格尔虽未完全视而不见,却并未足够重视的缺口。

综上所述,九鬼周造的"形而上的轮回的时间观"的提出是基于

---

1 九鬼周造『九鬼周造全集』(第二卷)岩波書店、1990年(第二刷)、258頁。

其偶然性哲学见地，立足于作为偶然性时间特征的现在的"现实性"，在融摄作为日常流俗经验的"普通的时间"与水平方向绽出的现象学的时间结构基础上，以理念的形态设立的"形而上的时间观"，其设立不仅弥合了海德格尔哲学的诸多问题，而且深化了作为偶然性问题的场域的"现在"之意蕴。九鬼周造的偶然性哲学正如小浜善信界定的，是一种可称为"有·无·论"（Onto-mehonto-logie）的形而上学，他认为九鬼周造的《偶然性的问题》是对偶然性与作为偶然性的否定的必然性，以及这两者交会处的"命运"这种"三位一体"（trinitas）结构的研究，并且是关注芸芸众生的个体存在的哲学，因而他甚至提出《偶然性的问题》可以更名为《有与无的问题》或《个体的问题》。[1]事实上，对于九鬼周造的偶然性哲学可以进一步地归纳与阐发为：九鬼周造的偶然性哲学践行了海德格尔重返古希腊的哲学理念，将"形而上的绝对者"复原为"必然—偶然者"，给了亚里士多德以来被排除在"形上学"领域之外的偶然性问题应有的哲学建构与考察。作为考察结果的偶然性的三样态——直言的偶然、假言的偶然、选言的偶然，不是各自分立的，也不是平等的并列关系，其内在由形下到形上的递推性在于：作为直言的偶然的"个物以及各个事象"，其特征在于超脱于一般概念、共相的本质性规定，而其出现的原因仍要追溯到作为"一序列与他序列邂逅"的假言的偶然。这种假言的偶然由于是独立序列的非理性邂逅，突破了充足理由律规定的理

---

[1] [日]小浜善信著，郭永恩、范丽燕译，《九鬼周造的哲学：漂泊之魂》，中国书籍出版社2012年版，第130页、第147页。

由与归结的必然关系，因为邂逅的非意图性、无目的性，不邂逅也是可能的，从而将邂逅的序列作为选言的偶然的选言项（析取支）时，不邂逅、不发生的"无的可能性"背离了作为所有可能性整体的必然性，有、无之间的运动才开始将偶然性问题追问到形上学层面。因此，"偶然性"的复权就是"无"的复权，因为"无"就是无限趋近于"不可能性"的"偶然性"，在偶然中"无"不停地侵蚀着"有"，偶然作为"无"与"有"的切点是此时、此地脆弱的存在，这种存在的脆弱性体现在图表中是"点"状的微弱形态，体现在义理层面则是偶然性的无概念、无关联、无法则、无秩序、无顿着、无关心的"无底洞"本质。九鬼周造推演出的第三种模态体系，就是在第一种模态体系中偶然性与必然性相对立的静态关系，第二种模态体系中偶然性与可能性相类似的动态关系，之后发现的偶然性与不可能性之间无限接近又永不重合的关系。不可能性越大的事件发生伴随的偶然性越大，产生的惊异之情越强，因而偶然性在第三种模态体系中是具有"无"的不可能性质的现实的"有"，这种基于有、无关系来理解的必然、偶然关系的见解才是九鬼周造偶然性哲学的根本观点，也是偶然性问题作为形上学问题的根据。在此意义上，小浜善信提出《偶然性的问题》就是《有与无的问题》是成立的，但是他认为九鬼周造的偶然性哲学关注的是个体命运问题则有待推敲、商榷，因为偶然性唯有在一者与他者的二元邂逅中才存立，个体性与二元性的关系问题也就是"粋"的结构与偶然性的内在化问题，遇合性问题较之于个体性问题是九鬼周造更关切的根本问题，这是第二章的内容，在此不再作枝蔓。关于"命运"，九鬼周造认为将绝对者与有限者连接起来的是命运，他的"命运"归根到底是目的性的偶然与目的性的必然异种结合的产物，恰好具有"非目的性的目的"的结构。但是在"普通的命运"的概念中，对人而言的偶然是对神而言的意图，在人类存在的层面上是目的的偶然，在超越的层面是目的的必然，在这种情形下，目的性的必然应该被理解为制约或支配目的性的偶然之物，因此九鬼周造分殊了"胜义[1]的命运"（本真的命运）与"普通的命运"这两个不同的概念：在"胜义的命运"之中，在人类存在的层面上，目的性的偶然与目的性的必然动态结合，从而两者是交互制约合一的。基于主体自身的意志通过行为的实践更新、创造的就是"胜义的命运"，其具体内容表现为这样一个过程：首先，通过过去的因果的必然性的制约给予现在的偶然性，但是人将其偶然性或被抛性通过自身的意志作为选择了的可能性也就是目的性的必然接受、修正，并且将之投射[2]向未来的可能性，从而通过这一投射实现了的偶然性，在其每次更新过去的必然性这一意义上，反过来偶然性制约了必然性。这一"命运"的实践，可以说，把偶然变为"命运"。因此，对于"命运"问题，九鬼周造一方面强调偶然性的时间性质是作为直态的现在，认为"我们应该这样理解胜义的命运概念：使具有热切自觉的自身沉浸于偶然性之中，借此它激活自身复归回原本的样态。从而，作为命运的

1　胜义：胜义谛，佛教语，像真如和涅槃那样超越世俗的最高真理，第一义。

2　德文Entwurf，海德格尔的用语，意指总是对自己已有的可能性保持开放状态的此在所固有的存在方式，具体来说就是采用了"理解"这一形式，与"被投性（情绪）"相对。

偶然可以被领会为'回归的形而上学的时间'中'永远的现在'就不罕见了[1]"。另一方面又指出"对于偶然之惊异并非只能奠基于现在，我们可以反过来立足未来给偶然性的惊异奠基"，我们"只能立足未来激活瞬间，只能立足于未来的可能性让现在的偶然性的意义奔腾"，也就是说可以通过未来的可能性展开行为的曲线，以在未来酝酿"无目的的目的"的方式赋予"邂逅"的"瞬间"以惊异。[2]这里出现的"未来可能性"与"现在邂逅瞬间性"的关系问题，实质上是九鬼周造的时间论以"现在"为交叉点沿水平方向与垂直方向双向绽出的问题。与偶然性问题一致，九鬼周造的时间观其实也具有形上、形下两重结构，海德格尔的现象学时间观结构被他作为水平方向绽出的可还原为主体时间内意识的形下时间观结构保留，在此基础上九鬼周造又以理念设立的方式提出了自身回归的形而上学的时间观。问题在于"立足未来激活瞬间"的主张似乎有悖于九鬼周造以现在为优位的时间观，倘若以未来赋予现在的偶然性以惊异，何以说九鬼周造的时间观水平方向的绽出是以"现在"为中心的？也许《形而上学的时间》与《偶然性的问题》本身就时间观问题就出现了一定的矛盾，这是一位哲学家思想发展过程中难免出现的问题，事实上不止于此，九鬼周造的时间论还遗留了许多其他未尽的、未思考究竟的问题。

---

[1] 九鬼周造『九鬼周造全集』（第二卷）岩波書店、1990年（第二刷）、235頁。

[2] 九鬼周造『九鬼周造全集』（第二卷）岩波書店、1990年（第二刷）、259~260頁。

第四章 九鬼周造『时间论』内蕴的东西时间观问题

九鬼周造立足于其偶然性哲学见地，基于作为偶然性时间特征的"现在"的"现实性"，于1931年在《形而上学的时间》中提出了以"现在"为中心的回归的形而上学的时间观。这篇文章是九鬼周造在其1928年朋狄尼演讲《时间的观念和东洋时间的反复》的基础上，吸取了贝克尔在论文"Jahrbuch für Philosophie und phänomenologische Forschung"（Husserl-Festschrift）中对时间问题发表的与其演讲相近似的观点之后，对于时间问题的再思考。九鬼周造的时间论之核心观点是"永远的现在"与"永恒的轮回"，"形而上的轮回的时间观"的提出是在融摄作为日常流俗经验的"普通的时间"与水平方向绽出的现象学的时间结构基础上，以理念的形态设立的"形而上的时间观"，其设立是为了弥合海德格尔哲学的诸多问题，深化作为偶然性问题场域的"现在"之意蕴，以阐发偶然性的存在论意义。九鬼周造"时间论"的"永远的现在"与"永恒的轮回"这两个基点有其思想形成的渊源与背景：一方面，西方哲学历史上关于时间问题的思考源远流长，九鬼周造20世纪留学欧洲时于此获益良多，既有作为其批判对象的柏格森、海德格尔以"过去"或"未来"为中心的时间观，又有通过胡塞尔接触到的自奥古斯丁以来重视"现在"的时间观思想。而且，尼采的永恒轮回学说对于九鬼周造而言也具有启发意义。另一方面，日本社会文化生活自身的时间观传统里的现在主义或现世主义倾向，以及农耕文明遗留的共同体生产生活方式传统对于他者世界的关注，进而在这种世界观、人生观的土壤里产生出的重视从中国传入的禅宗思想与近代以京都学派为代表的日本哲学对于空间性、他者问题的思考，都构成了九鬼周造提出东方色彩的时间论思想的社会历史背景与思想文化视域。只有在厘清这些作为九鬼周造时间论的理论前设与背景视域的基础上，才能厘定九鬼周造提出自身时间论的意义与其对于时间问题思考的推进性所在。

第一节

作为背景视域的西方哲学代表性时间观

西方哲学关于时间问题的思想历史悠久，从古希腊的亚里士多德、普罗提诺到奥古斯丁、康德无不关注时间论问题。九鬼周造20世纪留学欧洲时亲身接触过并受到深刻影响的哲学家们更是将时间问题作为其根本哲学论题，柏格森著有《时间与自由意志》，胡塞尔著有《内时间意识现象学》《关于时间意识的贝尔瑙手稿》，海德格尔著有《存在与时间》《时间与存在》等作品。作为九鬼周造展开自身具有东方色彩的时间论思想的背景，对于西方哲学关于时间论问题的代表性观念进行基础性的梳理，澄清时间问题的理论视域，是研究九鬼周造时间观的理论前提之一。

如前所述，九鬼周造的时间论以"现在"为核心，因此他对于奥古斯丁的时间论颇具共感。在《九鬼周造全集》中，九鬼周造谈及奥古斯丁的时间论有两处，分别为：第十卷第153—154页、第十一卷第

132—136页。九鬼周造是通过胡塞尔的《内时间意识现象学》的相关内容关注到奥古斯丁的时间论的,胡塞尔在该书《第一部分1905年内时间意识现象学讲座》开篇"引论"起笔即写道:"对时间意识的分析是描述心理学和认识论的一个古老的包袱。第一个深切地感受到这个巨大困难并为此而做出过近乎绝望努力的人是奥古斯丁。时至今日,每个想探讨时间问题的人都应当仔细地研读《忏悔录》第十一篇的第14—28章。因为,与这位古代伟大的、殚思竭虑的思想家相比,以知识为自豪的近代并没有能够在这些问题上做出更为辉煌、更为显著的进步。即使在今天,人们仍得赞同奥古斯丁之所说:'没人问我,我还知道,若有人问我,我想向他说明时,便又茫然不知了。'"[1] 奥古斯丁的《忏悔录》第11卷部分是整本书最纯粹的哲学内容,因为是对于时间问题的分析,所以又被称为"时间书"。在第11卷第14章奥古斯丁正式提出了时间究竟是什么的问题,但并未给出明确的回答,因为《忏悔录》作为奥古斯丁对上帝的祷文,很多时候都保留了宗教神秘性的探问文体,以此不确定性表达祈望得到主的指引的彷徨与谦卑。直到第20章,奥古斯丁才明确"有一点已经非常清楚,即:将来和过去并不存在。说时间分过去、现在的现在和将来三类是不恰当的。应该说:时间分为过去的现在、现在的现在和将来的现在三类,比较恰当。这三类别处找寻不到,只存在我们心中,过去事物的现在便是记忆,现在事物的现在便是直接感觉,将来事物的现在就是

---

[1] [德]胡塞尔著,倪梁康译:《内时间意识现象学》,商务印书馆2010年版,第33页。

第四章 九鬼周造"时间论"内蕴的东西时间观问题

期望。如果改用这种说法的话，那么我的确看到三类时间，我也承认时间分三类"[1]。九鬼周造能够提出"永远的现在"的时间观明显受到了奥古斯丁这段文字的启发，他在《文学概论》的讲义第十二部分"时间（时间与文学）"中直接引用了奥古斯丁的这段文字，随后又引用了《忏悔录》第28章的内容："但将来还没有存在，怎么会减少消耗呢？过去已经不存在，怎么会增加呢？这是由于人的思想工作有三个阶段，即期望、注意与记忆。所期望的东西，通过注意，进入记忆。谁都承认将来还不存在，但在心中已经存有对将来的期望。谁都承认过去已不存在，但过去的记忆还存在心中。谁都清楚现在没有长度，只是疾驰而去的点滴。但注意能持续下去，将来通过注意能走向过去。"[2]九鬼周造认为柏格森与海德格尔的时间论或重视过去或重视未来，都轻视现在，只有奥古斯丁与胡塞尔关注到了现在的重要性，将时间的本质视为现在。但是，奥古斯丁提出了时间的度量问题，如果现在没有长度，当下作为不可延伸的点疾驰而去，我们如何度量时间？如果度量的对象不存在，时间又是什么？事实上，柏格森与海德格尔重视过去与未来，某种意义上是为了解决奥古斯丁、胡塞尔的时间观轻视了"过去"与"未来"向度，只重视当下的现在存在，造成的"现在"沦为抽象空洞的点这一潜在的危险，当下的现在如何延展或绽出始终是一个值得深思的问题。因此，我们首先应该对照性地理

---

[1] ［古罗马］奥古斯丁著，向云常译：《忏悔录》，华文出版社2003年版，第291页。

[2] ［古罗马］奥古斯丁著，向云常译：《忏悔录》，华文出版社2003年版，第303页。

解柏格森、海德格尔分别以"过去""未来"为核心的时间构造所理解的"现在"与继承奥古斯丁理路的胡塞尔、九鬼周造对于"现在"的理解有何区别。

九鬼周造的时间观继承了西方哲学历史上将时间作为意志这一传统，他认为柏格森的纯粹持续（又译为绵延），从博士论文《意识的直接与件论》（中国学界翻译为《论意识的直接材料》或《时间与自由意志》）到诺贝尔文学奖获奖作品《创造的进化论》，其思想的展开始终将时间看作由意志所构成者。确实如此，柏格森哲学着眼于生命的本质现象——时间，希望以此改造旧形而上学纯粹用理智手段处理生命问题的弊端，试图建立新的形而上学，在《形而上学导言》这篇柏格森思想发展过程中处于承前启后地位的论文里，柏格森界定了作为其形而上学方法论的"直觉"，他认为绝对的存在只能通过直觉获得，这种绝对实在就是在时间中流动的自我人格，即绵延的自我。之所以说柏格森的时间论重视过去，是因为柏格森提出了非常深刻的"记忆"理论，关于此最集中的理论论述体现在其著作《物质与记忆》中。柏格森所重视的"过去"是作为生命本体的绵延的一部分的存在论意义上的过去，而非传统时间观里所谓的与现在、未来隔绝的过去。依据柏格森哲学，记忆与绵延具有同一性，二者同时延伸，内在的绵延在根本上就是一种记忆的连续生命，因为它把过去延长到了现在。柏格森的"现在"不同于九鬼周造的"现在"，他的"现在"是以一种清晰的形式包含了过去的影像的"现在"，而且对于柏格森而言人的存在作为一个回忆体，这个影像的质的连续性变化决定了人随着年龄增大回忆的负担也随之增大，如果没有过去残留到现在的这种影像，就不会有绵延，而只有转瞬即逝的顷刻性。"记忆"在根本上是绵延的主观体现，是存于现在和未来的过去，柏格森的"现在"是纯粹生成的，而非存在的，因为它是在自我之外的现在，只有过去才在自身中继续存在，与自我存在相融合。柏格森分殊了现存（être-présent）与存在："现在"（présent）不存在，但在起作用，它是存在得以实现并达到自我之外的形式，与此相对，"过去"存在而不是"曾存在"，它虽然已僵化地停止活动，不再是活跃的，但"过去"是存在的自在，是存在保存在自我中的形式。也就是说，对于柏格森而言，刹那生灭的"现在"是不断逝去而成为"曾存在"的非存在，只有"过去"通过回忆保存在自我之中，也就是保持在绵延之中，得以成为全部时间中"永恒"的"存在"。因此，柏格森的时间观从根本而言是过去的本体论，绵延与记忆同一。在柏格森过去的本体论哲学视域中，"现在"是纯生成的非存在，被搁置在自我意识、绵延之外不断逝去，只有作为永恒的纯本体论意义上的"一般过去"通过记忆留存在自我意识、绵延之中。区别于九鬼周造时间契机之间的非连续性的断点式结构，绵延通过记忆的两种运动形态"记忆—回忆"（向过去扩展）、"记忆—收缩"（向未来收缩），联结着不连续的瞬间，使"现在"成为延续地涌向过去、未来的连续性瞬间形式。

区别于柏格森"生的涌动"的哲学旨趣以"纯粹持续""自由意志"等"生的哲学"契机为核心，海德格尔"向死而在"的存在论哲学归旨于死与无的问题，因此他建构了以"未来"为核心的时间的现象学存在论。在"偶然性问题与时间论的内在联系"部分已论述了九鬼周造针对海德格尔在《存在与时间》中以"未来"为中心构建的时间的现象学的存在论结构，九鬼周造在《形而上学的时间》中提出的以"现在"为中心的回归的形而上学的时间观是通过重构海德格尔水平方向绽出的"未来—现在—过去"的脱离自我这种现象学时间结构，而以"现在"作为水平方向绽出的"过去—现在—未来"现实面与垂直方向绽出的形而上的假设面交会点，才成为真正"时机"的时间结构。海德格尔以"未来"为中心绽出的"现在"区别于九鬼周造时间论的"现在"意蕴的具体内涵是什么呢？海德格尔的时间性（Zeitlichkeit）其实是将作为"曾在"而"当前化"的"将来"的统一现象，这里的"曾在""当前化""将来"并非流俗时间概念的过去、现在、未来，而是作为此在的原本整体性存在被经历着的根本现象。时间性的首要特征是以将来、曾在、现在的形态自我脱离（绽出），时间性的本质则是在这三种形态的统一中的时机化，时机化的方式决定了时间性是原本的时间性还是非原本的时间性。具体而言，原本的时间性的将来被称为"先驱"（Vorlaufen）或"先行"，非原本的时间性的将来被叫作"期备"（Gewärtigen）或"期待"，原本的时间性的曾在被称为"重演"（Wiederholung），非原本的时间性的曾在被叫作"忘却"（Vergessenheit），原本的时间性的现在被称为"瞬间"（Augenblick），非原本的时间性的现在被叫作"当前化"（Gegenwärtigen）或"现成"。必须明确的是，时间性是在各种原本的或非原本的脱离自我的形态的统一中作为整体而时间化的，上述各种脱离自我的形态不能单独地显现，也就是说，以将来为先在的筹划的时间性，原本的领会是"进行重演，在瞬间进行先行"，非原本的领会是"进行忘却，当前化，进行期备"，必须是作为整体的时间性而时机化。海德格尔认为将来优先,是因为他认为时间性在根本而言是将来的时机化,作为根本的、原本的时间性的第一现象只能是将来的先驱决断性,这种优先性地位是因为海德格尔将此在的所有行为阐释为时间性,而走向"死"作为此在最本己的、最原本的可能性存在,是其存在论哲学最关心的终结性存在。但是在上述脱离自我的形态中,作为非原本的现在的当前化"现成"是作为操劳的时间的世界时间,这种此在的操劳的时间具有特殊地位,一方面它可以被还原为时间性(Zeitlichkeit),另一方面它可以产生流俗的时间概念,因而在海德格尔的现象学时间结构中居于承前启后的位置。此在作为世界内存在基于"现成"这种时间性,这种非本原的现在既是此在操劳的沉沦,也是此在与他者共在的境遇图式,对此九鬼周造提出了自己的质疑:"海德格尔将具有公开性的操劳的时间或世界时间视为非原本的东西,尽管他主张共同相互存在的学说,但那样做岂不是将空间的生存论的展望封锁了吗?如果共在性始终没有离开视点的话,此在的关心的存在论意义比起作为'时间性',作为'时间空间性'不是能阐述得更加清楚吗?"[1]九鬼周造认为海德格尔忽视空间性与共在性,"现在"仅作为非原本的"现成"或"当前化"被阐述,理解为此在的沉沦,遮蔽了作为原本的时间性的现在的"瞬间"(Augenblick)。"瞬间"就是当下即是,就是眼下之意。这里九鬼周造提出的"时间空间性"是希望改变海德格尔在《存在与时间》中将空间性奠基于时

---

[1] [日]九鬼周造著,彭曦、汪丽影、顾长江译:《九鬼周造著作精粹》,南京大学出版社2017年版,第379页。

间性，而赋予空间性以与时间性同等根基性的地位。海德格尔虽然承认此在以去远和定向的方式具有空间性，但是海德格尔将时间性置于此在的空间性的奠基地位，他认为"时间性是操心的存在意义。此在的建构和它去存在的方式在存在论上只有根据时间性才是可能的，无论这一存在者是否摆在'时空中'。于是，此在特有的空间性也就必定奠基于时间性"[1]。承前所述，"偶然性"的"偶"在日文是"遇"，邂逅之意，偶然性只有在"一"与"他"二元邂逅时才存在。与此相对，海德格尔水平方向的"绽出"或者"自我脱离"，强调的是此在以"将来"的"筹划"为中心，个体性的时间性绽出，对于与其他此在"共在"的"当前化"，海德格尔认为是此在的"颓落""沉沦"的时间契机，是此在的非本真状态。九鬼周造正是看到了海德格尔轻视的空间性、共同存在，导致偶然性的存在论意义未进入其视野，而提出了自己以"现在"为中心的时间论，他认为"如果在时间性以外承认空间性的原本的意义的话，那么针对将来，现在的比重加大，针对可能性，偶然性的力量增大。偶然性的'偶'无非就是'遇'。此在去到其他此在，'去远'地筹划，那必须是在空间性的基础上，作为'显现'的现在来时机化。……当旁边的现在、相遇的现在作为'永远的现在'被把握的时候，被抛性向筹划跃动，命运的无力向超力奔腾"[2]。因此，九鬼周造的"现在"是海德格尔作为原本的时间

---

1 [德]马丁·海德格尔著，陈嘉映、王庆节合译，熊伟校，陈嘉映修订：《存在与时间》，生活·读书·新知三联书店2009年版，第416页。

2 [日]九鬼周造著，彭曦、汪丽影、顾长江译：《九鬼周造著作精粹》，南京大学出版社2017年版，第379页。

第四章 九鬼周造"时间论"内蕴的东西时间观问题

性的现在的"瞬间"(Augenblick),九鬼周造的时间论是以此作为"瞬间"(Augenblick)的原本的现在为原点在水平方向与垂直方向上自我脱离或绽出的。上述柏格森与海德格尔以"过去"与"未来"为中心的时间纯粹持续或绽出,仍是承认时间的连续性的,九鬼周造以刹那生灭的"现在"为中心的水平或垂直方向的绽出,时间的契机之间是非连续性的,"过去的现在""现在的现在""未来的现在"是作为一个个独立的"直态"点而被直观地目击,这种时间观承继自奥古斯丁与胡塞尔的时间观理路。

胡塞尔关于时间问题的思考延续了奥古斯丁在《忏悔录》中希望探明的"时间之谜"。奥古斯丁思考的时间度量之问,认为我们只能度量正在经过的时间,过去与未来不存在,因而我们只能度量现在。但是,在《忏悔录》第11卷第15章奥古斯丁指出当下没有伸展,正在走向过去的时间在当下直接呈现(Geradehingerichtetheit),"现在"无伸展地分裂为"不—再—现在"和"尚—未—现在",现在之为现在仅是作为"不再"和"尚未"之间的界限而没有长短。这是他在哲学层面领会的时间,与日常自然时间之间存在着悖论,以个体生命经验为例,如果经历的时间没有伸展,我是如何经验到"变老"这个事实的呢?时间长度、伸展性的自然领会与时间当下无延展的哲学领会之间的悖论如何解决呢?这种悖论正是导致他对于时间既知道又不知道的茫然之困的根由所在。奥古斯丁是如何思考这一悖论的?他是否解决了问题呢?奥古斯丁提出时间是心灵的伸展,心灵伸展的特征是"滞留",因而时间就是印象,度量时间就是度量印象。这就是将伸展归于领会时间的心灵内部,时间的伸展是领会时间

· 157 ·

的心灵的伸展,具体而言,心灵领会时间的方式是"滞留"(tenere),心灵伸展的滞留是时间的当下化,在当下回忆或保持过去的东西叫作"回返滞留",通过预想使将来的东西提前来到当下叫作"先行滞留"。也就是说虽然当下没有长短、不可度量,无伸展地分裂为不再与尚未,但是心灵通过其领会时间的方式"滞留"(tenere)在内在当下的感知印象中可以感知到可度量的延续。但是,时间在当下直接呈现(Geradehingerichtetheit)与心灵通过其领会时间的方式"滞留"(tenere)之间是怎样的关系呢?奥古斯丁对此并没有给出答案,胡塞尔的现象学正是由这一点入手,以意向性结构的本质直观还原自然的世界经验为原始的直观经验,继承并发展了奥古斯丁的《忏悔录》关于时间的思考。这直接反映在他的著作《内时间意识现象学》中,在这本书里胡塞尔考察了主体的时间意识与时间客体(时间对象)的形成之间的关系问题。

奥古斯丁的时间观转向的哲学意涵是使外在世界物质运动的自然时间被领会为内在心灵的伸展和滞留产生的心灵内部感知图像,这在本质上是一种"图像论",但是这种时间观转向是一种内在性转向,并没有否定外在客观时间的延续,因而不同于现象学时间观的主观性转向。胡塞尔继承了笛卡尔确立的"我思故我在"这种从主体自我意识出发的近代西方哲学传统,并吸取了康德在先验感性论中将时间主观化、形式化,作为先天感性直观形式条件的思想,通过悬搁(epoché)与还原的现象学方法,将奥古斯丁的心灵内在性在内时间意识现象学中作为意向性对象加以领会,开出了纯粹主观的时间意识与在其中产生和运行的意向性结构。胡塞尔如何通过对意向性的现象学阐释将本源时间构造的意识方式由奥古斯丁的图像论还原为正在直观的行动？在其现象学描述中，当下现在的时间性，即时现时的现在，又是如何呈现的呢？从"现时的现在"（aktuelles Jetzt）到"不—再—现在"的滞留方式，奥古斯丁称为"tenere"（抓住），胡塞尔称为"Retention"（滞留），胡塞尔把对当下的现在意识称为"原印象（Urimpression）"或"源点（Quellpunkt）"。时间性的显现方式被称为"经过样式（Ablaufmodi）"，胡塞尔提出"原印象"和"滞留"就是通过悬搁与还原的现象学方法消解客观自然时间，转而在纯粹主观时间意识的内在时间流中，建构时间客体的延续，意识到在建构一个时间对象在"我"关于它的感知意识中出现的不同方式，即"经过样式"。现时的现在是在原印象中被意识的切身现在，现时现在于滞留中不停地转变为被意识的作为刚刚曾在的"不—再—现在"，同时新的滞留于现时、滞留于原印象的现在不停地涌现，因而对于当下的现在意识又称为"源点（Quellpunkt）"。但是必须注意的是，"滞留的意向性"不同于关于当下现在的原印象的意识，后者是通过自发的起源形成的"绝对开端"。原印象的意识是对切身现在的意识，滞留性意识的意向对象是刚刚曾在的滞留，但滞留性的意识本身与原印象的意识同时存在于"现时的现在"(aktuelles Jetzt) 意识。滞留（Retention）使得当下的现在断点作为滞留的连续统一体而得以延续，具体而言，原印象意识不断过渡到新的滞留性意识，并不停地被新的原印象所取代，这个过程中还伴随着滞留性变异，即时间滞留对原印象的修正与改变。因此，胡塞尔的现象学的原时间域（das originäre Zeitfeld）其实是原印象意识到的当下及其向滞留过渡中所意识到的过去，原印象的现在是作为原生创造而不断涌现的"源点",滞留性的变异恰好是以这种自发起源的"即时当下"为绝对开端,所以只有滞留是意识自发性的产物,原印象涌现的瞬间存在作为起点是原始的被生产者(Urgezeugte),是"绝对的起始"而非意识的产物。这样奥古斯丁《忏悔录》所遗留的时间在当下直接呈现(Geradehingerichtetheit)与心灵通过其领会时间的方式"滞留"(tenere)之间的关系问题,胡塞尔在他的著作《内时间意识现象学》中,以当下现在的时段中原印象与滞留性变异这一连续系列进行了现象学描述。

对照上述柏格森、海德格尔以"过去"和"将来"为中心的时间观与奥古斯丁、胡塞尔以"现在"为中心的时间观:对于柏格森而言,刹那生灭的"现在"是不断逝去而成为"曾存在"的非存在,他虽然承认"现在"起作用,但坚持认为只有"过去"通过回忆保存在自我之中,也就是保持在绵延之中,得以成为全部时间中"永恒"的"存在";海德格尔虽然分殊了两重"现在"即作为原本的时间性的现在——"瞬间"(Augenblick)与作为非原本的时间性的现在——"当前化"(Gegenwärtigen)或"现成",但是"现在"仅作为非原本的"现成"或"当前化"被阐述,理解为此在的沉沦,遮蔽了作为原本的时间性的现在的"瞬间"(Augenblick)。"瞬间"作为当下即是,在海格尔以"将来"为中心的现象学时间观的水平方向自我脱离中其实被隐没了,并没有得到真正的阐发。反之,奥古斯丁的时间观内在性转向使时间被领会为内在心灵的伸展和滞留产生的心灵内部感知图像,他提出了时间是心灵的伸展,心灵领会时间的方式是"滞留"(tenere),心灵伸展的滞留是时间的当下化,他认为过去与未来

第四章 九鬼周造"时间论"内蕴的东西时间观问题

并不存在，只有过去的现在、现在的现在、将来的现在，这是一种以"现在"为核心的时间观。胡塞尔以奥古斯丁遗留的时间在当下直接呈现（Geradehingerichtetheit）与心灵通过其领会时间的方式"滞留"（tenere）之间的关系问题为路径，通过原时间域的原印象与滞留变异系列回应了这一问题，以此将奥古斯丁时间观的"内在性转向"贯彻为现象学还原的"主观性转向"。可以发现，4 位哲学家虽然都试图由外在日常流俗的自然时间回归主体的内在时间意识或者时间内状态，但是柏格森与海德格尔轻视作为"源点"生生不息的"现在"，强调时间的持续性与延展性；奥古斯丁与胡塞尔以"现在"为中心的时间观虽然以"回返滞留""先行滞留"的方式延展，但只有原时间域作为即时现在的"源点"才是一切的绝对开端，是滞留意向性的起点，因此时间滞留的连续统一体必须以"即时现在"生生不息的原印象为起源。九鬼周造以"现在"为核心的时间观的提出，正是以这些西方哲学史上的时间观问题为背景视域，针对海德格尔以"将来"为中心的水平方向的自我脱离，他以海德格尔忽视的作为原本的时间性的现在——"瞬间"（Augenblick）为中心点，水平方向自我脱离的同时，提出了垂直方向的绽出以在现象学时间观的基础上建立形而上的时间观。九鬼周造除了洞察到海德格尔轻视的空间性与共同存在，导致偶然性的存在论意义未进入其视野，而提出了自己以"现在"为中心的时间论以外，其形而上的时间观对于尼采的轮回思想有所承继而由刹那生灭的"现在"开出"永远的轮回"这一维度，这是区别于前哲以延展性、持续性使过去、现在、未来各时间契机成为相续的时间流，反而保持时间的契机之间的非连续性，以"过去的现在""现在的现在""未来的现在"作为一个个独立的"直态"点而被直观地目击的另一独创性见解。

永恒轮回是尼采哲学的形而上学学说,作为一个对人的有限存在时长而言不可经验的理论假设,其表层意涵是过去、现在所发生的一切在未来无限重复,尼采对这一假设提出的论证根据是:首先,时间是无限的,因为如果时间本身是有限的,其起始与终结就会成为问题。与此同时,由于构成世界的权力意志的单位是有限的,有限的单位形成的组合数量也是有限的,因此这些组合显现的有限数量的状态在无限的时间中自然是重复出现或回归的。永恒轮回的重复不是机械性的物理循环而是存在论的生生不息,是生命自身与世界本然的循环往复,因而"瞬间"与"永恒"的关系问题进入尼采哲学的问题域,他认为一瞬间即揭示着存在,并因此成为永恒,轮回即象征着这种永恒,"即使只是世间的一个瞬间在轮回——闪电说道——那么必定一切都在轮回"[1],由此导向的生存论绝对道德律令是"如此地生活,以致你不得不希望,再次获得生活"[2]。这条绝对命令并不规定具体的生活方式及内容,因为每个个体以其特有方式接近至高感受、寄望于永恒,这条绝对命令作为普遍形式的真正规定是"将永恒映现在我们的生活中"[3],因此永恒的超越性不在彼岸,而就在现世此岸的每

---

1 [德]雅斯贝尔斯著,鲁路译:《尼采其人其说》,社会科学文献出版社2001年版,第381页。

2 [德]雅斯贝尔斯著,鲁路译:《尼采其人其说》,社会科学文献出版社2001年版,第383页。

3 [德]雅斯贝尔斯著,鲁路译:《尼采其人其说》,社会科学文献出版社2001年版,第384页。

个瞬间,这一方面给予了生活以至高肯定,另一方面在时间观上确立了瞬间之间的独立非连续性:"在意识的最后瞬间与新生活的最初迹象之间,是'没有时间的'——它就像闪电一般迅速划过,即使活着的生灵用几十亿年来衡量它,也从未能衡量过它。"[1]尼采这种打破基督教创世记与末日审判语境下线性时间观的永恒轮回思想,赋予瞬间以永恒的哲学意涵,为九鬼周造提出自身的形而上学的时间提供了思想背景:九鬼周造在《形而上学的时间》一文中直接援引了尼采《查拉图斯特拉如是说》中的内容,指出尼采对于回归的时间性近乎信仰般的确信,尼采借查拉图斯特拉之口,将"瞬间"比喻为"门",将"永远"比喻为汇集于此门的道路,而瞬间与永恒的关系问题恰恰是九鬼周造的时间观要进一步阐发的,因为尼采只是提出了这样的问题"大凡真实曲折,有时它自身是一个圆……对这一瞬间如何考虑呢?这扇门也不曾存在"[2],并没有如九鬼周造一样将"瞬间"的哲学意涵在存在论意义上纳入视野。

---

1 [德]雅斯贝尔斯著,鲁路译:《尼采其人其说》,社会科学文献出版社2001年版,第385—386页。

2 [日]九鬼周造著,彭曦、汪丽影、顾长江译:《九鬼周造著作精粹》,南京大学出版社2017年版,第329页。

第二节

日本文化的传统时间观特征

除了上述西方哲学历史上关于时间论问题的思想积淀作为旅居欧洲8年之久的九鬼周造的思考视域之外，九鬼周造在日本本土的成长轨迹浸染的日本社会文化生活自身的时间观传统里的现在主义或现世主义倾向，以及农耕文明遗留的共同体传统生产生活方式对于他者世界的关注，甚至在这种世界观、人生观的土壤里产生出的重视从中国传入的禅宗思想与近代以京都学派为代表的日本哲学对于空间性、他者问题的思考，都构成了九鬼周造提出东方色彩的时间论思想的社会历史背景与文化视域。

被誉为当代日本"百科全书式"的学者加藤周一认为日本文化具有两个典型特征："混合文化"与"现世主义"（或称为"现在主义"），前者是日本文化的本质，意指外来思想的日本化，后者是日本人精神世界的特征，意指"此岸性"与"共同体"秩序的集团价值取向。具体而言，"混合文化"是针对日本国内无视历史事实的国粹主义倾向提出的，承认日本明治维新之前对于中国文化，明治维新之后对于西欧文明，以及二战后对于美国文化的融合与吸收的历史现实。

第四章 九鬼周造"时间论"内蕴的东西时间观问题

"现世主义"或"现在主义"是指具有泛神论色彩的原始民间信仰体系的世界观始终在日本民族的潜意识中延续。在这种世界观里此岸世界与彼岸世界并非绝对分立隔绝的,神的世界是人的世界的延伸,圣地并非他界,两者之间没有决然的界限。因此,在日本本土的世界观中,现世即日常世界,日常世界是经验主义的共同体集团秩序,不存在超越性的权威,在此意义上日本缺乏超越性的宗教意识,自然形成的民俗神道在日本人的意识结构中始终居于基础性地位。因此,加藤周一提出日本文化中的时间与空间的核心特征可以概括为"现在"即"此处"。也就是说,日本人的世界观在时间方面是"现在"主义,在空间方面是所属集团即"此处",他指出:一方面,"在日本社会,在各种层面上都存在将过去付诸流水、将未来托付给一时,只看重眼前这种倾向。不是在过去与未来目标之间来定义现在发生的事情的意义,它独立于历史与目标,而由它自身决定"[1];另一方面,传统日本社会劳动密集型的农业生产方式自然形成的村落共同体,使得所处的特定集团成为当事人日常生活的空间,日本社会强烈的集团归属意识决定了当事人生活的场所即"此处",也就是他的世界。

历史时间概念在不同文化有不同表现,形成近代欧洲思想意识的是犹太教、基督教的时间观,是典型的直线线段式的时间观,有始有终,始点是创世理论,终点是末日审判,是一种有限的不可逆的时间观。与此相对,无始无终的无限时间,具有两种形式:其一是具有一

---

[1] [日]加藤周一著,彭曦译:《日本文化中的时间与空间》,南京大学出版社2015年版,第2页。

定方向的直线,其二是圆周的无限循环。第二种周期性的时间观在希腊文化中表现为天体运动的宇宙秩序循环,在古代中国表现为历史社会的循环史观,这是由于古希腊文明倾向于关注宇宙自然世界,古中国文明则偏重人文社会和历史。具体到九鬼周造生活于其中的日本文化社会,存在于其中的时间意识,根据加藤周一的《日本文化中的时间与空间》一书,日本文化中同时存在三种不同的时间类型:首先,古代日本文化所认识的历史时间,正是第一种无始无终的直线时间,这体现在最早系统地记载日本神话的《古事记》中,天皇家族为了将自己"万世一系"的统治合法化、正统性神圣化追溯到无限古远的天地之初,因而在《古事记》上卷"神代记"开篇即记载着"天地初发之时",这其实是一种无限遥远的无始回溯,"神代记"以神话故事形式记述了神的谱系形成,天照大神与日本国土王朝的起源因此也是没有起始的。其次,除了以上这种具有方向性的无始无终的历史直线时间,日本文化的第二种时间表象类型是以四季为中心的无始无终的循环时间,这是由日本农耕社会的自然生产条件所决定的日常时间意识,因此四季不仅成为日本诗歌、俳句的常见主题,而且发展出了一套独有的"季语"体系。值得注意的是,循环往复虽然否定了事情的一次性发生,但并未削弱反而强化了当前的现在,加藤周一指出:"循环的季节意味着将过去及未来的所有季节'现在化'。俳人的季语表示过去、现在、未来的所有季节。"[1]这一点比较令人费解,却是与

---

[1] [日]加藤周一著,彭曦译:《日本文化中的时间与空间》,南京大学出版社2015年版,第124页。

九鬼周造的时间观关涉最为密切的。加藤周一是以整体与部分的关系加以解说的，各个"现在"作为时间"整体"的"部分"是互相等值的，时间"整体"是各个同等的"现在"组成的无限持续的直线或无限循环的圆周。他认为日本文化传统的现在主义实质是针对整体注重部分，因而整体与部分的关系并非整体分割为各部分，而是部分组成整体。承前所述，九鬼周造以"现在"为优位的时间观各时间契机之间是非连续的，"过去的现在""现在的现在""未来的现在"是作为一个个独立的"直态"点被直观地目击，时间各个契机绝对同质，同一性使可逆性成为可能，他在《偶然性的问题》中指出作为构成"继起的偶然"的基础环节，如果单一的"同时的偶然"以同一的形式一次又再次无限重复，"继起的偶然"就将呈现为"回归的形而上学的时间"，这是对加藤周一从文化社会学角度以整体与部分的关系阐释的日本文化中"时间"表象的"现在主义"从哲学层面的深化。但是加藤周一在文化角度理解的"现在"与九鬼周造所说的哲学时间论上的"现在"是不同的，这一点加藤周一作为文化学者是有自觉的，他指出"具体的'现在'绝不是瞬间，而是针对更长久的时间流逝而言的短暂时间"[1]。显然加藤周一所说的"现在"是日常经验中流逝的时间，九鬼周造所说的"现在"恰巧是"瞬间"（Augenblick），是本原性的时间而非日常经验时间，这不在加藤周一的考察范围，他直言"在心之外的世界，所有事情都在时空间中发生。但是，在心的内部

---

[1] [日]加藤周一著，彭曦译：《日本文化中的时间与空间》，南京大学出版社2015年版，第54页。

产生的想法可以不受时空的束缚……强调'此处'的日本文化归根结底需要'现在即永远''此处即世界'的普遍性智慧。因为有这种必要,所以禅在日本文化中有它的作用。不过,关于禅体验的内在理解超出了本书的范围"[1]。不同学科承载着自身不同的课题使命,《日本文化中的时间与空间》阐明的日本文化"现在即永远""此处即世界"的传统,正是九鬼周造在偶然性哲学的时间论上升到哲学层面阐发的"永远的现在"与"永恒的轮回"得以支撑的文化根基。最后,日本文化的第三种时间表象类型是诸行无常有始有终的人生有限时间,人生的时间不会循环,只能活在当下。加藤周一总结以上三种时间表象类型都强调生活在"现在",日本文化这种"现在主义"的时间表象特征使现在正发生的事情具有自我完满的意义,深入领会"现在"时,无须在过去与未来的关系中确立"现在"的意义。这种日本文化传统的"现在主义"时间观特征细微到表现在日语的时态结构,例如日语中既没有表示未来的助动词,也没有表示过去的助动词,日语语言及其语法潜藏着现在中心主义的倾向。由隐微的语言结构进而推及文学、艺术作品也表现着这种特点,例如镰仓时代的画卷,画轴上的一个场景可以切割开与过去、未来相关涉的整个故事语境而独立欣赏,这是现在主义在画作上的鲜明表现。综上所述,日本文化"现在即永远"的"现在主义"时间观传统,虽然是日常经验世界里作为生活方式、行为活动在语言、文学、艺术等领域点滴透显的流俗时

---

[1] [日]加藤周一著,彭曦译:《日本文化中的时间与空间》,南京大学出版社2015年版,第139页。

间，但九鬼周造继承了日本的文化历史传统，由偶然性问题的模态性体系追问到哲学层面的"现在"时间场域，作为刹那生灭的原本的时间性的"瞬间"（Augenblick），水平方向、垂直方向绽出而成为"时机"，以现象学的时间与形而上学的时间不同方向的自我脱离，实现对于作为日常生活层面的"当下"的超越与融摄。

农耕社会村落共同体生产生活方式在大和民族身上烙下了深刻的集体主义印记，对他者世界的关注自然导向了对空间性问题的重视。鉴于这种历史文化传统，日本京都学派针对西方哲学史重视时间性（继起性、自我性、意识性）轻视空间性（同时性、他者性、身体性）的传统，提出了一系列批判并尝试赋予空间性与时间性同等重要的地位。西田几多郎、九鬼周造、和辻哲郎都发现了空间论较之时间论的次要位置，但提出的新构想立论点各不相同。首先"空间性"并非物理学上具有广延的空间，而是一种"关系性"，因而空间性在时间上与同时性密切相关，对于这种共在的同时性，和辻哲郎以"间柄"（日文間柄あいだがら）概念加以阐发，将作为日常语言的"间柄"建构为哲学概念，赋予其含义：其一，"间柄"在最基本的层面上，是"人伦关系"即人与人之间的关系；其二，在哲学层面，"间柄"概念预设着一个体现它的主体，即"实践的行为的主体"，或者说是作为"实践的行为的关联"的主体。具体而言，这种创造"间柄"又贯穿于"间柄"的行为的关联的运动就是个体与全体的辩证运动。"相对的全体性"即"现实的共同态"这是"间柄"结构的外化，其客观化的结果就是"现实的共同态"即"日常经验的场"。所谓"相对的全体性"一方面是指人伦组织：家庭（夫妻、亲子、兄弟的结合）此时即有亲族，这些以血缘为基础的共同态，进而扩展为地缘共同态——村落组织等，并形成经济组织，除此以外具有共享的精神资源特性的语言、艺术、宗教等促使文化共同态的形成，最后发展到"国家"，在和辻哲郎看来"国家"是最高的人伦组织；另一方面，身体、动作、语言与意识同样是作为间柄的主体自身外化的结果。总之，"间柄"不是一个抽象的概念，不仅仅是静态的"人与人之间的关系"或简单的"人际交往关系"，人间存在的结构就是"间柄"结构，"间柄"作为"实践的行为的关联"的主体是个体与全体的否定之否定的辩证运动，在这种运动中作为主体的"间柄"不断将自身客观化，从而形成"现实的共同态"，即具有社会、历史、风土三个向度的人伦组织及语言、艺术、宗教等精神文化。不仅如此，个体的意识、身体、动作也是在"间柄"中的相互作用而不仅仅是自我意识的内在之物。因此，和辻哲郎伦理学对于海德格尔批判与重构，是将个体置换为"间柄"（关系）这种实践的行为的关联运动，并由此演化出家族、村落组织等社会文化共同体，和辻哲郎也常常因此被诟病为"全体主义者"，"和辻批判海德格尔囿于个人意识，通过间柄存在这一契机消解个人性，结果毋宁说反而隐蔽了海德格尔阐明的存在的个体的本质[1]"。与和辻哲郎的视角不同，西田几多郎与九鬼周造，是将个体自我意识引向自他二元关系，《吾与汝》《"粹"的结构》都是这种转向的具体表现。但是西田几多郎与九鬼周造始终保持了独立

---

[1] 嶺秀樹『ハイデッガーと日本の哲学』ミネルヴァ書房、2002年、80頁。

性,"我"与"你"之间的二元紧张关系是不能消解的,在此意义上他们仍然是"个体主义者",尽管西田几多郎提出了主客合一或主客未分的纯粹经验,九鬼周造的偶然性基础意涵是"邂逅",但是主客不能同一或一方完全吞噬另一方,"邂逅"也必须以二元独立序列的存在为前提。虽然九鬼周造论及偶然性的内在化问题,认为将邂逅的"你"深化到"我",将外在的"你"具体地同一化于"我",这是"偶然性"的实践的内在化,但偶然性存在的二元性结构是不可能消解的,在时间上"同时的偶然"是"继起的偶然"的基础,对"同时性"共在的重视是扎根于日本社会时空观念传统的。

第三节

九鬼周造对于时间问题的推进及其意义

　　九鬼周造对于时间问题的关注既承继了西方哲学的问题域传统，又将日本本土的"现在主义"文化倾向上升到哲学层面阐发，提出了自身"形而上学的时间观"，这一切都以作为"瞬间"（Augenblick）的"现在"为原点。九鬼周造对于时间问题的推进在于：其一，将"现在"的绽出沿水平与垂直两个方向自我脱离，在水平方向以"现在"为中心的绽出，通过"同时性"赋予"空间性"以存在论基础性的地位；其二，通过垂直方向形而上的时间观的理念设定，赋予当下刹那生灭的"瞬间"以"永恒"的价值与意义。九鬼周造提出这种新的时间观的意义在于：首先，对于柏格森、海德格尔不承认抑或遮蔽了的作为原本的时间性的"现在"亦即"瞬间"（Augenblick），九鬼周造将之作为原时间域，通过其《偶然性的问题》提出的第三种模态体系与《形而上学的时间》再阐发。将"现在"作为"原时间域"，既因为作为"瞬间"（Augenblick）的"现在"就是偶然邂逅的时间场域，也因为"偶然性"作为根源的最初的原始事实，其对应的时间图式是"今"，意味着时间上的现在。其次，针对奥古斯丁、胡塞尔以来虽然重视作为

"瞬间"（Augenblick）的"现在"，但是仍以"滞留"实现当下时机化的延展性、持续性，使过去、现在、未来各时间契机成为相续的时间流的时间观传统提出了异议，通过垂直方向"形而上的时间观"的理念设定，由刹那生灭的"现在"开出了"永远的轮回"这一时间维度，保持各时间契机之间的非连续性，将"过去的现在""现在的现在""未来的现在"作为一个个独立的"直态"点而被直观地目击。

最后，因为"现在"就是"此时此地"偶然邂逅的时间场域，通过九鬼周造时间论涉及独立二元序列"此时此地"的偶然邂逅问题，他追问了"偶然性的内在化"所涉及的"同时性"、"他者性"与"空间性"问题，九鬼周造最终提出了"观佛本愿力，遇无空过者"的绝对道德律令，这既是从近代西方以自我意识为中心的"时间哲学"转向时间、空间并重的"偶然性哲学"的努力，又是对于日本本土"现在主义"与"此岸现世主义"的时、空观传统，由文化人类学领域上升到哲学层面理论建构的尝试。展开而言：

首先，"瞬间—永恒"问题在本质上就是"偶然—必然"问题，因为"永远的现在"与"永恒的轮回"这种时间论背后的实质性问题是"同一性"与"多样性"（也可称为"差异性"）的问题。小浜善信非常重视分别发表于《偶然性的问题》（1935年）前、后的《形而上学的时间》（1931年）与《惊情与偶然》（1939年），认为这两篇论文是九鬼周造论文中的代表性杰作，他主张九鬼周造的研究具有内在一贯性，"瞬间—永恒"与"偶然—必然"其实是立论视角不同的同一问题，因而小浜善信写道："《形而上学的时间》中没有对'偶然性'进行分析，甚至其中没有出现'偶然性'这一词汇，但我却认为这是一篇研究'偶然性'的论文。"[1]小浜善信得出这一认识的根据是，九鬼周造在《偶然性的问题》中建构"偶然性"逻辑系统得出的"偶然性是必然性的异在"（"异在"Anderssein，即另外不同形态）这一结论，与《形而上学的时间》的结论"同一性（永远）通过自我否定成为差异性（瞬间）"是一致的。无限次严格意义上重复回归的时间在本质上是"同一性"，严格意义上"仅此一次"的"现在"在本质上是"差异性"，但是"差异性"通过无限反复成为了"同一性"，如果用《偶然性的问题》的思想来表达的话就是：相同的偶然邂逅，在其反复偶然邂逅中形成了必然。因此，每一个"现在"都是具有深刻意蕴的"现在"，因为过去在现在重现，现在回归至过去，每一个现在都包含着无限相同的过去与无限相同的未来。也就是说，九鬼周造的时间论结构具有"一即多""多即一"的构造，"永远回归的时间"与"仅此一次的现在"在根本上是同质的，因而时间是可逆的，所以他说"柑橘香飘，浮现原野红杜鹃——柑橘香飘四溢时，让我想起我曾嗅着柑橘的清香，听着杜鹃的鸣叫。那是曾几何时的事情，现在也正和那时一样，我又回到了那曾几何时的过去，那时和现在完全一样，那就是一个相同的现在。时间具有回归性，它总在反复。就是那柑橘的清香，让我们了解了'永远的现在'这一无限的形而上学的时间"[2]。九鬼周造在《形而上学的时间》里，就是以时间在水平方

---

1 [日]小浜善信著，郭永恩、范丽燕译：《九鬼周造的哲学：漂泊之魂》，中国书籍出版社2012年版，第86页。

2 [日]小浜善信著，郭永恩、范丽燕译：《九鬼周造的哲学：漂泊之魂》，中国书籍出版社2012年版，第115页。

第四章　九鬼周造"时间论"内蕴的东西时间观问题

向的绽出或自我脱离为作为"同一性"的无限回归的时间序列，以时间在垂直方向的绽出或自我脱离为作为"差异性"的"仅此一次"的"现在"，二者的交会点就是真正的"时机"。

其次，对于九鬼周造而言这个"时机"就是作为"瞬间"（Augenblick）的"现在"，但是这个"瞬间"（Augenblick）对于海德格尔时间概念的意义却在于在这个当前的瞬间，此在在世界之中，对可能的决断保持着敞开的开放性。因而海德格尔的"瞬间"在根本上是具有未来取向的"瞬间"（Augenblick），他的瞬间现象并不能从"现在"来阐释：海德格尔在《存在与时间》中写道："我们将保持在本己的时间性中，因而本身也是本己的当前（Gegenwart）称为Augenblick（瞬间）。必须在作为出位样式（Ekstase）的积极意义上来理解这个术语。它的意思是此在果决地沉迷于在处境中所遇到的各种可操劳的可能性和环境，这种沉迷保持在果决中。瞬间的现象根本不能从现在来解释。现在是一个属于作为内在时间性的时间的时间现象：现在，'在其中'某事出现，消失，或是现成的。没什么能'在瞬间中'发生，而是作为本己的当前（Gegen-wart）它让我们首先遇到能'在时间中'作为现在的东西或上手的东西。"[1] 由此可见，作为源始时间的瞬间（Augenblick）对于海德格尔的存在论哲学不能从"现在"来阐释，"现在"必须被阐释为"Gegen-wart"（当前），海德格尔把Gegenwart拆写为Gegen-wart是为了表示瞬间是一种"对……期待"，作为源始时间的瞬间（Augenblick）必须是在为存在做决定的开放中，这种开放

---

[1] 张汝伦：《二十世纪德国哲学》，人民出版社2008年版，第362页。

是此在筹划先行可能性的瞬间决断。这也就是前文所论述的,海德格尔虽然区分了两重"现在"即作为原本的时间性的现在——"瞬间"(Augenblick)与作为非原本的时间性的现在——"当前化"(Gegenwärtigen)或"现成",但是"现在"仅仅作为非原本的"现成"或"当前化"被阐述,理解为此在的沉沦,遮蔽了作为原本的时间性的现在的"瞬间"(Augenblick)。"瞬间"作为当下即是,在海德格尔以"将来"为中心的现象学时间观的水平方向自我脱离中其实被隐没了,因为"瞬间"(Augenblick)并没有从"现在"得到真正的阐发,而只是从对将来的筹划与先行决断中被阐释。此在的出位结构或自我脱离非常重要,Exstase(自我脱离或出位、绽出)的方式就是海德格尔的现象学的时间结构,也就是时间的水平绽出曾在—当前—未来,这三种绽出样式分别对应的是此在的三种本质存在规定"作为被投性的曾在"、"在世界中存在"与"向死而在"的时现(zeitigt),海德格尔的"瞬间"就是面向未来可能性开放的水平绽出,而不能理解为现在。那么,九鬼周造的作为"瞬间"(Augenblick)的"现在"究竟是如何在水平与垂直方向绽出的呢?

九鬼周造关于时间问题的主要论述集中在《时间论》的第一部分《时间的观念和东洋时间的反复》(1928年)与《形而上学的时间》(1931年),此外在之后《偶然性的问题》(1935年)的第二章第十七节"同时的偶然与继起的偶然"、第二章第十八节"偶然性与时间、空间之规定"与第三章第九节"偶然性的时间特征"之中就时间性的问题进行了进一步的论述,上述文本中关于"现在"的界定可归纳为:第一,九鬼周造在一定程度上肯定了海德格尔对"现在"的阐

第四章 九鬼周造"时间论"内蕴的东西时间观问题

发,但补充了价值论层面的修正。九鬼周造指出偶然是在现在之中的邂逅,也即是说,偶然作为"在旁边"(Sein-bei)的寓于世界之中的存在,是当下之"颓落"(Verfall),但是这必须是限定在从"颓落"或"沉沦"中清除一切价值判断的前提下才能成立的。九鬼周造承认作为"当前"的"现在"这一层面的实际存在,但是并没有如同海德格尔那样将此在的超越性价值排除在"共在"之外,他主张在"颓落的现在"中实现"永远的现在",一切价值都取决于主观态度,他认为"在眼光朝内看的人那里,流转正因为是流转,因而藏有法喜,徒劳之所以是徒劳,因而能带来福祉。这样一来,在'无穷性'中把握'无限性',在'颓落的现在'中获得'永远的现在',那虽然只是一次,却具有无限次数人生的意义"[1]。第二,九鬼周造在自身偶然性哲学之中赋予了"现在"以根基性地位与时间优势。虽然在脱离体验直接性的逻辑领域"偶然性作为必然性的否定""偶然性作为可能性的相关者"而被规定,但是在体验的直接性之中,偶然必须是作为"正视态"、作为"直态"占据"现在"之位而在时间性上具有优势,因此偶然无非就是"作为瞬间的永远的现在"的悸动。这是基于偶然性与现实性的密切联系的,在九鬼周造提出的第三种模态体系中"偶然性"作为"有""无"交界点,宣告了"现实性"的诞生,偶然性在第三种模态体系中就是"直观的现实性",因而"偶然性的现在性"是基于单纯作为现实的偶然的现实性。最后,九鬼周造将"永远的现

---

[1] [日]九鬼周造著,彭曦、汪丽影、顾长江译:《九鬼周造著作精粹》,南京大学出版社2017年版,第337页。

· 177 ·

在"的垂直方向的绽出样态描述为自足圆满地"画圆圈",海德格尔的"现在"受到未来的威胁,不停地自我否定与流逝为过去,消失在"非存在"中,"永远的现在"却在根本上与过去、未来没有接触,仅在次要意义上以"过去的现在""未来的现在"的形式涉及过去、未来的视域。瞬间即永恒的这种时间理念设定与时间契机之间这种非连续性所内设的亟待解决的问题是:其一,垂直方向绽出的"瞬间—永恒",即"差异—同一"的成立问题;其二,水平方向绽出的"过去的现在"、"现在的现在"与"未来的现在"之间的断裂与连接的问题。这两个问题实质上是就一个问题从不同角度的设问。就结论而言,九鬼周造给出了信念式的回答,"一即多,多即一"的时间构造下"断裂即连接"。具体论理思路如下。

九鬼周造认为时间是无限的,因为时间的有限性具有思维的难点——时间的起始(没有过去的现在)或者终结(没有未来的现在),过去、现在、未来处于相对关系中,因而时间是无限的对思维而言才是可能的,而且这也符合时间的本原的规定。无限的时间呈现为怎样的形式呢?九鬼周造设想的回归的形而上学的时间是《奥义书》中描述的宛如"车轮"的时间,严格地画着圆圈,既不是"箭""螺旋"也不是"直线"。以车轮来象征的时间是可逆的时间,过去可以是未来,未来也可以是过去,每一个圆圈周期都是绝对同质的,这里存在的核心问题是一个时间周期如何向另一个时间周期过渡的问题,亦即断裂如何连接的问题。对此有人基于现象学的时间立场认为时间与其内容是可以分离的,严密的回归只是内容的回归,时间本身的回归是不合理的,九鬼周造对此提出了质疑:"舍弃了内容之后时间概念还

第四章 九鬼周造"时间论"内蕴的东西时间观问题

能成立吗?时间的所有性质难道不全都以内容为基础吗?在说到时间是不可逆的时候,难道不意味着时间的内容是不可逆的吗?"[1]康德、胡塞尔都主张空虚的无内容的抽象的时间是没有意义的、不可能的,因此时间与其内容不可分离,内容的回归就是时间本身的回归。形而上的回归的时间不是可经验的时间,只是一个理念设定,因而形而上的回归的时间的设定在根本上并非一个事实问题,而是一个权利问题,它是九鬼周造作为一名哲学家的信念。严格意义上的形而上的回归的时间只是表现为唯一的而且是完结的圆,"差异—同一"的问题、"断裂—连接"的问题就转化为:这一个圆如何回归或反复?或者这一个圆上时间如何才能开始新的起始?如果我们以两个圆为例来回答这个问题的话,就会发现问题的难点:两个圆必须是同一个体,前一个圆结束的终点必须是后一个圆开始的起点,但是为了能使后面的圆重新开始,两个圆又必须是不相连接的断裂状态,九鬼周造主张时间本身与作为其内容被包含在时空中的事物就是"同一个"意义上完全严谨的回归,严格的"同一性"不允许这两个圆呈螺旋式的形态,这里就出现了"同一与差异"或者"断裂与连续"的矛盾问题。九鬼周造提出的解决之道:"一即多""断裂即连接"的辩证关系状态,最终将时间呈现为一个无限的球体,球体的中心就是"作为瞬间的永远的现在"在颤动着作为回归时间的"源泉",在球面上我们可以获得无数个相同半径的"无限圆周",如下图所示,唯一的圆绽出为一个

---

[1] [日]九鬼周造著,彭曦、汪丽影、顾长江译:《九鬼周造著作精粹》,南京大学出版社2017年版,第332页。

球体，同一个时间点在垂直方向的绽出就是球体中心与球面无数点连接而成的无数圆圈。这些圆周既相同又相异，既连接又断裂。

九鬼周造对于形而上的回归的时间设立权利的上述理论思路能否成立是非常值得商榷的，相较于现象学时间观水平绽出在主体时间意识内的可还原性，这种假设性的时间概念似乎降低了理论力度，是一种倒退，只能说这种

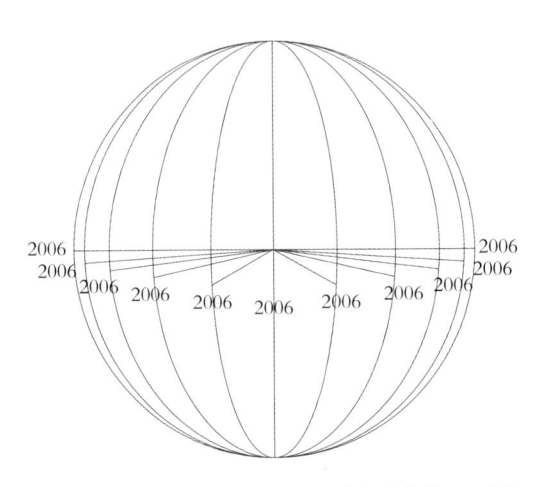

(图片引自《九鬼周造的哲学：漂泊之魂》第114页)

时间观作为哲学家的信念有其提出价值与独创性意义。另外，九鬼周造也意图向欧洲人传达日本人的精神所在，日本独有的文化传统就是"在瞬间追求永恒"与"在短暂无常中追寻美[1]"。樱花精神就体现为樱花在生命最完满绽放的时刻飘落，不允许流露残败之相，这种刹那即永恒的精神深入日本民族文化的骨髓。

此外，同样值得加以深思的问题是，九鬼周造关于"偶然性"的空间限定意图实现的关注"他者"问题与填补海德格尔的道德空场：

---

[1] 本居宣长的诗"若问敷岛大和魂，恰如旭日时山樱"就是这种日本文化传统中，在瞬时中追求永恒，而不希求无限，承认生命是在不断生成流转的无常世界中，身不由己地漂泊性存在的文学写照。

九鬼周造认为在经验界积极的相对偶然作为独立二元序列的邂逅，其时间契机主要表现为"同时性"，"同时性"在本质上暗示了"空间性"，随后在"偶然性的内在化"的章节部分九鬼周造又主张使偶然得以成立的二元独立性与邂逅性，保持了主体间性的同时实现了将作为主体间性的社会性中的"你"实践地内化为"我"的具体同一性，最终提出"观佛本愿力，遇无空过者"的道德律令。但是由于时间流逝过程中的自我否定性，这种奠基于当下"同时性"的道德基础如何具有根基性，主体间性的紧张如何真正消解，都是未完成的大问题。九鬼周造享年53岁，也许如果上天能赐予他更充分的时间进行哲学思考，他能够更深入地完善他的时空观思想，在他完成的哲学文本中，我们只能肯认他发现了海德格尔哲学的缺口，并尝试通过自己具有东方色彩的时空观弥合海德格尔的不足，至于是否真正解决了这些哲学史上的重大问题，仍是非常值得商榷与思量的。但是，九鬼周造确实以他的深入探究推进了时间论问题的相关思考，并提出了自己独创性的见地，他对于时间论问题的理论贡献与思想价值在纯粹哲思层面是毋庸置疑的。

结语

九鬼周造是日本京都学派具有鲜明个人风格的思想家，其代表性著作有《"粹"的结构》与《偶然性的问题》等。他思想的独特性源于其原生家庭先天赋予他的复杂人生体验，也源于他游学欧洲有机缘亲自接受胡塞尔、柏格森、海德格尔等西方一流哲学家的指点，最终他在东西方哲学对话的视域中提出了自身独特的偶然性哲学。偶然性的问题作为九鬼周造最关心的根本问题，既是其生命际遇内蕴的自身命运的问题，同时也是他哲学运思真正成熟的里程碑式的标志。本书主要研究九鬼周造的偶然性哲学，不仅以《偶然性的问题》为中心，细致梳理其各章节内容，分为"偶然性样态"的形而下样态与形上学理据两重问题，而且探讨了作为"偶然性问题"提出之背景视域的《"粹"的结构》《时间论》中内涵的与偶然性哲学关涉的深层问题。

九鬼周造的思想主要有四部分内容：偶然性哲学、"粹"的结构、押韵论及时间论。这四部分内容具有内在联系，之所以突出偶然性问题在九鬼周造哲学中的地位，是因为偶然论能够融会贯通这四部分内容：九鬼周造的"偶然"在本质上是邂逅、相遇，《"粹"的结构》研究的日本独有的"粹"文化，原初意义上是一种男女的邂逅、相遇，后经九鬼周造的诠释拓展为自他二元性关系；作为押韵论研究对象的诗歌以韵律打破日常语言的惰性，"同音异义"等诗歌语言所重视的偶然性是音与音的相遇、邂逅；最终，一切相遇都是在时间场域中的，经验界中"偶然"的意涵就是"在此场所、此瞬间之邂逅"，因而九鬼周造的时间论以"现在"为核心。"偶然是现在之中的邂逅"，虽然在脱离了体验之直接性的逻辑领域之中偶然性作为"必然性的否定"或"可能性的相关者"被规定，但是在体验的直接性中，偶然作为正视态、直态，占有"现在"之位，它作为瞬间的"永远的现在"之升华，是根源性的、最初的原始事实。九鬼周造对于"偶然"的这一界定，以"现在"统摄了时间论问题，以"邂逅"指涉了"粹"的结构。

九鬼周造正式提出偶然性问题是在1929年于大谷大学发表的题为"偶然性"的演讲，这发生于在巴黎初步写就《"粹"的本质》与大量修改后更名为《"粹"的结构》之间，偶然性问题的提出是伴随着从《"粹"的本质》到《"粹"的结构》这一演变发生的。经过旅欧期间的多年思考与回国后的修订，1930年发表的最终稿《"粹"的结构》已经开始显露偶然性哲学的基本理路雏形，可以作为九鬼周造哲学中处于"前偶然性哲学"阶段的思想：第一，以"存在领悟"代替"本质直观"的方法论转向，是以具体性、事实性、特殊性的存在领悟代替作为抽象普遍性的种概念、类概念，这实质上就是偶然性的第一种样态"定言的偶然"所表现的超出一般概念规定的"个物以及个别事象"；第二，作为"粹"的质料因、奠定其原初基调的媚态二元性由"绝对的二元关系"修订为"动态的二元可能性"，并将媚态的要诀规定为无限趋近却永不能达到合一的极限关系，这种既同时保有存在与非存在的可能性，又承认无限趋近的可变动极限思想，正是

《偶然性的问题》中九鬼周造推演出的第三种模态体系中可能性无限趋近于必然,偶然性无限趋近于不可能性的有、无交互运动的一种具体表现;第三,"いき"作为一个日语词汇的词源意义是行为方式(行き方)或生存方式(生き方),九鬼周造的《"粹"的结构》研究的是日本民族的特殊存在方式,而"粹"最原初的存在样态是异性间的二元关系,经诠释拓展到自他二元关系,"媚态—骨气—死心"都是以二元关系为前提的意识现象,偶然性问题的根本意义即针对作为一者的必然性来规定他者,因为必然性就本质而言是一者的同一性,偶然性却是一者与他者的二元邂逅。总之,"粹"的相关思想为九鬼周造展开自身偶然性哲学建构进行了思想铺垫与前期准备,因而《"粹"的结构》是具有"前偶然性哲学"性质的思想。

关于"いき"的翻译问题,中国学界目前存在一些争论,简单而言有"粹"与"意气"两种翻译方式。"粹"与"意气"对应的日文汉字分别是"粋"与"意気","粋"与"意気"作为日文汉字出现在九鬼周造原书行文中时,常常都是作为"いき"的下级概念,前者多用于指代作为意识现象的"いき",后者多用于指代作为客观表现的"いき"。尽管这种语词使用偏重的情况不是绝对的,但是九鬼周造特别指出"いき"可以与"粋"在同一意义上使用,因为客观表现是意识现象的客观化,在根底上还是以意识现象统合客观表现。因而中国台湾版翻译采取的以汉字"粹"翻译"いき",当日文原文中"いき"与"粋"同时出现,就分别对二者以"粹"(iki),"粹"(sui)注音的方式加以区别是可行的、有依据的翻译方案。注音的方式也巧妙地回应了"いき"翻译的可能性问题,"いき"这个词是日语中才有的，带有显著民族特色的语词，按照九鬼周造关于语言与民族关系的理念，语言是根植于民族存在方式的，"いき"不对应于任何其他民族的语汇，中国台湾版的注音翻译方式无论是"粋"（iki）还是"粹"（sui），很显然标注的都是日文汉字读音，而不是汉字"粹"的读音，这提示了"いき"的中译文"粋"（iki）不能按照中文词汇"粹"望文生义。

九鬼周造的"语言观"认为一个民族的特殊存在样态会作为某种核心事物，以意义及语言的形式开显自身，所以语言是一个民族的产物，因此他认为"'粋'在欧洲的语言里面只有类似的语词，却无法找到全然等同价值的语词。所以，我们不妨想成所谓的'粋'是东洋文化，甚至可说是大和民族在特殊存在样态下显著的自我表明之一[1]"。九鬼周造对于"粋"的结构之建构过程，其设定的课题目标，都是基于其哲学见地的一次实践，他以自己的哲学洞识与思想敏锐度，在众多日文词汇中选取了"いき"作为大和民族存在样态独特性之开显，对之进行了意识现象（内涵、外延）与客观表现（自然性表现、艺术性表现）两方面的逻辑体系建构。但是，九鬼周造对于"哲学"与"民族性"这两个基石性的概念的界定仍有不到位之处，东方世界的大门仍旧是若隐若现地留待后学探索接近它的通路。概念分析与意义体验之间有"无法跨越的空隙""不可约分的无尽性"，九鬼周造已经触及了概念分析对于东方世界的隔膜，只是他坚定地不放弃

---

[1] [日]九鬼周造著，藤田正胜原文注，黄锦容、黄文宏、内田康译注：《"粋"的构造》，联经出版事业股份有限公司2009年版，第18页。

结　语

概念自觉，这一切坚持与固守都是基于其哲学见地。对他而言"哲学是对一般存在的根本性理解，而且是以生存性为通道"[1]，这个"通道"更为具体的含义就是他理解存在的哲学框架——"存在的四种样态"：必然的存在、可能的存在、不可能的存在、偶然的存在，与"存在的四种形态"：现实、非现实、实在性（有）、虚无性（无），对于九鬼周造而言辨别这8种存在相的相关性就是从根本上理解一般存在的基础。由此可见，九鬼周造的偶然性哲学在根本上采取的路径、方法仍是西方哲学的范畴体系与逻辑系统的建构。这恰恰为海德格尔所担忧，他认为这非常危险，因为东亚人的此在（Dasein）之存在方式，东亚语言的本质，也许根本不同于西方人及其语言概念系统，东亚人追求欧洲的概念系统也许恰恰遮蔽了自身存在的独特性，被引向了歧途。对于海德格尔的诧异，也许我们可以从九鬼周造身处的时代背景及其民族使命感加以同情地理解，九鬼周造无疑是一个具有民族使命感的哲学家，他身处西学东渐的大时代背景下，学习西方哲学的言说方式是大势所趋，但是从根本而言，东方哲学的建构方式，通达东方世界的途径，东方哲学开显的内容，作为问题未从根本上被反思。因此也就未能实现九鬼周造所希望的"针对西洋文化来思考"的独树一帜性，反而陷入了"借由西洋文化来建构"东方文明的更深一层的遮蔽与悖论当中。

九鬼周造的偶然性哲学，表面上是在建构偶然性的逻辑体系与形

---

[1] [日]九鬼周造著，彭曦、汪丽影、顾长江译：《九鬼周造著作精粹》，南京大学出版社2017年版，第287页。

上学理论，实质上却是在尝试重构一种存在论哲学。九鬼周造偶然性哲学的基本框架是从逻辑学、经验界以及形上学三方面论述"偶然性的问题"。《偶然性的问题》可以划分为两部分：一、对于"偶然性"范畴的逻辑系统建构；二、将逻辑分析最终落实于人实际生存的命运、审美艺术等存在境遇，并升华至形上学高度。偶然性的三种样态之内在关系并不是简单的并列关系，"定言的偶然"与"假言的偶然"实质上处理的是作为逻辑界、经验界的"形而下的偶然性问题"，对于二者的论述是一种逻辑系统的建构，只有对于"析取的偶然"的论述是真正地建构了对于一般存在的根本理解的存在论结构，处理的是必然、可能、不可能、偶然、现实、非现实、实在性（有）、虚无性（无）8种存在相的模态体系问题，至此才开始真正触及面向"无"的作为"形而上的偶然"的问题。鉴于处理问题形上、形下层级的不同，本书对"偶然性的三种样态"分而论之。"定言的偶然"与"假言的偶然"这两种样态，在哲学意义上，前者实质上反映的是九鬼周造坚持的唯名论立场及其对于个体存在的重视，后者在本质上反映的是九鬼周造以"偶然性"为契机在历史哲学层面上对经验界进行的逻辑系统建构，前者关心的是个体与属性的种属关系问题，后者的核心意涵是经验中一序列与其他序列的此时此地的二元邂逅。到了"析取的偶然"九鬼周造才真正开始处理"存在与无"的关系问题，他在前人提出的两种模态体系基础上，推演出了第三种模态体系：康德在《纯粹理性批判》中提出的范畴表对于模态性的区分所最终确定的形态，这是第一种模态性体系，但在其范畴表的出发点与形成过程中虽未真正通达却也表现出了与第二种模态性体系的关联性。莱布尼茨与黑格尔的模态理论表达大致对应于第二种模态性体系，九鬼周造通过发现认知逻辑学中"偶然性与可能性之间的类似关系"（这是第二种模态性体系的基础）与存在逻辑学中"偶然性与不可能性的接近关系"（对不可能性的接近，也即是偶然性对于可能性的背离），通过处理偶然性与不可能性、可能性与必然性之间关系的新方式建构了第三种模态性体系。这三种模态性体系是从各自不同的出发点建构的，各具特色，是协同合作的关系，而非取此舍彼的相互对立关系。为了完整地把握"偶然性的存在论结构"就要从这三者的立场综合地审视"偶然性"：第一种模态性体系的立论点是差异性，关注的是矛盾对立关系，因而在第一种模态性体系中，偶然性是在现实性的静止界域中，被规定为与必然性"矛盾对立的关系"；第二种模态性体系的立论点是类似性，关注的是动态化的现实，因而在第二种模态性体系中，现实被动态地成疑化，偶然性与可能性作为构成"存疑之现实"的现实性模态，在"小反对对立关系"中被把握，偶然性是与可能性类似并具有成疑性特征的模态；第三种模态性体系的立论点是存在逻辑学的现实性，在第三种模态体系中，偶然性被视为与不可能性具有"大小对立的接近关系"的模态，背离了无限趋近必然性的可能性，因而在虚无性维度中被把握，但与此同时，偶然作为从不可能的虚无中诞生的存在，高呼着自身的现实性，始终处于有与无的交界处，而不沉陷于虚无。

九鬼周造立足于其1929年正式提出的偶然性哲学观点，基于作为偶然性时间特征的"现在"的"现实性"，于1931年在《形而上学的时间》中提出了以"现在"为中心回归的形而上学的时间观。这篇文章是九鬼周造在1928年崩狄尼演讲《时间的观念和东洋时间的反复》的基础上，吸取了贝克尔在论文"Jahrbuch für Philosophie und phänomenologische Forschung"（*Husserl-Festschrift*）中对时间问题发表的与其演讲相近似的观点之后，对于时间问题的再思考。九鬼周造的时间论之核心观点是"永远的现在"与"永恒的轮回"，"形而上的轮回的时间观"的提出是在融摄作为日常流俗经验的"普通的时间"与水平方向绽出的现象学的时间结构基础上，以理念的形态设立的"形而上的时间观"，其设立是为了弥合海德格尔哲学的诸多问题，深化作为偶然性问题场域的"现在"之意蕴，以阐发偶然性的存在论意义。九鬼周造"时间论"的"永远的现在"与"永恒的轮回"这两个基点有其思想形成的渊源与背景：一方面，西方哲学历史上关于时间问题的思考源远流长，九鬼周造20世纪留学欧洲时于此获益良多，既有作为其批判对象的柏格森、海德格尔以"过去"或"未来"为中心的时间观，又有通过胡塞尔接触到的自奥古斯丁以来重视"现在"的时间观思想。而且，尼采的永恒轮回学说对于九鬼周造而言也具有启发意义。另一方面，日本社会文化生活自身的时间观传统里的现在主义或现世主义倾向，以及农耕文明遗留的共同体生产生活方式传统对于他者世界的关注，进而在这种世界观、人生观的土壤里产生出的重视从中国传入的禅宗思想与近代以京都学派为代表的日本哲学对于空间性、他者问题的思考，都构成了九鬼周造提出东方色彩的时间论思想的社会历史背景与思想文化视域。九鬼周造对时间问题的关注既承继了西方哲学的问题域传统，又将日本本土的现在主义文化倾向上升到哲学层面阐发，提出自己的形而上学的时间观，这一切都以作为"瞬间"（Augenblick）的"现在"为原点。九鬼周造对于时间问题的推进就在于将"现在"的绽出沿水平与垂直两个方向自我脱离，在水平方向以"现在"为中心的绽出通过"同时性"赋予"空间性"以存在论基础性地位，以垂直方向形而上的时间观的理念设定，赋予当下刹那生灭的"瞬间"以"永恒"的价值与意义。但是，九鬼周造对于形而上的回归的时间设立权利的理论思路能否成立是非常值得商榷的，相较于现象学时间观水平绽出在主体时间意识内的可还原性，这种假设性的时间概念似乎降低了理论力度，是一种倒退，只能说这种时间观作为哲学家的信念有其提出的价值与独创性意义。此外，九鬼周造关于"偶然性"的空间限定意图实现的关注"他者"问题与填补海德格尔的道德空场：九鬼周造认为在经验界积极的相对偶然作为独立二元序列的邂逅，其时间契机主要表现为"同时性"，"同时性"在本质上暗示了"空间性"，随后在"偶然性的内在化"的章节部分，九鬼周造又主张使偶然得以成立的二元独立性与邂逅性，保持了主体间性的同时实现了将作为主体间性的社会性中的"你"实践地内化为"我"的具体同一性，最终提出"观佛本愿力，遇无空过者"的道德律令。但是，由于时间流逝过程中的自我否定性，这种奠基于当下"同时性"的道德基础如何具有根基性，主体间性的紧张如何真正消解，都是未完成的大问题。我们只能肯认九鬼周造发现了海德格尔哲学的缺口，并尝试通过自己具有东方色彩的时空观弥合海德格尔的不足，至于是否真正解决了这些哲学史上重大的问题，仍是非常值得商榷与思量的。即便如此，九鬼周造确实以他的深入探究推进了时间论问题的相关思考，并提出了自己独创性的见地，他对于时间论问题的理论贡献与思想价值在纯粹哲思层面是毋庸置疑的。

尽管仍存在很多有待完善与反思之处，九鬼周造作为近代日本哲学京都学派的代表性人物，在学习西方哲学范式的基础上，建构了富有东方意蕴的独特思想体系，对东西方哲学的根源性问题进行了深入的思考，提出了自己独创性的见解。九鬼周造偶然性哲学致力于东西方哲学对话的努力，对于中国学界思考自身与西方世界对话的方式与途径提供了可借鉴的探索经验，他未加以澄清与反思的一些问题，也为同属东方阵营的中国学界提示了以西方哲学言说方式诠释东方世界的文明，可能潜在的危机性与寻求新的道路的紧迫性。

附录（一）

九鬼周造的时间论与中国禅宗思想

九鬼周造的"时间论"核心观点是"永远的现在"与"永恒的轮回"。禅宗追求"顿悟"——"迷来经累劫,悟则刹那间",中国禅宗刹那生灭、瞬时即永恒的本原时间意识与九鬼周造"时间论"的联系与区别是本文旨在探讨的内容。九鬼周造的时间论与禅宗时间观比较研究的价值在于展现九鬼周造如何在西方学科范式下通达东方禅学的意蕴,这是一次东西方哲学对话的典型范例。时间问题是东西方哲学共通的根本问题,九鬼周造的这次努力既站在巨人的肩膀上,承继了西方诸多伟大哲学家的成果,又依托东方禅学独特的思想视域,发扬了日本民族追求如樱花般在最绚烂时凋落,在只有一次的生命中实现永恒价值的审美意趣,其思考问题的深度、立论背景的广度都值得重视。

一方面,西方哲学史上关于时间问题的思考源远流长,九鬼周造20世纪留学欧洲时于此获益良多,简单而言,他的时间论是由扬弃亨利·柏格森、马丁·海德格尔以过去和未来为中心的时间观,继承圣·奥勒留·奥古斯丁、埃德蒙德·胡塞尔以现在为本质的时间观,吸纳弗里德里希·威廉·尼采的永恒轮回思想而来;另一方面,日本社会文化生活中时间观传统的现在主义与现世主义倾向以及禅宗思想的影响都构成了九鬼周造提出自身时间论的社会历史背景与思想文化视域。虽然九鬼周造在西方哲学思维框架下直接引证的东方经典是《奥义书》、《那先比丘经》和《无量寿经》,但"禅学东渐"是中日古代文化交流的第二次高潮,中国临济宗对于形成日本禅影响深远。因此对起源于印度,兴盛发达于中国,在与中华本土"儒""道"传统文化三教合流后,逐渐形成最具中华民族特色的佛教宗派——"禅宗"的时间观与九鬼周造的时间观进行平行比较研究,是东西方时间论对话与中日思想交流的题中之义。

一、九鬼周造以"现在"为中心的时间论

九鬼周造关于时间问题的主要论述集中在《时间论》的第一部分"时间的观念和东洋时间的反复"与《形而上学的时间》(1931年),此外在标志其偶然性哲学确立的《偶然性的问题》(1935年)的第二章第十七节"同时的偶然与继起的偶然"、第二章第十八节"偶然性与时间、空间之规定"与第三章第九节"偶然性的时间特征"中就时间性的问题进行了进一步的论述。

九鬼周造的时间观具有三重结构:日常流俗时间的线性持续、现象学的时间结构以及形而上学的时间结构。形而上的时间无法还原为主体的内在时间意识或者时间内状态,对于人的存在,这种回归的形而上的时间永远只能是一种理念上的"设定",作为现实被给予的只能是普通的时间与现象学的时间。站在现象学的立场,这种不能被还原为向我们显现并如其所是地加以描述的"形而上的时间"是不能被承认的。九鬼周造设立"回归的形而上的时间"并以其为本原时间的目的何在?"现在"作为偶然性的时间特征如何在九鬼周造的时间结构中占据优位?

针对海德格尔在《存在与时间》中以"未来"为中心构建的时间的现象学存在论结构,九鬼周造在《形而上学的时间》中提出了以"现在"为中心的回归的形而上学的时间观,其时间论的核心观点是"永远的现在"与"永恒的轮回"。他以"现在"为优位的时间观具有两个鲜明特征:一、时间契机之间的非连续性,"过去的现在""现

在的现在""未来的现在"是作为一个个独立的"直态"点而被直观地目击,"在契机之间存在非连续性。现在的现在、过去的现在、未来的现在,这些各种契机只由一种像远程作用那样的东西连接在一起[1]"。二、时间的各个契机是绝对同质的,都是"永远的现在",同一性是可逆性的保障,因此这种同质性时间成为"可逆的"永恒轮回,"各种契机具有绝对的同质性,彼此能相互交换。在这种意义上,时间是可逆的"。以往的线性时间观或者螺旋式的时间观,都是以时间契机之间过去—现在—未来的连续性,以及时间的不可逆性作为前提的。九鬼周造的回归的形而上的时间观毋宁说是一种圆形的时间观,永远性、完结性、无限性是其突出特征。之所以说这是一种形而上的时间观,是因为这种时间观是对时间的绝对根据亦即时间的本原的探究,由于人的存在的"时间性"是有限的,具有起始与终结,回归的形而上的时间观对于人类在本质上是不可经验的,只有柏格森所谓的"非人格的意识"(conscience impersonnelle)、"宇宙的持续"(Durée de l'univers)才可能具有这种"时间原视"(Zeit-Urschau)的视域。九鬼周造的时间观"时机化的方式"是重构海德格尔以"将来"为中心的水平方向的绽出,他以海德格尔忽视的作为原本的时间性的现在——"瞬间"(Augenblick)为中心点,水平方向绽出的同时,垂直方向绽出为形而上的永远轮回的永恒的现在。

海德格尔的《存在与时间》意图将此在的一切行为从其存在亦即

---

1 [日]九鬼周造著,彭曦、汪丽影、顾长江译:《九鬼周造著作精粹》,南京大学出版社2017年版,第334页。

其时间性进行阐明,其现象学时间还原的基本存在论结构是:"流俗的时间概念"还原为"此在的操劳的时间","作为操劳的时间的世界时间"进一步被还原为"时间性"(Zeitlichkeit)。海德格尔的时间性(Zeitlichkeit)具有三个特征:(1)"绽出性"(ekstasis);(2)将来优势;(3)有限。其中第一点"绽出性",日语翻译成"自我脱离性",这是九鬼周造关注的重点。ekstasis在中文版《存在与时间》被翻译为"绽出","绽出的(ekstatic)特性"即时间具有绽出的三样态:未来、现在、过去。Ekstasis词源是希腊文,前缀"ek"意为"出来",名词"stasis"源自动词histēmi,意为"站立",因此"'绽出'意味着,在最基本的时间经验中,我们并不是被封闭在孤立的当下,而是'站出去',进入过去和未来[1]"。海德格尔以"未来"为中心绽出的"现在"区别于九鬼周造时间论的"现在"意蕴的具体内涵是什么呢?

海德格尔虽然分殊了两重"现在",即作为原本的时间性的现在——"瞬间"(Augenblick)与作为非原本的时间性的现在——"当前化"(Gegenwärtigen),但是"现在"仅作为非原本的"现成"或"当前化"被阐述,理解为此在在世界之中的沉沦,遮蔽了作为原本的时间性的现在的"瞬间"(Augenblick),"瞬间"——当下即是,在以"将来"为中心的现象学时间观中其实被隐没了。对于九鬼周造而言"时机"就是作为"瞬间"(Augenblick)的"现在",它是"永远的现在""与未来和过去都没有接触……只在次要意义上才包含未来

---

[1] [美]罗伯特·索科拉夫斯基著,高秉江、张建华译:《现象学导论》,武汉大学出版社2009年版,第135页。

和过去的'未来以及过去的现在'"。但是"瞬间"（Augenblick）对于海德格尔时间概念的意义却在于这个当前的瞬间，此在在世界之中，对可能的决断保持着敞开的开放性，他的"瞬间"在根本上是具有未来取向的"瞬间"（Augenblick），并不能从"现在"来阐释。《存在与时间》中写道："我们将保持在本己的时间性中，因而本身也是本己的当前（Gegenwart）称为瞬间（Augenblick）。必须在作为出位样式（Ekstase）的积极意义上来理解这个术语。它的意思是此在果决地沉迷于在处境中所遇到的各种可操劳的可能性和环境，这种沉迷保持在果决中。瞬间的现象根本不能从现在来解释。现在是一个属于作为内在的时间现象：现在，'在其中'某事出现，消失，或是现成的。没什么能'在瞬间中'发生，而是作为本己的当前（Gegen-wart）它让我们首先遇到能'在时间中'作为现在的东西或上手的东西。"[1]作为源始时间的瞬间（Augenblick）对于海德格尔的存在论哲学不能从"现在"来阐释，"现在"必须被阐释为"Gegen-wart"（当前），海德格尔把Gegenwart拆写为Gegen-wart是为了表示瞬间是一种"对……期待"，作为源始时间的瞬间（Augenblick）必须是在为存在做决定的开放中，这种开放是此在筹划先行可能性的瞬间决断。总之，此在的出位结构（绽出）非常重要，Exstase的方式就是海德格尔的现象学的时间结构：时间水平绽出为曾在—当前—未来，这三种绽出样式分别对应于此在的三种本质存在规定"作为被投性的曾在"、"在世界中存在"与"向死而在"的时现（zeitigt），海德格尔的"瞬间"就是面向

---

[1] 张汝伦：《二十世纪德国哲学》，人民出版社2008年版，第362页。

附录一　九鬼周造的时间论与中国禅宗思想

未来可能性开放的水平绽出，他的"瞬间"根本不能从现在来解释。不似先哲以延展性、持续性使过去、现在、未来各时间契机成为相续的时间流，反而保持时间契机之间的非连续性。那么，九鬼周造的作为"瞬间"（Augenblick）的"现在"究竟如何在水平与垂直方向绽出呢？"现在"沦为抽象空洞的点，这一潜在危险使得当下的"现在"如何绽出？这就成为亟待解答的问题。

"偶"在日文中也有"遇"的意思，而"偶然"是此时此处"现在"中的邂逅。九鬼周造的偶然性哲学关于"现在"的界定可归纳为：第一，九鬼周造在一定程度上肯认了海德格尔对"现在"的阐发，但补充了价值论层面的修正。偶然是在现在之中的邂逅，偶然作为"在旁边"（Sein-bei）的寓于世界之中的存在，是当下之"颓落"（Verfall），但必须从"颓落"或"沉沦"中清除一切价值判断。九鬼周造承认作为"当前"（Gegenwart）的"现在"这一层面的实际存在，但是并未将此在的超越性价值排除于在世界之中的"共在"之外，他主张在"颓落的现在"中实现"永远的现在"，一切价值都取决于主观态度，"在眼光朝内看的人那里，流转正因为是流转，因而藏有法喜，徒劳之所以是徒劳，因而能带来福祉。这样一来，在'无穷性'中把握'无限性'，在'颓落的现在'中获得'永远的现在'，那虽然只是一次，却具有无限次数人生的意义"。第二，九鬼周造在自身偶然性哲学中赋予"现在"以根基性地位与时间优势。如同"将来"的筹划对于海德格尔"向死而在"的存在论哲学、"过去"对于柏拉图以"回忆说"追求绝对必然性的理念论，"现在"在九鬼周造的时间论结构中占优位，这植根于其偶然性哲学思想见地的整体。虽然在

· 199 ·

脱离体验直接性的逻辑领域偶然性作为"必然性的否定"或作为"可能性的相关者"而规定，但是在体验的直接性中，偶然必须是作为"正视态"、作为"直态"占据"现在"之位而在时间性上具有优势，因此偶然无非就是"作为瞬间的永远的现在"的悸动，"作为现实的现在性是值得'正视'的东西。与之相反，可能性所具有的未然性和必然性所具有的过去性只有通过立足于现在的现实性的人向左或向右的'斜视'才能进入视野"。因为偶然性与现实性联系密切，在九鬼周造提出的第三种模态体系中"偶然性"作为"有""无"交界点，宣告了"现实性"的诞生，偶然性就是"直观的现实性"，因而"偶然性的现在性"是基于单纯作为现实的偶然的现实性。第三，九鬼周造将"永远的现在"在垂直方向的绽出样态描述为自足圆满地"画圆圈"，"永远的现在"在根本上与过去、未来没有接触，仅在次要意义上以"过去的现在""未来的现在"的形式涉及过去、未来的视域。"瞬间即永恒"这种理念设定与时间契机之间非连续性所内设的问题是：垂直方向绽出的"瞬间—永恒"即"差异—同一"的成立问题，水平方向绽出的"过去的现在"、"现在的现在"与"未来的现在"之间的断裂与连接问题。这二者其实是一体两面的一个问题，九鬼周造给出了信念式的回答，"一即多，多即一"的时间构造下"断裂即连接""绝对的同一性和量的多样性并不互相矛盾……在回归的时间中，各个瞬间、各个现在是不同时间的相同现在"。无独有偶，"瞬刻即永恒""一即一切、一切即一"正是禅宗当下见性所证悟的殊胜境界。因此要理解九鬼周造如何处理时间契机之间的断裂连接问题，如何在"颓落的现在"实现"永恒的现在"，需要将其时间论与禅宗时间观进行比较研究。

二、禅宗时间观架构的基本特征

李泽厚指出的禅宗常说的三种境界分别是：第一境"落叶满空山，何处寻行迹"，这是描写寻找禅的本体而不得的情况；第二境"空山无人，水流花开"，这是描写已经破法执、我执，似已悟道而实尚未的阶段；第三境"万古长空，一朝风月"，这是描写在瞬刻中得到了永恒，刹那间已成终古。在时间是瞬刻永恒，在空间则是万物一体，这也就是禅的最高境地了。从而"万古长空，一朝风月"是禅宗顿悟追求的境界，禅悟的最高境界即万物一体、瞬刻永恒。[1]慧能是中国禅宗真正的创始人，虽然在禅宗史上慧能位列"东土六祖"，但前五代并未超越印度禅学而形成真正的中国特色佛教宗派——禅宗，尤其是未特别突出慧能为代表的南宗所弘扬的"顿教"法门。"经、律、论"三藏按照佛教传统只有释迦牟尼佛本人宣讲的才能被尊为"经"，《坛经》是唯一一部中国僧侣宣说而被称作"经"的著作，这是世界佛教史上空前绝后的。禅宗奉行的典籍主要有《楞伽经》、《金刚经》与《坛经》，其中《坛经》是在佛教中国化的大背景下，融合以《楞伽经》为代表的如来藏佛性论思想与以《金刚经》为代表的般若学思想而形成的融合大乘佛教有宗、空宗两大思想体系的

---

[1] 李泽厚：《中国古代思想史论》，生活·读书·新知三联书店2008年版，第218—219页。

著作。这次佛学革命深刻影响了之后宋明理学的诞生与发展，禅宗的创立与《坛经》的问世既是历史的过程，也是佛教思想与中国本土文化交流及佛教内部各流派融合的思想发展结果。

佛教的时间观经历了几个阶段的演化，从释迦牟尼在世时创立的原始佛教到小乘部派佛教，再到大乘中观学派与瑜伽行派，对于时间的有无问题存在不同理解：部派佛教的"说一切有部"以时间为实有，认为过去、现在、未来都是实有法体，"大众部"、"分别说部"与"经量部"则认为现在实有，过去、未来假有。大乘中观学派否定时间实有论，主张过去、现在、未来都是缘起假有，以龙树的《中论·观时品》与僧肇的《物不迁论》为代表，大乘瑜伽行派则以心识缘起理论建构过去、现在、未来三重三世结构，其依据的根本经典主要有《楞伽经》、《华严经》与《瑜伽师地论》。禅宗由早期以《楞伽经》印心到越来越重视《金刚经》，这是有宗与空宗融合的佛教中国化过程，因而其时间观系统也较为复杂。

若以《坛经》为主要文本，理解禅宗的时间观架构，不能忽视禅宗的"顿教"特色：禅宗信奉"汝性自足"，以"明心见性"为宗门旨归。李泽厚认为禅宗的顿悟"最突出和集中的具体表现，是对时间的某种神秘的领悟，即所谓'永恒在瞬刻'或'瞬刻即可永恒'这一直觉感受……禅宗讲的是'顿'悟。这问题不是逻辑性的，而是直觉感受和体验领悟性的"。他理解的这一永恒的瞬刻超越了一切时空、因果，过去、未来、现在融为一体、无可分辨，超越了一切物我人己界限。因此从根本上而言，顿悟之"顿"是要超越意识的分别思量，实现智慧觉解，即所谓"波罗蜜"到彼岸之智。《坛经》云"解义离生

附录一 九鬼周造的时间论与中国禅宗思想

灭，著境生灭起，如水有波浪，即名为此岸；离境无生灭，如水常通流，即名为彼岸"[1]，佛家主张万法唯心所造，从而客观时间内转为心识显现，慧能说"思量即不中用，见性之人，言下须见"，见性成佛是言下当下的顿悟，是自性般若智对虚妄思想心的超越。以禅宗的解脱论与修行观，分别心是根本障碍，分别识的时间体验是依"能—所"主客二分框架实现的，工具理性以外物为实有，依托物体运动现象设立了过去、现在、未来可度量计算的客观时间。但是佛家认为诸法现象的生、住、异、灭是虚幻的缘起性空，日常流俗时间随外物之境的生灭变化而显现，过去、现在、未来是因缘所生法，没有常住不变的独立自性。

时间问题与运动问题关系密切，著名的"风动""幡动"之辩，慧能认为"仁者心动"是外物迁流的根本原因，因而时间问题也由客观外在时间变为心念显现的时间，打破了以过去、现在、未来的线性流逝作为事物生灭变化的客观形式或外在框架的日常时间观。时间问题的内在转向使得如何截断念念之流，跳脱前念、今念、后念相续不断的系缚，达到"无住"通流成为顿悟修行论的核心内容，这也是瞬刻永恒时间观的奥秘所在。慧能的修行法门可概括为"三无"——"无念为宗，无相为体，无住为本"。这三者中又以"无念""无住"与时间问题关涉最深：《金刚经》云"过去心不可得、现在心不可得、未来心不可得"，过去心、现在心、未来心即前念、今念与后念，不可得即不可执取、无所住著，这就是"念念之中，不思前境。若前念

---

[1] 梁归智译注：《金刚经·坛经》，三晋出版社2011年版，第74页。

今念后念，念念相续不断，名为系缚。于诸法上，念念不住，即无缚也。此是以无住为本"。同时"无念"不是"念绝"，更不是百物不思的"枯坐"，"无念"是"于念而无念"一种当下的纯粹体验、自性观照，无者无何事？念者念何物？"无者无二相，无诸尘劳之心；念者念真如本性，真如即是念之体，念即是真如之用。"这种真如自性的念之用是自由无滞碍的般若三昧，"即体起用"方不陷于昏昧枯坐"磨砖作镜"的窠臼，"知见一切法，心不染著，是为无念。用即遍一切处，亦不著一切处，但净本心，使六识出六门，于六尘中无染无杂，来去自由，通用无滞，即是般若三昧，自在解脱，名无念行"。总之"无念"是用遍一切处的时空圆融一体性，真如自性起念不是六识分别的躯壳起念，但它是使六识出六门于六尘中不住著的根本。"无住"是一种"如水过鸭背"的流动状态，内外不住——内于空离空、外于相离相，心不住法，道才能无滞通流。

上述证悟境界表现在时间观上有三种特点：第一，《坛经》云"一即一切、一切即一"，每一瞬刻涵摄过去、现在、未来一切时间。法远禅师道"十方通摄了无遗，三际全超在此时"[1]，云居文庆偈曰"一念万年，千古在目"[2]，禅宗的这种时间观与华严宗、天台宗共通，华藏世界时空圆融一体，《华严经》云"一念普观无量劫，无去无来亦无住，如是了知三世事，超诸方便成十力……一切众生心，普在三世中，如来于一念，一切悉明达"。天台宗的《摩诃止观》也强

---

[1] [明]瞿汝稷编撰：《指月录》，巴蜀书社2005年版，第437页。
[2] [宋]普济：《五灯会元》，中华书局1984年版，第1013页。

调"一念三千",每一瞬刻可以涵摄无量时空,一念具足一切因缘,既有"亘古今而不变,历万劫而弥新"的真如自性,也含万法融通、三千性相的法界缘起。第二,过去、现在、未来三际本无分别,时序可以倒转轮回。禅宗祖师斗机锋时留下了许多打破日常时间系缚的颠倒语录,例如"问:如何是禅?曰:今年早去年""三冬阳气盛,六月降霜时"[1],"丫角女子白头丝""千岁老儿颜似玉,万年童子鬓如丝"。这些违背自然现象规律、人类生命经验常识的公案,是基于时间的同质性,"不二"是禅宗的核心旨趣,《坛经》在不同文品中多次宣扬"不二"法门,"凡夫见二,智者了达,其性无二,无二之性,即是佛性""凡夫见二,智者了达,其性无二。无二之性,即是实性"。因此前念、今念、后念,念念在目都是瞬息百年、一念万年的永恒瞬间,过去、现在、未来是分别心设立的尘劳幻相,其实相了无分别、浑然一体。第三,打破前念、今念、后念的相续表象,以瞬刻片段自足圆满,切断前后际的延展。"佛法是不二之法",这种"不二"除了无分别的平等意,还有彼是双谴,不落两边之意,慧能临终叮嘱传法诀要"出语尽双,皆取对法……道贯一切经法,出入即离两边"。这在逻辑上可精确地表达为"非A且非非A"。《坛经》云"佛言:善根有二,一者常,二者无常,佛性非常非无常,是故不断,名为不二;一者善,二者不善,佛性非善非不善,是名不二"。这非常非断、非善非恶的佛性,在心念时间观上开显为"即心即佛——前念不生即心,后念不灭即佛"。不生不灭,这是佛教中观要义,龙树的

---

1 吴言生:《禅宗思想渊源》,中华书局2007年版,第226页。

《中论·观时品》云"若因过去时，有未来现在，未来及现在，应在过去时……若过去时中，无未来现在，未来现在时，云何因过去……不因过去时，则无未来时，亦无现在时，是故无二时……以如是义故，则知余二时，上中下一异，是等法皆无[1]"。其弟子僧肇的《物不迁论》亦曰"人则求古于今，谓其不住；吾则求今于古，知其不去。今若至古，古应有今；古若至今，今应有古。今而无古，以知不来；古而无今，以知不去。若古不至今，今亦不至古，事各性住于一世，有何物而可去来？然则四象风驰，璇玑电卷，得意毫微，虽速而不转[2]"。二人都是在切断过去、现在、未来的相因相待连续性假象，主张不生不灭、不来不去、无古无今的不二之性才是诸法实相。因而时间成为一个个独立的瞬刻，没有迁流与延展。

三、九鬼周造时间观与中国禅宗思想的内在关系辨析

九鬼周造的时间观与中国禅宗思想都以"现在"的瞬刻为唯一涌动的、涵摄一切的永恒时间，以过去、现在、未来的同质性、非连续性别具一格，具有"一即多、多即一""断裂即连续"的特殊时间构造。但是二者也存在着根本差异。

首先，时间的根本性质是实有还是假有存在分歧。九鬼周造的

---

1 中国佛学院三论学教研组编：《〈中论〉基础教程》，宗教文化出版社2013年版，第134—135页。

2 许抗生：《僧肇评传》，南京大学出版社2011年版，第295页。

"现在"不是静止的现在,而是在画圆圈的现在,这种圆形运动既是时间的回归也是时间内容的同质重现,他认为二者不可分割,"柑橘香飘,浮现原野红杜鹃——柑橘香飘四溢时,让我想起我曾嗅着柑橘的清香,听着杜鹃的鸣叫。那是曾几何时的事情,现在也正和那时一样,我又回到了那曾几何时的过去,那时和现在完全一样,那就是一个相同的现在。时间具有回归性,它总在反复。就是那柑橘的清香,让我们了解了'永远的现在'这一无限的形而上学的时间[1]"。九鬼周造的时间观不能分别时间本身与其内容,内容的回归就是时间本身的回归,他是完全承认外物与时间的相待不离且真实存在的。但是禅宗的时间观在根本上否定时间与外物的实存性,一切都是缘起性空的假有,因而虽然悟在当下,但"现在心"也是不可得的,如龙树所言"因物故有时,离物何有时,物尚无所有,何况当有时"。佛家以物为缘起法,依物显现的时间也是真空假有需要破除的。

其次,九鬼周造严格遵循西方学科范式,形而上的回归的时间不是可证实的时间,作为理念设定在西方哲学的语境下,并非事实问题,而是权利问题,它是九鬼周造作为一名哲学家的信念。但这在禅宗看来都是"戏论",必须真参实修、转识成智才能亲证"瞬刻即永恒"的本原时间性。九鬼周造论证"一即多""断裂即连续"的方式是思辨性的:严格的形而上的回归的时间只表现为唯一且完结的圆,"差异—同一"问题、"断裂—连接"问题就转化为:这一个圆如

---

[1] [日]小浜善信著,郭永恩、范丽燕译:《九鬼周造的哲学:漂泊之魂》,中国书籍出版社2012年版,第115页。

何回归或反复？一个圆上时间如何才能开始新的起始？九鬼周造主张时间本身与作为其内容被包含在时空中的事物不可分离，时间的回归就是内容的回归，严格的"同一个"意义上的回归，因此若以两个圆为例，两个圆必须是同一个体，前一个圆结束的终点必须是后一个圆开始的起点，不允许这两个圆呈螺旋式的形态，但是为了能使后面的圆重新开始，两个圆又必须是不相连接的断裂状态，这就是"同一与差异"或"断裂与连续"的矛盾问题。但唯一且完结的圆可以是一个"车轮"，此即"一即多""断裂即连接"的辩证关系状态，"在回归的时间中，各个瞬间，各个现在是不同时间的相同的现在"。无限次严格意义上重复回归的时间在本质上是"同一性"，严格意义上"仅此一次"的"现在"在本质上是"差异性"，但是"差异性"通过无限反复成为了"同一性"。借用《偶然性的问题》的思想来表达就是：相同的偶然邂逅，在其反复偶然邂逅中形成了必然。因此，每一个"现在"都是具有深刻意蕴的"现在"，因为过去在现在重现，现在回归至过去，每一个现在都包含着无限相同的过去与无限相同的未来。从而九鬼周造的时间论结构具有"一即多""多即一"的构造，"永远回归的时间"与"仅此一次的现在"在根本上是同质的，"现在"是不同时间的相同现在。与此相对，禅宗的顿悟是言语道断、打破分别思量的，"一即一切、一切即一"的境界不是分析出来的，而是生命内在的神秘体验，因而禅宗公案常用答非所问的方式打破语言、逻辑、理性的常规，由此指向超言绝相的顿悟境界，例如对于"祖师西来意"这个问题的回答常常驴唇不对马嘴，"一寸龟毛重七斤""久雨不晴""粥饭气"等不胜枚举。禅宗不立文字、直指人心，语言哪怕是佛经都只是"因指见月"之"指",九鬼周造形而上的时间设定与禅宗亲证顿悟境界是由两条不同道路通达的相似时间体验,但终究是大相径庭。

最后,九鬼周造的时间观以"现在"为中心既承认垂直方向的绽出也保留水平方向的绽出,其形而上的时间观没有否定日常时间与现象学的时间观,实质上具有三重结构,并且是以现象学时间水平绽出的水平面与形而上回归时间绽出的垂直面二者的交会作为真正的时机。禅宗顿悟的时间观必须打破前念、今念、后念的系缚,虽然《大乘起信论》也承认"一心开二门"即生灭门与真如门,但在解脱论上凡心设立的生灭变化,过去、现在、未来的迁流仍是要超越的,这与九鬼周造在"颓落的现在"中实现"永恒的现在",肯定流转的现实世界的价值取向存在明显差异。九鬼周造认为"一般来说,未来的可能性通过现实而向过去的必然性推移。从大的可能性到与不可能性相接的极其微小的可能性,可能因为它的可能性而成为现实,现实向必然展开,而且一般来说,可能遭遇现实面的情况,那是广义的偶然"。必然性、偶然性、可能性三种模态范畴与时间限定的联系:对应于"必然性"模态的时间特征是"已然",亦即过去,对应于"可能性"模态的时间特征是"预先",亦即未来,"偶然性"作为根源性的、最初的原始事实,其对应的模态范畴是现实性,由于现实性意味着时间上的现在,偶然性的时间性也就是以"如今"为图式的现在。这里"广义的偶然"所表达的可能性转变为现实性,未来之可能性经由现实向着过去之必然推移,就是未来、现在、过去的流逝,九鬼周造在《偶然性的问题》中意图以自己的偶然性的时间形态融摄海德格尔的现象学的时间结构。与九鬼周造承认时间的水平方向绽出，肯定线性迁流不同，禅宗以明心见性，了生脱死为修行论旨归，因此"生灭门"与"真如门"虽是"一心"所开，但菩提自性作为心王，必须统领六识"心是地，性是王，王居心地上，性在王在，性去王无。性在身心存，性去身心坏"。自性清净心须是六识轮转之主，诚如赵州和尚所言"汝为十二时辰使，老僧使得十二时辰"。禅宗的特色是在世而出世，"佛法在世间，不离世间觉。离世觅菩提，恰如求兔角"，不否定世间种种是觉悟的资粮，行住坐卧皆有禅机，但"自性迷即是众生，自性觉即是佛"，因而开佛知见，就是出世，开众生知见，就是世间，终归明心见性要以"真如门"为根基。九鬼周造虽然承认在世间的现在的价值，于"颓落的现在"实现"永恒的现在"，但形而上的时间作为设定甚至都不是现实的时间，信念力度远不及顿悟亲证的现量境界，而且对于水平绽出的现实面与垂直绽出的假设面九鬼周造平置高下，以二者相交为成熟的时机，并不存在统领关系或真俗差别。

根据以上分析，我们不难认识到评定九鬼周造的时间论时，如果脱离了禅宗视角将失之偏颇，因为明心见性的"当下"正念似乎正是九鬼周造在"颓落的现在"里实现的"永远的现在"。天下万物"以同观之无不同，以异观之无不异"，古今中外的思想自然是言人人殊，决定思想家见地的既有方法论根据，又有其所欲解决的问题、通达的境界。九鬼周造的时间观与禅宗证悟的时间观根本境界都是以刹那生灭的"现在"为涌现世间万象的源泉，切断过去、现在、未来的相续流逝相，赋予瞬刻以永恒价值，以"现在"为独立完满的点，没有互相依存的相因相待性。但禅宗的顿悟是百死千难证悟的如实如量的时间境界，九鬼周造的回归的形而上的时间却是理论设定，他深受西方哲学人神绝对分立，人不可能有神的智性直观这一潜在预设的影响，与禅宗转识成智的修行旨趣是不同的路径。与此同时，因为没有了生脱死的根本任务，九鬼周造的时间轮回是同质性的同一个物的回归。他缺少佛家"空"的维度，外物与时间的存有性始终没有破除，他要安立的是个人存在境遇的偶然性，关心的是命运与偶然的对立统一。当然九鬼周造也一定从禅的智慧中汲取了许多养分，殊途未必同归，但终究有诸多交集。

（原文发表于《日语学习与研究》2021年第5期）

附录 二

从「粹」到偶然性问题
——九鬼周造偶然性的内在化问题探究

九鬼周造是日本一位独具特色的京都学派思想家，其代表性著作有《"粹"的结构》与《偶然性的问题》等。其思想的独特性主要体现在两个方面：一是其自身的人生际遇颇具传奇色彩；二是其长年旅居、游学欧洲使得其思想背景具有东西方融汇性、复杂性。九鬼周造的思想主要有四部分内容，即偶然性哲学、"粹"的结构、时间论以及押韵论，这四部分内容是具有内在联系的。九鬼周造的哲学被称为"偶然性哲学"，因为偶然论能够融汇以上四部分内容。"粹"（日文粹　いき）是九鬼周造早期思想中最重要的概念，偶然性问题是伴随着从《"粹"的本质》（1926年）到《"粹"的结构》这一演变提出的。经过旅欧期间的多年思考与回国后的修订，1930年发表的最终稿《"粹"的结构》已经开始显露出偶然性哲学的基本雏形，可以作为九鬼周造哲学中处于"前偶然性哲学"阶段的思想。

一、从《"粹"的本质》到《"粹"的结构》

《"粹"的结构》这部作品的创作不是一蹴而就的，九鬼周造留下的最早的关于"粹"的思考痕迹，出现于《九鬼周造全集》之《别卷》中的"关于'粹'"一文。这是一篇没有标注日期的草稿、思考笔记，作为对属于"粹"的各类现象的分门别类，尚停留在初步的经验性思考阶段，未形成系统的理性准则。1926年12月，九鬼周造（38岁）在巴黎初步写就《"粹"的本质》（藤田正胜称之为"巴黎草稿"）。1929年1月，他留学归国，同年10月在大谷大学做了题为《偶然性》的演讲。1930年，《"粹"的本质》大幅修改后更名为《"粹"

的结构》，发表于《思想》杂志92、93期（1930年1、2月号）（藤田正胜称之为《思想》稿）；同年11月，增补修改后由岩波书店出版发行《"粹"的结构》单行本（藤田正胜称之为《岩波》稿）。整理上述时间线索可知，九鬼周造正式提出偶然性问题的标志性事件是他在留学期间撰写了《"粹"的本质》（1926年的"巴黎草稿"）到归国后经修改定稿为《"粹"的结构》（1930年出版，分为《思想》稿与《岩波》稿）之间。在此，我们需要追问的是，从《"粹"的本质》到《"粹"的结构》的思想倾向的转变，为偶然性问题的提出奠定了怎样的思想基础？《"粹"的结构》自身的思想内容又为《偶然性的问题》做了哪些铺垫？

从《"粹"的本质》到《"粹"的结构》，"本质"实质上就是指胡塞尔（Edmund Gustav Albrecht Husserl）的"本质直观"。从1926年到1930年，九鬼周造处理"粹"的方法论立场，由胡塞尔的"本质直观"立场过渡到海德格尔的诠释学立场，这是一个方法论立场从混乱、模糊、不统一，到自觉地将方法论问题作为"先决问题"处理的过程。在《"粹"的本质》初步完成时，九鬼周造已经通过田边元在《现象学中的新转向——海德格尔的生命的现象学》中的介绍，对于胡塞尔以及海德格尔的方法论问题有了初步的了解。当然这与日后他面见胡塞尔与海德格尔，并且参与课程学习、讨论，特别是研读《存在与时间》（1927年）之后对二者思想的深刻领悟不可同日而语。藤田正胜认为，《"粹"的本质》在方法论上存在不统一的现象，大体上在胡塞尔的现象学影响下构思的《"粹"的本质》，还杂糅了田边元所介绍的海德格尔的"现实意识的现象学"理论。据他推测，在"巴黎草稿"写作阶段，九鬼周造在方法论立场上是摇摆不定的，后来借由1927年出版的海德格尔《存在与时间》中记述的诠释学才明确了自身的方法论立场。[1]

《"粹"的本质》的方法论立场是分析意识构造获得观念化的抽象类概念的"本质直观"，而《"粹"的结构》的方法论立场是以存在领悟的形式体会丰富具体的意义体验。从《"粹"的本质》到《"粹"的结构》的大致演变过程与最终稿确立的方法论及课题目标的变化可以看出九鬼周造对于海德格尔的继承以及对胡塞尔的批判。他指出，"在西洋文化中探寻'粹'类似的意义，并借由形式化的抽象来找出某些共通点，并不是不可能的。但是要理解被视为民族存在样态的文化现象，这不是适当的方法论态度。即使自由地变换带有民族性色彩的现象，并且在可能的领域中进行所谓的本质直观，我们所能得到的，不过只是包含该现象的抽象性类概念而已。理解文化现象的真谛，必须不损害其作为事实的具体性，在其原封不动活生生的形态中进行掌握。不可以是抽象性的'观念化'（Ideation），必须是具体性、事实性的'存在领悟'[2]"。这里纲领性地否定了胡塞尔的"本质直观"，认为由此只能获得抽象性类概念，转而在方法论上尊崇海德格尔的存在论。虽然这里从抵达研究目标的角度提示了方法论转向的必然性，但是只有逐条、精细对比《"粹"的本质》与《"粹"的结构》，才能领悟九鬼周造自身思想逐渐成熟的过程：

---

1 [日]九鬼周造著，藤田正胜原文注，黄锦容、黄文宏、内田康译注：《"粹"的构造》，联经出版事业股份有限公司2009年版，第135页。

2 [日]九鬼周造著，藤田正胜原文注，黄锦容、黄文宏、内田康译注：《"粹"的构造》，联经出版事业股份有限公司2009年版，第18—19页。

附录二 从"粹"到偶然性问题

"我们不能将'粹'单纯地视为种概念来处理,不可追求的'本质直观',它是以观向出涵盖种概念的类概念其抽象的普遍性为目的。要理解意义体验的'粹',就必须是具体性的、事实性的与特殊的'存在领悟'。在询问'粹'的'本质'(essentia)之前,我们应该先询问'粹'的'存在'(existentia)。一言以蔽之,'粹'的研究不能是'形相性的',而应该是'诠释性的'。"[1]九鬼周造《"粹"的结构》定稿的方法论立场明显与海德格尔的主张一脉相承,可以将之与之前"巴黎草稿"的第四章《"粹"与民族性》(对应于单行本岩波稿的第六章《结论》)做对比。在"巴黎草稿"第四章中,九鬼周造引用了胡塞尔1925年于弗赖堡大学使用的《现象学的心理学》讲稿:"民族之特殊的体验……并不是经由概念的分析就可以完整地被捕捉到。能够经由分析而完全捕捉到的是ειδoς(本质)。如果将体验的本质视为oγδια(实体)来看待时,它只能借由直观才能充分(adequate)地被目击。看来似乎是自相矛盾的话,但我们必须承认,的确只有借由直观才能捕捉到本质的概念。[E.Husserl, Ideation, aus den Vorlesungen über 'Phänomenologische Psychologie', 1925,S.23.]"(《九鬼周造全集》第一卷,第102—103页)[2]可见,"巴黎草稿"时期《"粹"的本质》阶段,抽象性的"观念化""本质""直观""实体"等概念,还没有被批判、置换为《"粹"的结构》中所追求的具体性的、事实性的

---

1 [日]九鬼周造著,藤田正胜原文注,黄锦容、黄文宏、内田康译注:《"粹"的构造》,联经出版事业股份有限公司2009年版,第20—22页。

2 [日]九鬼周造著,藤田正胜原文注,黄锦容、黄文宏、内田康译注:《"粹"的构造》,联经出版事业股份有限公司2009年版,第132页。

"存在领悟",还未明确继承海德格尔"存在先于本质"的立场。转变是如何实现的?研究者所选取的方法、道路往往是由最终要实现的目标决定的,九鬼周造在《"粹"的结构》(1930年)开宗明义地提出"活的哲学必须是能够理解现实的哲学……将现实原封不动地掌握,并将应该玩味理解的体验,逻辑性地表达出来,正是本书所追求的课题"[1]。因此,九鬼周造要实现的活的哲学(生きた哲学),旨在通达、把握活的现实,进而还要逻辑性地表达这些体验。这决定了他必须由通达抽象类概念的本质直观立场转变为存在先于本质的诠释学立场。

那么,从《"粹"的本质》到《"粹"的结构》的思想倾向的转变,为偶然性问题的提出提供了怎样的思想背景?《"粹"的结构》自身的思想内容又与《偶然性的问题》具有哪些内在联系?

九鬼周造继承海德格尔的诠释学路径希望通达的是具体性、存在性的现实,现实性恰好就是偶然性所对应的模态范畴,因为偶然的时间图式是"今",偶然性是根源性的、最初的事实。因此,九鬼周造对于把通达作为事实具体性的,在原封不动的形态中体验"粹"的方法进行了探索。他努力超越传统主客二分(主体subject对于客体object)的认知方式:"首先把'粹'的客观性表现当作研究对象,探索其范围内的一般性特征,只是一直去研究'粹'相关的客观性表现的话,要掌握'粹'的民族的特殊性终将失败。此外,认为借着

---

[1] [日]九鬼周造著,藤田正胜原文注,黄锦容、黄文宏、内田康译注:《"粹"的构造》,联经出版事业股份有限公司2009年版,第9页。

客观性表现的理解,就可以直接领悟意识现象,也将导致意识现象的'粹',在说明上流于抽象性与形相性,而无法将历史性、民族性所界定的存在样态,具体性地、诠释性地加以阐明。"[1]这些《"粹"的结构》的方法论导向都与九鬼周造偶然性哲学见地的形成具有内在一致性,因为偶然性就是探索"粹"的结构问题的方法论努力抵达的涌动着的活生生的现实。在九鬼周造的偶然性哲学视域内,真正发生着的只有在"一点"之中现存的偶然性而已,"在体验的直接性中,偶然作为'正视态'、作为'直态',占据着'现在'之位。就此而言,偶然在时间性上具有优势地位,所谓偶然,正是作为瞬间的'永远的现在'的鼓动[2]"。因此,在某种意义上,《"粹"的结构》的方法论问题可以作为"偶然性的问题"之方法论加以考察。

二、作为"前偶然性哲学"的《"粹"的结构》

关于《"粹"的结构》自身的思想内容与《偶然性的问题》具有的内在联系:"粹"的结构内涵的三个要素,媚态—骨气—死心之成立无一例外是以二元性关系为前提的,"偶然"的"偶"在日文里与"遇"同音且近义,"偶"与"遇"都有遭遇、偶然之义。九鬼周造将"偶然"界定为"现在之中的邂逅","偶然邂逅"的前提就是二元关

---

[1] [日]九鬼周造著,藤田正胜原文注,黄锦容、黄文宏、内田康译注:《"粹"的构造》,联经出版事业股份有限公司2009年版,第23页。

[2] 九鬼周造『九鬼周造全集』(第二卷)岩波書店、1990年(第二刷)、212頁。

系的存在，一元体无从谈起"邂逅与相遇"，因为"（偶然性）其根本意义在于针对作为一者的必然性来规定他者。必然性无非就是同一性，即一者的样相。偶然性只在具有一者和他者的二元性的时候才存在[1]"。可见，九鬼周造对于"偶然"的"现在之中的邂逅"界定，以"邂逅"指涉了"粹"的结构内设的二元性关系前提。除此以外，他还暗示了"粹"与"偶然"的另一层关联："媚态"作为二元可能性的紧张关系，"死心"作为对命运必然性的卓然超脱，恰巧分别指涉了与"偶然性"关系最为密切的两种模态范畴，前者暗合了"可能性"，后者指涉了"必然性"。可能性、必然性与偶然性的关系是什么？依据《偶然性的问题》，偶然性具有的三种规定性又可分为两类：一类是在体验的直接性中规定的，作为正视态、直态、占据"现在"之位的偶然，是我们切身原初直接体验的具体现实事态；另一类是在脱离了体验直接性的逻辑领域中，"作为必然性的否定者被规定的偶然性"与"作为可能性的相关者被规定的偶然性[2]"。关于"偶然性"与"必然性"的"否定"关系：偶然性是必然性的他在（其他存在方式），偶然性是必然性的自我否定态，因此偶然与必然是一体两面的，既有绝对分离、分裂之意，同时又有相即不离、绝对结合的关系。至于可能性与偶然性的关联性：偶然性与可能性之间具有类似性，二者常被视为同一个模态，例如亚里士多德（Aristotle）、斯宾诺

---

[1] [日]九鬼周造著，彭曦、汪丽影、顾长江译：《九鬼周造著作精粹》，南京大学出版社2017年版，第218页。

[2] 九鬼周造『九鬼周造全集』（第二卷）岩波书店、1990年（第二刷）、211~212页。

莎（Benedictus Spinoza）都将二者视为同一的或极接近的范畴。九鬼周造认为人们之所以将偶然性与可能性视为极其类似的模态，是因为"我们可以将偶然性和可能性视为同必然之'确证的完善性'相对立的模态，此时它们只能被视为'存疑的不完善'的存在……存在是可能的，这同时意味着非存在也是可能的。因为'存在是可能的'同'存在是必然的'二者的相异处恰好在于对于前者而言，非存在也是可能的[1]"。这里偶然性模态与可能性模态所共同具有的"存疑的不完善"特征指的是"存在的成疑性"，即存在是可能的，非存在也是可能的。前者提示了"可能性"模态，后者又隐含了"不可能性"模态。也就是说，偶然性与不可能性也具有接近关系，因为偶然是介于"有"与"无"、"存在"与"非存在"的交界处的存在。"媚态"作为二元可能性关系，诠释的存在境遇不也正是"有"与"无"、"存在"与"非存在"之间的动态紧张、若有似无的性状吗？只不过"骨气"这种对一元化"合同"的抗拒力，这种与他人较劲儿不服输的劲头，维持了可能性作为可能性的持久，才使得"永远不断移动、永远不会相交的平行线"成了"粹"在视觉上的最纯粹的客观表现，这明显区别于"偶然"处于"交界面"或"切点"的视觉客观表现，毕竟"可能性""不可能性"只是类似或接近于"偶然性"，但终究是不同的模态范畴。无论如何，"媚态"作为"粹"的结构之基础，作为二元动态可能性的紧张关系，与类似于"偶然性"模态的"可能性"模

---

[1] 九鬼周造『九鬼周造全集』（第二卷）岩波書店、1990年（第二刷）、167頁。

态,或接近于"偶然性"模态的"不可能性"模态之间所具有的相关性,提供了从"模态系统"角度理解《"粹"的结构》的新视角,为《偶然性的问题》的确立做了思想铺垫。

总而言之,从《"粹"的本质》到《"粹"的结构》,九鬼周造处理"粹"的方法论立场,由胡塞尔的"本质直观"过渡到海德格尔的诠释学。由于偶然性所对应的模态范畴正好就是现实性,偶然性是根源性的最初的事实,因此《"粹"的结构》的方法论变迁,可以作为"偶然性问题"之方法论加以研究。此外,《"粹"的结构》之"媚态""死心"所牵涉的"可能性""必然性"模态,与"作为可能性的相关者的偶然性"与"作为必然性的否定者的偶然性"这两种偶然性在逻辑领域的规定性具有内在联系。

九鬼周造正式提出偶然性问题是1929年在大谷大学发表的题为《偶然性》的演讲,这发生在初步写就《"粹"的本质》与大量修改后更名为《"粹"的结构》之间,因此偶然性问题是伴随着从《"粹"的本质》到《"粹"的结构》这一演变提出的。经过旅欧期间的多年思考与回国后的修订,1930年发表的最终稿《"粹"的结构》已经显露出偶然性哲学的基本雏形,可以作为九鬼周造哲学中处于"前偶然性哲学"阶段的思想:第一,以"存在领悟"代替"本质直观"的方法论转向,是以具体性、事实性、特殊性的存在领悟代替作为抽象普遍性的种概念、类概念,这实质上就是偶然性的第一种样态——"定言的偶然"所表现的超出一般概念规定的"个物以及个别事象",例如"四叶的三叶草"就属于这种特殊的例子。第二,作为"粹"的质料因、奠定其原初基调的媚态二元性,由"绝对的二元关系"修订为

"动态的二元可能性",并将媚态的要诀规定为无限趋近却永不能达到合一的极限关系,这种既同时保有存在与非存在的可能性,又承认无限趋近的可变动极限思想,正是《偶然性的问题》中九鬼周造推演出的第三种模态体系中可能性无限趋近于必然,偶然性无限趋近于不可能性的有、无交互运动的一种具体表现。第三,"いき"作为一个日语词汇,其词源意义是行为方式(行き方)或生存方式(生き方),九鬼周造的《"粹"的结构》研究的是日本民族的特殊存在方式,而"粹"最原初的存在样态是异性间的二元关系,后经诠释拓展到自他二元关系,"媚态—骨气—死心"都是以二元关系为前提的意识现象,偶然性问题的根本意义就是针对作为一者的必然性来规定他者,因为必然性在本质上就是一者的同一性,偶然性却是一者与他者的二元邂逅。

总之,"粹"的相关思想是九鬼周造基于"哲学见地"与其对于"民族性"问题的理解进行的理论实践,既是他学习西方哲学尤其是胡塞尔、海德格尔现象学方法论后进行的一次东方式哲思,又为他展开自身偶然性哲学建构提供了思想铺垫与前期准备,因而《"粹"的结构》是具有"前偶然性哲学"性质的思想。

三、九鬼周造旨在解决的哲学实践问题

徐金凤曾指出,在《"粹"的结构》中,单从内容上来看,从头至尾都没有出现过"偶然"的概念,在《偶然性的问题》中也没有论及"粹"的审美意识。但在《"粹"的结构》和《偶然性的问题》中

所表现出来的对自他关系、生命认识的人生观和思想观念是互相呼应的。[1]她认为解决个体实存的存在方式是九鬼周造哲学思想的主线，"粹"始于与异性他者的相遇，偶然性哲学也是关于"邂逅"的哲学。[2]事实上，相较于个体性问题，偶然性问题是九鬼周造更关切的根本问题，因为偶然性唯有在一者与他者的二元邂逅中才存立，个体性与二元性的关系问题就是"粹"的结构表现的自他关系问题与偶然性的内在化问题，这也是九鬼周造旨在解决的哲学实践问题。"偶然性"的"偶"在日文是"遇"，相遇、邂逅之意，"偶然是现在之中的邂逅"，偶然性只有在"一"与"他"二元邂逅时才存在。九鬼周造的偶然性哲学在实践领域的道德律令是"观佛本愿力，遇无空过者"，"遇"——二元邂逅是一切的根基。偶然性的内在化不是埃利亚学派抽象的形式逻辑的同一律，而是存在逻辑学上的实践性同化。将邂逅的"你"深化到"我"，将外在的"你"具体地同一化于"我"，是"偶然性"的实践的内在化。

对于"二元性问题"，《"粹"的本质》里认为媚态的二元性是绝对的，"二元关系脱离相对性，而处于绝对性之中"[3]，以此为前提，"骨气"、"死心"与"媚态"三者的关系是："武士道的'意气'积极地、全面地反映了'娇态'的本质，而佛教的'达观'则消极地、全

---

[1] 徐金凤：《九鬼周造的哲学思想研究：以自他关系为主线》，社会科学文献出版社2012年版，第28页。

[2] 徐金凤：《九鬼周造的哲学思想研究：以自他关系为主线》，社会科学文献出版社2012年版，第141页。

[3] [日]九鬼周造著，彭曦、汪丽影、顾长江译：《九鬼周造著作精粹》，南京大学出版社2017年版，第54页。

面地反映了'娇态'的本质。'粹'是娇态的极致，它从积极以及消极两个方面将其二元性绝对化了。"[1]这个关系之所以能够成立，是因为骨气、不服输、较劲儿的紧张感从正向维持了二元性，使其不沦为一元性，同时媚态永远不能达成其一元性的目的，一旦实现媚态就不复存在，在此意义上通过否定的肯定，达观、死心从反向突出了媚态永远不会实现"恋情"所执着追求的合一的现实性。但是，到了《"粹"的结构》阶段，"绝对的二元关系"转变为"能动的二元可能性"，由强调绝对性转而突出其动态性。虽然在《"粹"的本质》中也仅有地提及了一次"媚态的动态二元性"，在《"粹"的结构》中也言明"大抵上，所谓媚态在其完整的形式上，必须是异性间二元性动态的可能性来继续维持其可能性，而且要被绝对化才行"[2]，但是相较于《"粹"的本质》阶段强调的二元绝对性，在突出二元动态可能性的《"粹"的结构》中，契机间的"正—反—合"的辩证关系更加明晰了。

"媚态"是第一个契机，奠定了思考的基调，其原初界定即二元可能性。媚态是对异性的媚态，"粹"最原初的存在样态是异性间的关系，"媚态是一元性的自己对自己设定异性，以便让自己与异性间构成的可能关系所采取之二元性态度"[3]。虽然媚态以征服异性为假想目的，伴随目的实现媚态就会消失，但是媚态的强度会随着异性间

---

1 [日]九鬼周造著，彭曦、汪丽影、顾长江译：《九鬼周造著作精粹》，南京大学出版社2017年版，第56页。

2 [日]九鬼周造著，藤田正胜原文注，黄锦容、黄文宏、内田康译注：《"粹"的构造》，联经出版事业股份有限公司2009年版，第31页。

3 [日]九鬼周造著，藤田正胜原文注，黄锦容、黄文宏、内田康译注：《"粹"的构造》，联经出版事业股份有限公司2009年版，第30页。

距离无限趋近而增强，所以为了维持二元性关系，将可能性作为可能性，不陷入异性结合合一后"倦怠、绝望、嫌恶"的疲乏，"媚态的要诀就是尽可能让距离更接近，又不让距离的差距达到极限[1]"。可能性的媚态其实是一种动态的可能性，一种无限趋近而又永远维持其自身作为可能性的二元性结构。奠定原初基调的"媚态"是"粹"内涵性结构的"正"的第一个阶段。"骨气"立足于日本武士道理想主义，表现的是"粹"的民族性特色。异性间二元动态的可能性要想维持，就必须贯彻"骨气"（意気地）这种与他人赌气、较劲儿、不退让的气概。"骨气"作为对异性反抗的强势意识，是媚态二元可能性的深层紧张与持久力，媚态作为异性间的二元可能性关系，背后始终受到"性欲"一元化合一的压力压迫，只有通过"骨气"反抗，才能使媚态始终作为可能性，保持其"欢乐"的真谛，并从欲望的泥潭中区隔出来，让一元化始终是"假想的目的"，使"媚态"避免陷落恋情的认真与虚妄执着，维持其审美趣味，因此"骨气"正是"粹"内涵性结构的"反"的第二个阶段。"死心"立足于对命运的达观，是饱经尘世洗练之后的淡然洒脱，命运缘法的脆弱无常，人心的善变难测，因此"'粹'里的'死心'也就是'漠不关心'，是一种经历过难以生存下去的、薄情的俗世洗礼后的畅快老练脱俗的心情，是远离对现实独断的执着后，潇洒、没有留恋、恬淡无碍的心情"[2]。"死

1　[日]九鬼周造著，藤田正胜原文注，黄锦容、黄文宏、内田康译注：《"粹"的构造》，联经出版事业股份有限公司2009年版，第31页。

2　[日]九鬼周造著，藤田正胜原文注，黄锦容、黄文宏、内田康译注：《"粹"的构造》，联经出版事业股份有限公司2009年版，第35—36页。

心"界定了"粹"的历史性色彩,更准确而言是对人世历史现实的超越性色彩。佛教主张明心见性,以证悟超脱生死轮回的无常假象,这种真理观、时间观决定了其对"历史"现实采取一种悬置的疏离态度,佛教非现实性的宗教人生观为"粹"提供了超越恋爱现实必然性束缚的自由可能性契机,因为"'粹'无视廉价的现实定律,对实际的生活施加大胆的括弧,一边超然地吸收调和的空气,一边进行无目的且漠不关心的自律性游戏。一言以蔽之,它是为媚态而媚态。恋情的认真与虚妄执着,会因为其现实性和非可能性,而与'粹'的存在相背离。'粹'必须是超越恋情束缚的一种自由的风流心。"[1]因此,"死心"正是"粹"内涵性结构的"合"的第三个阶段。"死心"就是对世事无常的释然、洒脱与豁达,是指因超脱了"恋的必然性"诉求与"粹的可能性"审美而导致的人间情爱幻灭的痛苦与执着。总之,"媚态与死心的结合,意味着被命运强求下对自由的归依,以及其可能性的设定也被其必然性界定,即来自否定的肯定"[2]。"来自否定的肯定"就是一种"扬弃",是辩证法"合"的契机的核心特质,"命运强求"指的是恋爱现实性追寻一元化欲求的执着,而被强求归依于自由,是因为只有维持动态可能的二元性才能保有"媚态"这种"粹"的唯美,面对这种"恋的必然"与"粹的美感"之内在张力,只能以"死心"的豁达来超脱"命运",归于个体的自由。相较

---

[1] [日]九鬼周造著,藤田正胜原文注,黄锦容、黄文宏、内田康译注:《"粹"的构造》,联经出版事业股份有限公司2009年版,第39—40页。

[2] [日]九鬼周造著,藤田正胜原文注,黄锦容、黄文宏、内田康译注:《"粹"的构造》,联经出版事业股份有限公司2009年版,第38页。

于《"粹"的本质》阶段从积极、消极两个角度实现"骨气"、"死心"与"媚态"的内在调和,《"粹"的结构》中三个契机间的"正—反—合"辩证关系是思考深化的整合结果。[1]

徐金凤指出,《"粹"的结构》剖析了艺伎在男女自他二元不断变化的动态关系中的生存方式,《偶然性的问题》则揭示了命运与偶然—整个人类个体实存的生命哲学问题,个体实存本身的偶然与"他者"邂逅又改变了个体的命运。[2]其实,"粹"的结构不限于男女关系,如果保持自他关系永远的二元平行是"粹"的根本,以平行线构成的竖条纹和横纹在视觉上表现"粹"的无关心性、无目的性,那么如何理解二元平行永不相交与"邂逅""偶遇"之间的张力?偶然性的内在化问题是比自他关系更复杂的问题,因为如果没有"他者",九鬼周造的偶然性哲学就会陷入海德格尔的"道德空场"问题。九鬼周造的道德律令是"观佛本愿力,遇无空过者",在与他者邂逅的空间问题上,他以"方位""《周易》与偶然"等内容做了阐释。

对于海德格尔哲学中是否存在伦理学,《存在与时间》中的"源

---

[1] 在《"粹"的结构》中有明确的关于"正—反—合"思维框架的直接依据,体现在关于"涩味"的一条注释中。九鬼周造指出,"关于涩味,也可以认为是采取正、反、合形式的辩证法来进行的。'莺啼生涩而朴实,离巢小野春晓时'的生涩是滞涩的意思,表示'正'的第一阶段。相对于此,甘味形成了'反'的第二阶段。然后'表面单色、里面有花样'的涩味,也就是视为品的涩味,是扬弃了甘味的味道,显示出第三个'合'的阶段"。(参见[日]九鬼周造著,藤田正胜原文注,黄锦容、黄文宏、内田康译注:《"粹"的构造》,联经出版事业股份有限公司2009年版,第58页。)

[2] 徐金凤:《九鬼周造的哲学思想研究:以自他关系为主线》,社会科学文献出版社2012年版,第220页。

始的伦理学"是不是伦理学等问题，学界已争论很久。张志伟认为，海德格尔哲学中有存在论而没有伦理学，"源始的伦理学"是"基础存在论"，而非伦理学，他的"源始的伦理学"不仅不能为任何一种伦理学奠基，反而激化了现代社会的伦理基础问题，因为在《存在与时间》中"他人"最终消失了，所以在海德格尔的视域中只有存在论问题，没有伦理学问题。[1]对于"他人"消失问题，张志伟指出，海德格尔试图克服主客二元论的局限性，把社会生活中的自我与他人"还原"到此在与此在"共在"的层面，以消解自我与他人的区别；同时，此在在共在中与他人无别，而以"常人"的方式陷入沉沦，用一种非本真状态解释另一种非本真状态。[2]"在—世界—中—存在"（In-der-Welt-sein）以"世界之为世界"、"在世作为共在与自己存在，常人"与"在之中本身"三个环节展开此在的生存论分析，虽然涉及"日常生活"，但海德格尔始终探索的是存在问题—区别存在者状态与存在论，使此在不再因沉沦、立足自身而在世，海德格尔不是要解决社会生活人际关系等伦理学的现实应用问题。张志伟指出，产生自我与他人的关系问题的根本原因是我把我自己和其他此在都看作现成的存在者，"沉沦"（Verfallen）是此在"从自身脱落到自身"，海德格尔消解了自我与他人之间的关系问题，此在依赖于常人而在

---

[1] 张志伟：《海德格尔哲学的"伦理学问题"——以〈存在与时间〉为中心的辨析》，《哲学研究》2022年第2期，第88—89页。

[2] 张志伟：《海德格尔哲学的"伦理学问题"——以〈存在与时间〉为中心的辨析》，《哲学研究》2022年第2期，第91页。

世，但常人不过是此在自己，此在从本真的自己跌入非本真的自己。[1]

如张志伟教授所言："此在作为具有'向来我属性'的'去存在'的在者，归根结底是朝向可能性的存在。"[2]关心此在与存在的关系，而非关心人与人的关系，既是海德格尔的道德空场所在，也是其存在论与人道主义、伦理学的不同之处。

九鬼周造的道德律令"观佛本愿力，遇无空过者"出自《无量寿经·优婆提舍愿生偈》，本指阿弥陀佛清净大愿度脱净土法门修持者往生西方极乐世界"遇无空过"。九鬼周造对此"遇"进行了偶然性问题的哲学阐释，转化为"此地、此刻"自他独立二元的邂逅，由此每一个刹那生灭的现在既是涌动着的偶然的现实，又有具体的空间内容——自他邂逅的场所。对于他者、主体间性问题，九鬼周造给予了不同于海德格尔的处理。他认为《净土宗》"观佛本愿力，遇无空过者"的"遇"是现在与我邂逅的你的必然性，"无空过"是佛对人类的救赎，虽然受到你的制约，但作为与你的内化相关的未来可能性在偶然性中成为现实。因此，在九鬼周造哲学中主体间性是使偶然成立的二元对立及因此构成的根本社会性，偶然性的内在化是将主体间的社会性中的"你"同化为存在的"我"的实践内化。这种偶然性的实践的内化不是"甲是甲"的逻辑思维上的同一律，形式上单一化的同一性、普遍性是抽象而空虚的，实践的内化是将外在的"你"具体地同

---

[1] 张志伟：《海德格尔哲学的"伦理学问题"——以〈存在与时间〉为中心的辨析》，《哲学研究》2022年第2期，第93页。

[2] 张志伟：《海德格尔哲学的"伦理学问题"——以〈存在与时间〉为中心的辨析》，《哲学研究》2022年第2期，第88页。

一化到"我",是因偶然邂逅而深化的具体事实。九鬼周造认为:"偶然性的实践的内化无非就是自我意识到在具体的整体中的无数部分和部分的关系。孤立存在的一个人在与他人不期而遇的那一刹那,对于外在的'你'内化到'我'的深处,即必须倾注全存在的苦恼与喜悦,必须像掉入我的深处那样,偶然碰巧相遇。"[1]这完全不同于海德格尔所认为的主体间性是个伪问题的态度,海德格尔消解了自我与他人的关系问题:"'他人'并不等于说在我之外的全体余数,而这个我则从这全部余数中兀然特立;他人倒是我们本身多半与之无别,我们也在其中的那些人。"[2]与他人共在(从属于他人)的世界的日常生活是此在的"沉沦",此在背离自身的本真状态成为"常人"(das Man),所以他人——常人归根到底是此在自己的生存变式,是自身脱落到自身。在九鬼周造的偶然性哲学中,"他者"永远趋近却无法合为"一者",因而自他关系是"粹"的客观表现形象——两条平行线,他说"偶然是现在的邂逅,是作为'在旁边'而体现的'颓落'的意思[3]"。他将偶然邂逅这一运动理解为颓落或沉沦本身,同时排除了沉沦中潜藏的价值意味,赋予了"自他相遇"以存在论的基础地位,以偶然性的内在化问题填补了海德格尔的道德空场,确立了"观佛本愿力,遇无空过者"的道德律令,弥合了理论上的缝隙。

---

1 [日]九鬼周造著,藤田正胜原文注,黄锦容、黄文宏、内田康译注:《"粹"的构造》,联经出版事业股份有限公司2009年版,第221页。

2 [德]海德格尔著,陈嘉映、王庆节译,熊伟校,陈嘉映修订:《存在与时间》(中文修订第二版),商务印书馆2019年版,第171页。

3 [日]九鬼周造著,彭曦、汪丽影、顾长江译:《九鬼周造著作精粹》,南京大学出版社2017年版,第189页。

综上所述，从"粹"的结构到"偶然性问题"的相关研究来看，九鬼周造哲学一以贯之的是一种区别于近代西方个人主义的、自他二元邂逅的实践哲学。他的哲思探索为处理"主体间性"问题提供了东方视域下的新思路，他努力树立的道德律令亦为解决当下由道德多元主义与相对主义所带来的意义虚无与价值混乱，提供了新的可能性。

［原文发表于《日本哲学与思想研究2020—2021卷》（延边大学出版社，2022年11月出版）］

参考文献

[1] 奥古斯丁. 忏悔录[M]. 向云常, 译. 北京: 华文出版社, 2003.

[2] 柏格森. 形而上学导言[M]. 刘放桐, 译. 北京: 商务印书馆, 1963.

[3] 柏拉图. 蒂迈欧篇[M]. 谢文郁, 译. 上海: 上海人民出版社, 2003.

[4] 冈仓天心, 九鬼周造. 茶之书·"粹"的构造[M]. 江川澜, 杨光, 译. 上海: 上海人民出版社, 2011.

[5] 海德格尔. 在通向语言的途中[M]. 孙周兴, 译. 北京: 商务印书馆, 2016.

[6] 胡塞尔. 内时间意识现象学[M]. 倪梁康, 译. 北京: 商务印书馆, 2009.

[7] 加藤周一. 日本文化中的时间与空间[M]. 彭曦, 译. 南京: 南京大学出版社, 2015.

[8] 九鬼周造. 九鬼周造著作精粹[M]. 彭曦, 汪丽影, 顾长江, 译. 南京: 南京大学出版社, 2017.

[9] 九鬼周造. "粹"的构造[M]. 藤田正胜, 原文注. 黄锦容, 黄文宏, 内田康, 译注. 台北: 联经出版事业股份有限公司, 2009.

[10] 康德. 纯粹理性批判[M]. 邓晓芒, 译. 杨祖陶, 校. 北京: 人

民出版社，2017.

［11］李凯尔特. 文化科学和自然科学［M］. 涂纪亮，译. 杜任之，校. 北京：商务印书馆，1986.

［12］林美茂，郭连友. 日本哲学与思想研究［M］. 北京：中央编译出版社，2015.

［13］刘放桐，等. 新编现代西方哲学［M］. 北京：人民出版社，2006.

［14］罗伯特·索科拉夫斯基. 现象学导论［M］. 高秉江，张建华，译. 武汉大学出版社，2009.

［15］马丁·海德格尔. 存在与时间［M］. 陈嘉映，王庆节，译. 熊伟，校. 陈嘉映，修订. 上海：生活·读书·新知三联书店，2009.

［16］藤本箕山，九鬼周造，阿部次郎. 日本意气［M］. 王向远，译. 长春：吉林出版集团有限责任公司，2012.

［17］汪子嵩，等. 希腊哲学史：第三卷下［M］. 北京：人民出版社，1997.

［18］小浜善信. 九鬼周造的哲学：漂泊之魂［M］. 郭永恩，范丽燕，译. 北京：中国书籍出版社，2012.

［19］徐金凤. 九鬼周造的哲学思想研究：以自他关系为主线［M］. 北京：社会科学文献出版社，2012.

［20］亚里士多德，苗力田. 亚里士多德全集：第六卷［M］. 北京：中国人民大学出版社，1996.

［21］雅斯贝尔斯. 尼采其人其说［M］. 鲁路，译. 北京：社会科学文献出版社，2001.

［22］张汝伦. 二十世纪德国哲学［M］. 北京：人民出版社，2008.

［23］赵敦华. 现代西方哲学新编［M］. 北京：北京大学出版社，2001.

[24] 西方哲学原著选读：上卷［M］. 北京大学哲学系外国哲学史教研室, 编译. 北京：商务印书馆, 2005.

[25] 九鬼周造. 九鬼周造全集（第一巻）［M］. 東京：岩波書店, 1990.

[26] 九鬼周造. 九鬼周造全集（第二巻）［M］. 東京：岩波書店, 1990.

[27] 九鬼周造. 九鬼周造全集（第三巻）［M］. 東京：岩波書店, 1990.

[28] 九鬼周造. 九鬼周造全集（第四巻）［M］. 東京：岩波書店, 1990.

[29] 九鬼周造. 九鬼周造全集（第五巻）［M］. 東京：岩波書店, 1990.

[30] 九鬼周造. 九鬼周造全集（第十巻）［M］. 東京：岩波書店, 1990.

[31] 九鬼周造. 九鬼周造全集（第十一巻）［M］. 東京：岩波書店, 1990.

[32] 九鬼周造. 偶然性の問題［M］. 小浜善信, 註解. 東京：岩波書店, 2015.

[33] 坂部恵. 不在の歌―九鬼周造の世界［M］. 東京：TBSブリタニカ, 1990.

[34] 田中久文. 九鬼周造―偶然と自然［M］. 東京：ぺりかん社, 1992.

[35] 嶺秀樹. ハイデッガーと日本の哲学［M］. 京都：ミネルヴァ書房, 2002.

后记

写到这里，似乎到了说再见的时候。本以为还有很长的路，其实也没有那么长。再回首，从2011年来到中国人民大学研究生院学习，至今已经7年了。我初来人大时，除了感到名校光环带来的巨大压力外，对于世界与人生充满了好奇心与探索的动力，那时我还是一个怀揣梦想，任世界再大也想赴汤蹈火走一遭的少年。转眼间，少不更事的我也要登上讲台，面对台下比我小10岁的学生了。人生的路是一段一段的，在即将步入社会，开启人生新阶段的时刻，我由衷地希望能向一路走来遇到的诸多良师益友，一直支持我、陪伴我的家人，表达我内心深处的感激之情。

大概每个人来到这个世界都有其自身的使命，每个有缘走上哲学之路的人大概也都有各自的机缘。我的哲学之路开始于2007年，在河北大学政法学院哲学系，我遇到了几位改变我一生的老师，在他们言传身教的感召下，对人生充满困惑迷茫的年轻人开始探寻人生的意义、价值与方向，在封闭的小城中、在安静的校园里，思想的翅膀开始振动。大概是因为自己固执的性格，说来有些好笑，博士论文选择研究九鬼周造哲学，竟然也是那时候种下的因：2010年一批中国台湾出版的书籍在图书馆展销，我跟在自己崇拜的一位老师后面，见他买了中国台湾版译本的九鬼周造的《"粹"的构造》，还不停地称赞这个人很厉害，我作为一个小跟屁虫不知深浅地也想买一本，老师对还是大三学生的我说了句——"你看不懂"。我当时倒是听话地没有买，可心里大概一直憋着股不服输的劲儿吧，因缘在2011年开始得以跟从林美茂老师学习日本哲学，也因此有缘对心里一直记挂的九鬼周造哲学进行一番研究。虽然自己这些年愧对师长的栽培与厚爱，学业未能精进，但得以在博士毕业之际把自己8年前留下的惦念粗浅地探索一番，仍旧是令自己感到欣慰的。毕竟如同林老师经常教导的那样，博士毕业只是拿到了"驾照"，初步考取了上路行车资格，路才刚刚开始。

攻读博士学位的经历不同于硕士阶段，读博是一场从内到外个人的战争，心力、体力的耗损程度与硕士阶段与几个女孩嬉笑怒骂、谈笑风生地一起成长不可同日而语。非常感恩我的博士生导师张立文先生。在有幸成为人大师生人人敬仰的张老师的弟子后，张老师不仅带领我们到北戴河等地的和合文化基地开会、参访、学习，增长我们的见闻，而且在日常生活中非常平易近人地关心学生的学习、生活。张老师从来没有高高在上的姿态，在生活中他更像一位有学识、有修养、关怀晚辈，甚至很怕给孩子们添麻烦的可爱的爷爷。我清楚地记得，有几次因事去张老师家，见天色晚了他都会叮嘱我路上注意安全，或直接打电话让我改天再提早去，甚至有时候让我回到学校给他报个平安。其实从学校到张老师家也就半个多小时的路程，而且最晚也就是19点而已，但是张老师就是这样细心地关心着每一个学生，在点点滴滴中透显着他的德行、修养，言传身教地告诉我们要谦卑、要有服务精神，更要自立自强做好自己的事情。在张老师身上我真切地看到了一位学者的品格在日常生活中的体现,这种教导是任何抽象的哲学理论、思想都无法替代的。我从硕士阶段就跟从的林美茂老师,就如他在人文楼常明的714室一样,是位一直燃烧自己、消耗自己,用自己的言行品格以光散黑,照亮学生心中困惑迷茫的导师。林老师一直不遗余力地引领学生们专心学业,用心读书,学好语言,为将来做学问打下一个好基础。他是极为纯粹的学者,事务再繁忙,只要晚上有课就提前备一下午课,他还非常注重陶育学生的品性,要做学问先要学会做人,一直是林老师严格奉行的信条。林老师给了我许多学习、深造的机会,在生活上也一直关心我,百忙之中还专程去河北参加了我的婚礼,正因为林老师是这样一位正直善良的导师,门下的学生得以在一起非常友善、互助、快乐地成长。相较于老师的付出与关怀,我觉得非常愧对林老师给我创造的这么好的学习环境与平台,辜负了老师的栽培与期望,一直纠结于自己内心的不安与迷茫,浪费了塑造自己的大好时光。尽管老师一直鼓励我们说学问是一辈子的事情,也会宽容我们的过失,但我知道老师心中的标尺一直在那里从未降低,也深知我没有达到老师的要求。

除了我的两位导师,我还要衷心地感谢中国哲学教研室的各位老师。在中国哲学专业的7年,在老师们的悉心指导下,我受到了诸多方面的专业训练,老师们还尽心尽力地举办了许多讲座、游学活动,开拓了学生们的理论视野,锻炼了学生们的实践能力。哲学院其他专业的学生都非常羡慕中国哲学专业的同学能有机会在名山大川行脚,能有机缘去各个寺庙、道观参禅悟道。这一切滋养生命的资粮来之不易,都源自各位老师的担当与辛劳。

在人大的7年,是青春最美好的时光,我遇到了太多美好的师友,在我步入社会前,是他们用爱心与善良呵护着我成长,陪我走过人生困惑迷茫的岁月,也许是害怕分离吧,在这里反而不想一一点名,因为每一笔书写下的名字,都会牵动一次即将到来的告别的心痛。转眼之间,年近三十,我的家人们仍然默默地支持着我的学业,哪儿有什么岁月静好,无非是别人像大树一样为你遮风挡雨。有道是三十而立,如果说这些年有什么真正做对的事情,大概就是与自己从6岁就相识的初恋男友步入了婚姻殿堂吧,今年爱人与我一起博士毕业,我们将一起开始人生的新阶段,感恩一路有你相随,不离不弃,遇见你是我人生最大的幸福,希望我们继续互励互勉共同成长。去年的这个时候,经历了人生的三段奇遇,毕业季似乎是段注定会发生许多故事的魔幻时光,正如九鬼周造信奉的"观佛本愿力,遇无空过者",人生的每一次相逢都是值得歌颂的恩典,谢谢你们出现在我的生命中,我将带着你们的祝福与期许继续前行。

2018年5月18日

于人文楼625室